The Motivation Toolkit

동기부여 도구상자

How to Align Your Employees' Interests with Your Own

The Motivation Toolkit

동기부여 도구상자

구성원과 관리자의 기대방향을
어떻게 일치시킬 것인가 ?

David M. Kreps
박정민 역

박영story

역자 서문

“구성원이 조금 더 효과적으로
움직일 수 있도록 도와주기.
그리고 그 구성원이
내가 생각하는 방향과
같은 방향을 바라보고,
보다 생산적인 행동을
할 수 있도록 조력하기”가
얼마나 힘들고 어려운 일인가를
매일매일 뼈저리게 느끼면서도,

“그래도 조금 더 나은 방법이 있지 않을까?”
“이렇게 어려운 상황에서도
우리 모두가 조금 더 건강하고 행복하게
살아갈 수 있는 방법이 있지 않을까?”라는
질문을 스스로에게 던지면서
끝없이 고민하고 연습하고 실험하고 계신
조직 리더분들께

"동기부여 도구상자"를
선물드리고 싶습니다.

우리가 기대하는 대로
될지 안 될지에 대해
미리 알 수는 없지만,
시간과 에너지를 투자해서 노력한다면
뭔가 이루어질 수도 있다는
긍정적인 전제 하에
애쓰고 계신 리더분들을
진심으로 응원합니다.

2020년.
같은 하늘 아래.
박정민 드림.

감사의 글

이 책을 만드는 과정에서 큰 도움을 주신 많은 분들(개인과 조직)께 감사를 표하고 싶다.

가장 먼저 감사해야 할 분은 제임스 바론(James Baron)이다. 이 책은 제임스와 함께 썼던 『전략적 인적 자원 : 관리자를 위한 프레임워크』(*Strategic Human Resources : Frameworks for General Managers*) 교과서에 삽화를 넣은 버전이라고 말해도 전혀 이상하지 않을 것이다. 사람이란 복잡한 속성을 가진 존재이기 때문에, 사람을 관리하는 일도 당연히 복잡할 수밖에 없다. 독자들이 이 책의 내용을 흥미있게 읽고 활용할만하다고 생각된다면, 더 내용이 길고 더 세부적인 설명이 가득한 교과서를 꼭 읽을 필요는 없을 것이다. 제임스는 이 책에 담겨 있는 많은 지혜들을 나에게 가르쳐주었다. 그의 조언과 우리의 우정에 대해 진심으로 감사를 표한다.

스탠포드 경영대학원의 다른 전공 담당 교수들은 친절하게도 기꺼이 시간을 내어 아이디어를 공유해주어서, 책의 내용에 포함시킬 수 있었다. 이분들에게 감사를 표하고 싶다(알파벳 순서대로). 제니퍼 아커(Jennifer Aaker), 윌리엄 바넷(William Barnett), 글렌 캐롤(Glenn Carroll), 프란시스 플린(Francis Flynn), 로버트 기번스(Robert Gibbons), 데보라 그륀펠트(Deborah Gruenfeld), 마이클 한난

(Michael Hannan), 타마 크렙스(Tamar Kreps), 데이브드 라커(David Larcker), 에드워드 레이지어(Edward Lazear), 닐 말호트라(Neil Malhotra), 제임스 마치(James March), 윌리엄 미한(William Meehan), 데일 밀러(Dale Miller), 베노이트 모닌(Benoit Monin), 찰스 오렐리(Charles O'Reilly), 폴 오이어(Paul Oyer), 제프리 파이퍼(Jeffrey Pfeffer), 하야그리바 라오(Hayagreeva Rao), 피터 라이스(Peter Reiss), 캐서린 쇼(Kathryn Shaw), 제스퍼 소렌센(Jesper Sorensen), 라리사 티에덴스(Larissa Tiedens), 마크 울프선(Mark Wolfson). (혹시라도 빠트린 분이 있다면 진심으로 사과드린다).

물론 이 책은 경영에 관한 책이기 때문에, 경영분야의 전문가인 로버트 조스(Robert Joss)와 함께 일하면서 경영 일반론, 인적자원 관리, 동기부여에 대해 많이 배웠다.

MBA 학생들과 스탠포드 임원 프로그램 참가자들은 이 책의 원고를 가지고 필자와 함께 공부를 하였는데, 그 과정에서 필자에게 많은 가르침을 주었다.

W.W.노튼(Norton)에 근무하는 많은 분들은 이 책의 제작 과정에 기여해 주었다(일일이 성함을 이야기할 수 없을 정도로 많은 분들에게 감사한다). 그중에서도 특히 제프 쉬리브(Jeff Shreve)는 이 책을 구성하고 집필하는 데에 정말 중요한 조력을 해주었다. 제프가 노튼을 떠났을 때에는 이 책의 마무리 작업이 한창이었는데, 브렌단 커리(Brendan Curry)와 나다니엘 덴네트(Nathaniel Dennett)는 생산관리자 줄리아 드러스킨(Julia Druskin)과 함께 이 책의 완결작업을 하는 데에 큰 도움을 주었다.

그리고 이전에 필자가 집필한 두 권의 교과서를 편집했던 잭 렙첵(Jack Repcheck)이 있었기 때문에, 이 책에 대한 제작 과정의 모든 단계를 즐겁게 밟아올 수 있었다고 생각한다. 안타깝게도 잭이 갑자기 세상을 떠나게 되어 이 책의 마무리를 보지는 못했지만, 친구이자 편집자였던 그의 흔적은 이 책의 모든 곳에 남아 있다. 함께 멋진 추억을 만들어왔던 잭의 죽음은 필자에게 깊은 슬픔을 안겨 주었다. 이 책은 잭 렙첵에게 바치고 싶다.

차례

1장

구성원 동기부여에 대한 이해

이 책이 다루고 있는 주제는 이것이다. "조직이 — 영리를 추구하는 스타트업이든, 대기업이든, 비영리기업이든 상관없이 — 최고의 성과를 만들어내기 위해 구성원들을 동기부여하려면 어떻게 해야 하는가?" 물론, 적절한 동기부여 활동이 성공적인 관리자가 되기 위해 해야 할 유일한 일은 아니다. 하지만 관리자로서 성공을 거두기 위해 해야 할 핵심적인 일임에는 분명하다.

구성원들을 동기부여하는 일은 점점 더 어려워지고 있는 동시에 점점 더 중요해지고 있다. 우리의 경제활동이 이루어지는 환경은 새로운 곳으로 변화하고 있기 때문이다. 이와 같은 상황에서 조직은 구성원들이 손발뿐 아니라 머리도 효과적으로 활용해서 일하도록 조력해야만 한다. 창의적으로 생각하고 일하도록 도와줘야 하고, 스스로 일을 시작하고 모니터링할 수 있는 환경을 조성해줄 필요가 있다. 하지만 현장에서 명확하게 정의된 과제를 구성원들에게 부여하고, 그들이 제대로 과제를 수행하고 있는지를 모니터링하는 일은 불가능할 때가 많고, 가능하다 하더라도 비용이 매우 많이 든다. 게다가 제대로 기대하는 효과를 못 얻어낼 때도 많다. 실적제(piece-rate style)를 기반으로 구성원에게 보상을 하는 방법은 — 특정한 과제를 더 자주, 더 신속하게 수행하도록 동기부여하는 것 — 물론 어떤 경우에 대해서는 효과가 있다.

하지만 업무수행결과만을 가지고 보상을 하는 방법은 극단적인 실패를 보는 경우가 많다. 구성원이 해야 하는 일이 무엇인지가 명확하게 정의되어 있지 않을 때, 창의력과 순행성(proaction)이 기대될 때, 동시에 진행해야 하는 몇 가지 과제에 구성원이 스스로 시간을 배분해야 할 때(고용주는 잘 모르지만, 구성원은 잘 알고 있는 정보에 기반하여), 어떤 것이 구성원에 대한 효과적인 동기부여 방법인지를 알아내기란 어려워진다. 하지만 그러한 상황에서 구성원에 대한 동기부여는 조직이 성공을 거두는 데 있어서 매우 중요하다는 것은 분명한 사실이다.

그리고 대부분의 경우, 고용주는 구성원들을 실제로 동기부여할 수 있는 방법에 대해 고민하지 않는다. 그보다 사기저하 요소들을 제거하는 쪽이 구성원들을 가장 효과적으로 동기부여하는 것인 경우가 더 많기 때문이다.

"구성원들을 동기부여시키기 위해 해야 하는 일은 무엇인가?"라는 질문에 대해서는 정말 다양한 답변들이 존재하고 있다. '구성원 동기부여'라는 문구를 넣어서 구글 검색을 해보면 1,700만 건의 결과가 나온다. (적어도, 2016년 10월 26일에는 그랬다.)

수많은 경영의 대가들은 자신이 해답을 알고 있다고 주장하며 기꺼이 자신의 지식을 당신과 나누려고 할 것이다. 문제는, 그 해답들을 읽어보았을 때, 당신이 이전보다 더 많은 혼란을 겪게 될 것이라는 점이다. 왜냐하면, 대가 A가 진실이라고 믿고 있는 것에 대해, 대가 B는 말도 안 된다고 비난을 하고 있기 때문이다.

문제는, 이 질문에 대해 한마디로 정리할 수 있는 최고의 대답은 없다는 것이다. 당신에게 가장 잘 맞는 해답, 당신의 특정한 상황에 가장 적절한 해답을 찾으려면, 당신의 특별한 상황에 존재하고 있는 모든 요소들을 고려해야만 하기 때문이다. 사실, 최고의 해답을 찾는 것 자체가 문제일 수 있다. 왜냐하면, 동기부여란 인적자원관리(HRM, human resource management)에 관련된 이슈들의 종합선물세트이기 때문이다. 정말 다양한 요소들이 복잡한 방법으로 얽혀 있는 주제이다. 당신의 구성원들을 동기부여할 수 있는 최선의 방법은, 다른 인적자원관리 이슈(예 : 채용, 훈련, 인소싱과 아웃소싱간의 균형 깨기)에 있어서 생각지도 못했던 부정적인 결과를 만들어낼 수도 있는 것이다.

그 대신에 당신이 정말 찾아야 하는 것은 “정말 좋은 해답(really good answer)”이다. 특정한 이슈에 관련된 동기부여전략이 인적자원관리의 다른 부분에 대해 부정적인 영향을 미칠 수 있다는 것을 고려할 때, 전체적으로 보았을 때 ‘괜찮은(good-enough)’ 수준의 해답 정도면 훌륭하다.

동기라는 것이 얼마나 복잡한 특성을 가지고 있는지, 얼마나 기대하지 못한 결과들을 만들어낼 수 있는지를 이해하고 싶다면, 실제 우리의 삶에서 일어나고 있는 다음의 이야기를 읽어보기 바란다. (이 이야기에서, 그리고 4장에서 소개하는 제퍼(Zephyr)社와 구성원의 이야기를 쓸 때, 나는 실제 현장에서 일어나고 있는 내용으로 가공의 사례들을 만들었다. 이름과 세부 내용도 내가 꾸며낸 것이다. 실제 존재하고 있는 조직을 언급하는 사례들도, 공개된 정보들을 기반으로 하였다. 2장에서 소개한 세이프라이트(Safelite)社 사례에서 내가 제시한 간단한 계산에서도, 설명을 단순화시키기 위해 수치를 만들어냈음을 밝혀둔다.)

장인 연합의 슬픈 이야기

장인 연합(Artisan's Alliance: AA)은 제3세계의 장인들의 작품을 선진국 시장에서 판매할 수 있도록 돕고자 하는, 선구자적이고 사회친화적 정신을 가진 기업가들로 구성되어 있었다. 사업 계획은 간단했다. 장인 연합은 청년들을 고용해서 개발도상국으로 보냈고, 뛰어난 스킬과 재능을 가진 장인과 공예가들을 찾도록 했다. 역량수준이 높은 장인이 발견되면, 장인 연합에 소속된 구성원은 파트너십 계약을 제의하고, 장인의 작품을 선진국으로 수출하는 과정을 진행하는 데에 기술적인 지원을 해주었다. 장인 연합은 선진국의 고급 소매점에 작품을 납품할 수 있도록 중간다리를 놓는 역할을 맡았다.

장인 연합의 탐험가(Explorer)라고 불리는 젊은 남성과 여성들은 전세계를 여행했고, 고객과 장인들에게 도움을 주었으며,

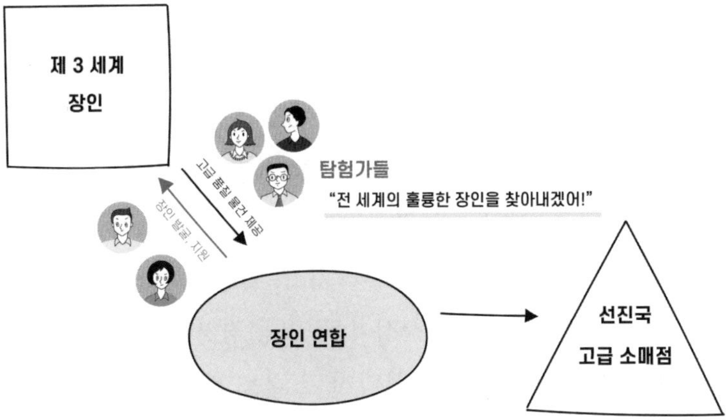

소매점들이 고급 상품들을 지속적으로 받을 수 있도록 지원하였다. 탐험가들은 이 모든 과정의 핵심이었다. 뛰어난 장인들을 찾아내고 그들에게 지원을 해주는 동시에, 장인들과 친밀한 개인적 관계를 맺었고, 장인 연합에게 좋은 품질의 상품을 점점 더 많이 제공해주었다. 성공적으로 일을 해낸 탐험가들은 거래를 잘 하도록 만드는 언어능력이 좋았고, 대인간 스킬도 뛰어났다. 더 큰 규모의 조직에서 일했다면 더 많은 돈을 받았겠지만, 탐험가들은 장인 연합에 대해 큰 애정을 가지고 있었기 때문에, 정말 자발적으로 시간과 에너지를 투자하였다.

어떻게 이런 일이 가능했을까? 탐험가들을 동기부여했던 것은 무엇이었을까? 간단하게 생각해본다면, 아마 '미션'이었을 것이다. 탐험가들은 꿈을 가지고 있는 사람들이었다. 장인 연합이 개발도상국에 자원을 제공해주고 발전을 조력해줄 수 있다고 믿고 있었기 때문에, 자신이 하고 있는 일이 매우 큰 가치가 있다고 생각했다. 어느 정도 개인적인 희생이 있어야 한다고 해도 말이다.

하지만 바로 그때 장인 연합은 아주 큰 장애물에 부딪혔다. 몇몇 대규모 소매상들이 거래를 하자고 접근한 것이다. 장인 연합의 경영진은 그 상황을 비즈니스를 확장할 수 있는 큰 — 하지만 위험한 — 기회로 보았다. 그리고 대규모 소매상들이 장인 연합을 이용해서, 가격을 후려치고, 낮은 품질의 상품을 거래하게 될 위험성에 대해 걱정이 되었다. 경영진은 대규모 소매상들에게 효율적으로 대처할만한 스킬을 자신들이 가지고 있지 않다고 판단했기 때문에, 전문가를 따로 고용하기로 했다.

새로 고용한 전문가들은 장인 연합의 기존 문화와는 매우 다른 영업분야에서 온 사람들이었다. 새로운 구성원들이 기대하는 것은 높은 연봉, 충분한 업무 예산, 성사된 거래에서의 개인 수수료였다.

장인 연합의 경영진은 낯선 요구에 당황했지만, 순순히 수용해주었다. 상어에게 먹이를 빼앗기는 것보다는, 상어가 우리를 위해 일하도록 하는 것이 더 나았기 때문이다.

하지만 그때부터가 문제의 시작이었다. 새로운 영업 전문가들은 외국으로 나가서 탐험가들을 만났고, 탐험가들이 찾아낸 상품들이 가지고 있는 독특한 이야기들을 들었다. 그러한 과정에서 곧 탐험가들은 장인 연합의 새로운 전문가들에게 경악하게 되었다. 그들의 사치스러운 업무 예산(일단 쓰고 청구한 다음에 조직으로부터 받는)에 놀랐고, 그 어떤 탐험가들도 이때까지 받지 못했던 수준의 보상을 그들이 기대한다는 사실에 기가 막혀했다. 물론, 탐험가들은 여전히 그들의 미션을 소중하게 여기고 있었다. 하지만 장인 연합의 경영진이 돈을 버는 것에만 관심이 있는 영업 전문가들을 고용하면서 그 미션은 벌써 어느 정도 변색되어 가고 있었다. 탐험가들은 왜 자신들은 새로운 영업 전문가들과 비슷한 정도의 보수를 받지 못하는 것인지 의문을 가졌다. '장인 연합의 경영진이 그들의 목표를 위해 우리의 선의와 능력을 착취하는 것은 아닌가' 하는 생각이 들기 시작한 것이다. 탐험가들의 이직률이 날로 높아지는 상황에서, 장인 연합에 존재하던 소규모의 HR 부서는 탐험가들의 업무 만족도를 조사하기 시작했다. 그들이 찾아낸 것은, 탐험가들이 새로운 영업 전문가들과 보낸 시간이 많을수록, 불만족도가 높다는 사실이었다.

장인 연합은 현장의 핵심역할인 탐험가들을 일하게 만드는 데 있어서, 거대한 미션을 기반으로 한 동기부여 계획을 가지고 있었다. 그리고 새로운 직원들을 고용했을 때에는, 그들에게 맞는 새로운 동기부여 전략을 사용했다. 문제는, 이러한 과정에서 동기수준이 무척 높았던 탐험가들을, 불만에 가득차고 동기수준이 낮은 구성원으로 만들어버렸다는 것이다.

이 이야기의 핵심은 간단하다. 한 조직 내에서의 동기부여라는 주제는 매우 복잡한 이슈라는 것이다. "구성원을 동기부여할 수 있는 최고의 방법은 무엇인가?"라는 질문에 대답을 하는 데 있어서, 한 명의 구성원을 생각하거나, 한 무리의 구성원을 생각하는 것은 적절치 않다. 동기부여를 제대로 하려면, 조금 더 광범위하게 생각할 수 있어야 한다. 그리고 넓게 생각을 하려면, 사고를 조직화할 수 있는 도구가 필요하다. 장인 연합은 좀더 나은 결과를 낳을 수 있었을까? 어떻게 하는 것이 더 좋았을까? 이 책의 후반부에서 나는 개인적인 제안을 몇 가지 하려고 한다. 우선은 우리에게 필요한 도구가 어떤 것인지에 대해 살펴보도록 하자.

나의 초점 : 유형 K의 구성원과 완벽한 성과

구성원과 그들이 수행하는 업무에는 정말 다양한 경우의 수가 존재한다. 어떤 구성원들은 세세한 내용까지 미리 정해져 있는 기능을 수행한다. 장인 연합의 탐험가와 같은 구성원들은 자신이 해야 할 일과 업무 진행 방법에 대해 스스로 결정해야 하는 일을 하기도 한다. 기존에 존재하지 않았던 방법으로 사고를 하고, 창의력과 동료와의 협력이 요구되는 일을 하는 사람도 있으며, 단기간에는 성과의 품질을 측정하기가 어려운 일을 하는 사람도 있다. 이와 같은 구성원들과 그들이 담당하는 일을 설명하는 문구를 들어본 적이 있을 것이다. "손이 아니라 머리로 하는 일", "지식 노동자". 나는 이와 같은 특성을 가진 일들을 유형 K("knowledge"의 K)라고 부른다.

내가 관심을 가지고 있는 것은, 유형 K의 일을 하는 구성원들을 동기부여하는 작업이다. 한 단계 더 나아가자면, 그들이 '완벽한 성과(consummate performance)' — 일반적인 직무 기술서나 직무 명세서의 수준을 넘어서는 것 — 를 만들어낼 수 있도록 동기부여하는 것에 초점을 맞추고 있다. 조직에서 요구하는 것, 그리고 현실적으로 가능한 수준까지만 일하고 더 이상은 하지 않는 것을 나는 '형식적 성과(perfunctory performance)'라고 부른다.

유형 K 업무의 특성
▪ 유형 K 업무를 하는 구성원은 몇 가지 차별화되는 과제들을 동시에 수행하기 때문에, 각 과제들에 대해 자신의 시간을 효과적으로 배분해야 한다. ▪ 자신이 수행해야 하는 과제를 정확하게 정의하기가 어려울 때가 많다. 다음에 해야 할 일을 정하려면, 지금까지 진행된 일의 결과를 검토해봐야 하고, 환경적 모호성 때문에 발생하는 문제들을 해결해야 한다. 이러한 작업은 구성원이나 관리자가 처음부터 할 수 있는 일은 아니다. ▪ 구성원이 해야 하는 과제는 창의성이 필요하고, 최소한 가끔씩은 생각을 해보면서 "기존과 다른" 행동을 해보는 것이 요구되는 일이다. ▪ 적어도 단기적으로는, 기대되는 성과의 형태를 측정하거나 설명해내기가 쉽지 않다. ▪ 성과가 측정될 수 있다면, 그 성과는 다양한 구성원들이 노력한 결과일 것이다. ▪ 효과적인 결과를 얻어내기 위해서는, 구성원들이 효과적인 자율성을 가지고 있는 것이 중요하고, 상사의 감독이나 지도 없이도 스스로 결정할 수 있는 것이 많아야 한다.

동기 = 방향 일치

상사와 부하(또는 고용주와 고용인) 간의 관계에 대해 우리가 전통적으로 그려온 이미지는, 보스가 부하직원에게 해야 할 것과 하지 말아야 할 것을 이야기해주고, 정해진 규칙을 구성원들이 잘 지키는지에 대해 모니터링하며, 규정위반이 있을 경우에는 처벌을 하는 것이다.

하지만 유형 K의 일을 할 때에는, 이와 같은 "통제적" 방법이 잘 먹히지 않는다. 상사는 구성원들에게 "창의적으로 일해야 한다" "일을 할 때 협력을 해야 한다"라고 단순하게 말하기 어렵다. 구성원들이 상사의 지시를 따르기 위해 얼마나 잘 했는지, 얼마나 노력했는지를 파악하기가 어렵기 때문에, 단순한 규칙을 만들어 조직을 관리하려는 태도는 형식적인 성과 이상을 만들어낼 수가 없는 것이다.

사실, 세부적인 행동규칙(dos and don'ts)은 오히려 상사가 원하지 않는 행동을 촉진시키는 기능을 할 때가 종종 있다. 일반적으로 사람들은 정해져 있는 규칙이나 제한선들을 싫어하는 경향이 있어서, 그러한 금지조항을 어기려는 행동을 적극적으로 하곤 한다. 어둡고 으스스한 빅토리아시대의 건물에 새로 이사온 사람에 대한 고전적이고 드라마틱한 이야기를 보면, 그 사람은 이런 주의사항을 듣는다. "뭐든지 해도 되지만, 그 방에는 들어가면 안 된다." 우리 모두 잘 알고 있지 않은가. 그 주인공은 반드시 그 방에 들어가 볼 것이고, 뭔가 안 좋은 결과가 생길 것이다. 이 이야기에서는 아마 주인공의 호기심이 문제를 일으킨 것이겠지만, 업무 맥락으로 옮겨와 본다면, 아마 통제받는다는 느낌에서 오는 심리학적 "불편감"이 원인이 될 것이다. 스스로의 행동을 통제할 수 있는 능력이 있다는 것을 보여주고 싶은 구성원들은 지시받은 대로 움직이고 싶지 않은 것이다. 심리학자들은 이러한 현상을 '저항(reactance)'이라고 부른다.

고용주로서의 당신은 아마 세심하게 설계된 규칙과 금지규정을 생각하고 있을지 모르겠다. 하지만 그러한 당신의 생각은 오히려 규정을 피해가고 싶은 구성원들의 본능적인 욕구를 강화시킬 수 있다. 심리학 연구에 따르면, 사람들이 존재하는 규칙과 금지규정들을 명확하게 인식하고 있을 때, 저항은 가장 강해진다고 한다. 물론 구성원의 능동적인 인지 과정을 방해하지 않은 방법으로 규칙과 금지규정들을 설계할 수 있다면, 결과는 더욱 좋아질 것이다. 하지만 그건 정말 무리한 주문이다. "지침" 정도의 수준에서 규칙을 제시한다면 저항이 약해질 수 있다. 구성원들은 그래도 자신이 어느 정도의 통제력을 가지고 있다고 생각할 수 있기 때문이다. 하지만 규칙이 "지침"이라는 포장으로만 가려져 있는 것이라면, 구성원들은 곧바로 그 안에 있는 내용물이 무엇인지를 알아챈다. 결국 구성원에게 많은 창의성을 허락하는 규칙과 금지규정을 설계하는 일이 필요한 것 같다.

하지만 아무리 잘 설계된 통제 메커니즘에도 그 통제를 피해가기 위한 영민한 시도들을 만들어낼 가능성은 언제나 존재한다. 이런 일에 구성원들이 창의적인 에너지를 쓰는 것을 당신도 원하지 않을 것이다.

그렇다면, 직접적인 통제에 대한 대안은 어떤 것일까? 세부적인 행동규칙을 제시하는 것이 과연 효과적일까? 스탠포드대학교 경영대학원(Stanford GSB) 졸업생 중 가장 성공을 거둔 유명인들 중 하나인 로버트 배스(Robert M. Bass)는 그의 인적자원관리(HRM) 전략을 이렇게 요약하였다.

나는 사업을 운영하는 데 있어서 세 가지의 핵심 원칙을 반드시 적용하기 위해 노력한다.

1. 뛰어난 스킬, 진실성, 창의성, 판단력을 가진 사람들을 고용한다.
2. 그 사람들을 각자의 뛰어난 자원을 마음껏 펼치고 날아오를 수 있는 부서에 배치한다.
3. 구성원이 기대하는 방향이 내가 원하는 방향과 최대한 일치할 수 있게 해주는 구조를 설계한다. 그리고 구성원이 도움을 받고 싶을 때 지원을 해준다. 하지만 그렇지 않은 경우라면, 구성원이 스스로 최선을 다할 수 있도록 권한위임을 하도록 한다.[1]

너무나 명확하게 정리가 되어 있어서 추가 설명이 필요하지는 않지만, 다시 한번 이야기해서 강조하고 싶을 만큼 중요한 이야기이다. 첫째, 유형 K의 일에서 요구되는 스킬(개인적 가치를 포함해서)을 갖춘 사람들을 고용한다. 둘째, 구성원들이 가지고 있는 스킬을 실행할 수 있는 곳에 배치한다. 특별한 재능을 가진 직원을 엉뚱한 곳에 보내서 좌절시키는 짓은 하지 않는다. 셋째, 관리자와 구성원 모두에게 이익이 되는 방향으로 선택을 할 수 있도록(방향의 일치) 동기부여를 해준 다음에는, 구성원들이 자율성을 가지고 일하게 한다.

이 책은 바로 세 번째 원칙에 대한 이야기이다.

동기부여 — '효과적인 동기부여'라고 말하는 것이 좋겠다 — 는 구성원들의 기대와 당신의 기대 방향을 일치시키는 행동이라고 정의할 수 있다. 이 작업이 잘 완료되었다면(당신과 함께 일하는 구성원이 자신의 능력을 활용하는 기회를 줄 수 있는 상황이라면), 그때부터 당신은 이제 뒤로 물러서서 구성원들이 적절하다고 생각하는 판단력, 창의성, 에너지를 사용하는 것을 바라보면 된다.

금지규정과 규칙들도 다 쓰임새가 있다. 어떤 때에는 그 방법을 쓰는 것이 구성원을 통제하는 데에 가장 좋은 방법이기도 하다. 하지만 내가 생각하기에는, 사람들이 금지규정과 규칙들을 너무 자주 쓰고, 너무 섣불리 사용한다. 아마 고용주가 바라는 행동을 만들어낼 수 있는 가장 간단해보이는 방법이기 때문일 것이다. 구성원의 기대와 고용주의 기대의 방향을 일치시키는 작업은 원래 매우 어려운 일이며, 내 경험에 의하면, 여러 방법들 중에서도 더 어려운 방법을 사용하는 것의 결과가 더 좋았었다(그리고 예전보다 유형 K의 구성원들을 다루어야 하는 경우가 점점 더 많아지고 있다).

이렇게, '동기부여 = 기대방향의 일치'인 것이 맞다면, 그 다음에 오게 되는 질문은, '기대방향을 일치시킬 수 있는 방법은 무엇인가?'일 것이다. 어떤 도구를 써야 할까? 그 도구 사용에 있어서 주로 빠지게 되는 함정은 어떤 것이 있을까? 그리고 사용가능한 도구들 중에서 좋은 것을 고를 수 있는 방법은 무엇일까?

나의 목표 : 당신에게 도구를 제공하는 것

안타깝게도 아마 이 책은 당신의 조직에 딱 맞는 해답을 제공해주지는 못할 것이다. 1장의 처음에서 이야기했듯이, '구성원 동기부여를 위한 정답은 무엇인가?'라는 질문에 대한 단 하나의 정답은 존재하지 않는다. 당신의 회사에서 일하고 있는 구성원을 효과적으로 동기부여하는 방법을 찾으려면 그 회사의 독특한 세부상황들을 반드시 알아야만 하기 때문이다.

그 대신에, 이 책에서의 나의 목표는 당신의 조직이 가지고 있는 특별한 상황에 맞춰 응용해볼 수 있는 기본적인 도구를 제공해서, 보다 더 효과적인 동기부여를 할 수 있도록 조력하는 것이다.

이 책의 마지막 장에는 몇 가지의 질문 목록을 실어놓았다. 내가 당신에게 컨설팅을 한다면, 구성원 동기부여 방법을 개선할 수 있는 방법을 찾기 위해 질문해보고 싶은 내용들이다. 이 질문에 대해 당신이 솔직하게 대답을 해본다면(보다 정확한 정보를 얻기 위해서 구성원의 생각을 물어봐야 할 질문들도 포함되어 있다), 그리고 이 책의 전반에 걸쳐 제공될 도구의 렌즈를 통해 해답을 고민해본다면, 나를 직접 만날 필요도 없고, 따로 컨설턴트를 만날 필요도 없을 것이다.

우선은 "도구"라는 것이 무엇인지에 대해 정리해보고 넘어가는 것이 좋겠다. 이 책에서 소개할 도구들은 다양한 이론 배경을 가진 사회과학자들에 의해 개발된 프레임워크이다. 경제학과 사회심리학의 이론을 기반으로 한 경우가 가장 많고, 조직사회학의 이론도 추가되었다. 이 도구들은 두 가지 수준에서 제시될 것이다.

보다 기본적인 수준 — 기초단계라고 봐도 좋겠다 — 의 프레임워크는 고용 관계에 대해 경제적 시각, 그리고 심리학적 시각에서 이해하기 위한 것이다. 원래 동기부여란 당신이 구성원과 맺고 있는 관계의 속성을 변화시키는 것을 궁극적인 목표로 하는 것이고, 당신이 기대하는 방향으로 구성원이 움직일 수 있도록 영향력을 행사할 수 있기를 바라는 마음을 기반으로 하고 있다. 당신의 구성원들이 행동하는 방법을 보면, 그들이 당신, 담당하고 있는 일, 직업과 어떤 관계를 맺고 있는지, 그 핵심적인 내용을 알 수 있다. 구성원들이 현재의 다양한 관계에서 얻을 수 있는 것은 무엇인지, 자발적으로 제공하고자 하는 것은 무엇인지, 그리고 이 관계를 통해 만들어낼 수 있는 것은 무엇인지에 대한 내용 말이다.

프레임워크의 두 번째 수준은 보다 구체적인 동기부여를 위한 것이다. 고용관계가 가지고 있는 기본적인 경제학, 사회심리학 속성을 기반으로 하여, 우리는 동기부여에 대해 논하는 학문들이 가지고 있는 다양한 이론들을 비교해보고 대조해볼 것이다(예 : 인센티브에 대한 경제학 이론, 자기-결정에 대한 사회-심리학 이론).

어떤 프레임워크들과 어떤 이론들은 상호보완적이지만, 행동에 대한 가정의 차이 때문에 상충되는 설명을 제시하기도 한다.

따라서 여러 가지 도구들 중에서 어떤 것을 고를 것인가는 당신이 결정할 문제이다. 직관에 기반해서, 경험에서 얻었던 정보를 통해, 그리고 프레임워크에서 제공하는 질문들에 대해 당신이 제시할 수 있는 답변을 기반으로 하여 선택을 할 필요가 있다.

다시 한번 명확하게 이야기하는 것이 좋겠다. 각 프레임워크에 대해 피상적으로만 이해해봤자 별 도움되는 것은 없다. 그래서 이 책에서는 모호하게 느껴지기만 해서 항상 어렵다고 생각되었던 아이디어들에 대해 정리해보고 같이 이야기를 해보는 기회를 마련하려고 한다. 그러다 보면 때때로 "학교로 다시 돌아온 기분인데"라고 생각되기도 할 것이다. 당신이 구성원들과 맺고 있는 관계에 대해 다시 생각해보고 재개념화하는 작업을 하도록 만드는 것이 이 책의 목표 그 자체이기 때문에, 그런 생각이 드는 것은 당연하다. 당신이 꾸준히 시간과 에너지를 투자한다면, 분명히 더 효과적인 구성원 동기부여 방법을 찾아낼 수 있을 거라 확신한다. 다만, 어느 정도의 인내심은 반드시 필요하다는 것을 강조하고 싶다.

문장표현 스타일에 대한 두 가지 메모

기초에는 저자가 독자에게 직접적으로 이야기할 때 "독자분들께(dear reader)"라는 표현을 자주 썼었다. 하지만 나는 그런 표현은 사용하지 않을 것이다. 물론 기본적으로는 독자들과 대화한다는 생각으로 글을 쓴 것은 맞지만, 구성원을 동기부여하는 것에 관심이 있는 조직의 수장(head)과 대화를 하는 스타일이 주를 이룰 것 같다. 물론 이 책을 읽고 있는 당신이 조직의 리더가 아닐 수도 있다. 아직은 말이다. 아예 리더가 되고 싶은 생각이 없을 수도 있다. 그러나 당신이 현재 조직을 이끌고 있지도 않고, 앞으로 그와 같은 역할을 맡고 싶지 않은 경우에도, 또는 부하직원을 동기부여시키는 것이 당신이 해야 할 일의 작은 부분밖에 되지 않을 때도, 이 책에서 제시하는 아이디어는 당신에게 반드시 유용할 거라고 나는 믿고 있다.

이 책을 읽고 있는 당신이 현재 조직의 구성원 입장이더라도, 당신을 동기부여할 책임을 가지고 있는 상사들을 관리하는 법을 연구하는 데에 이 책의 내용은 도움이 될 것이다. 하지만 글의 맥락을 따라가다 보면 "당신"은 CEO, COO, 파트너 경영자, 조직장, 관리자로 해석되기가 쉬울 것이다. 현재 당신의 역할과 정확히 맞지 않는 느낌이 든다 해도, 당신이 리더의 역할이라면 어떨까를 상상하며 읽어주기 바란다.

또한, 요새 3인칭 대명사를 잘못 쓰면 상대방에게 불쾌한 마음을 들게 할 수 있어서 고민이 많았다. '그'(he, him, his), '그녀'(she, her, hers)를 쓰는 것이 좋을까, 아니면 '그들'(they, them, theirs)을 쓰는 것이 좋을까? 한 직장의 대부분이 특정 젠더 구성원으로 채워져 있는 경우, 나는 역사적으로 적절하다고 생각되는 대명사를 쓸 것이다. 따라서 세이프라이트社의 기술자는 그(he)로, 보스턴에 있는 베스 이스라엘 병원(Beth Israel Hospital)의 간호사는 그녀(she)로 기술하게 된다. 상사와 구성원 간의 관계에 대한 이야기를 할 때에도, 두 가지 젠더 모두 양쪽에 쓰여질 수 있다. 이 책을 읽는 독자들에게 어떤 혼란도 생기지 않기를 희망한다. 그리고 혹시 나의 어떤 표현에 의해 불쾌감을 느낀 독자들이 있다면, 내 부족함에 대해 진심으로 사과드린다.

2장

성과급 제도 :
인센티브에 대한
경제학 이론

동기부여가 방향 일치를 의미하는 것이라면, 구성원이 기대하는 방향을 당신의 기대방향과 일치시키기 위한 방법은 무엇일까? 대부분의 경제학자들은 이 질문에 대한 정답을 가지고 있다고 생각한다. 성과급 제도(pay for performance). 인센티브 이론(incentive theory)이라는 멋진 이름도 있다. 여기에서부터 이야기를 시작해보도록 하자. 성과급 제도를 사용한 기업의 성공사례를 한번 살펴보도록 하겠다.

세이프라이트 글래스(Safelite Glass)[1]는 미국에서 가장 큰 규모의 자동차 유리 교체 기업이다. 당신의 자동차 앞유리가 산산조각이 나든지, 유리에 금이 갔다고 생각해보자. 아마 유리 수선 및 교체를 해주는 업체에 직접 전화를 할 것이다. (미국에서는) 보험회사에 전화를 해서, 유리 수선 및 교체 업체에 연락해달라고 요청을 하는 경우가 더 많다. 미국의 경우, 보험회사가 가장 많이 연락하는 업체는 세이프라이트이다. 세부사항에 대해 파악한 후(자동차의 제조연도와 모델, 손상 내역, 자동차의 위치), 세이프라이트는 소형 밴을 보낸다. 그 밴에는 필요한 도구들과 교체할 유리가 실려 있고, 그 밴을 운전하는 사람은 필요한 모든 작업을 할 수 있는 기술자이다. 깨진 유리 청소, 오래된 앞유리 제거, 새로운 앞유리 장착. 금이 간 부분이 너무 작으면 레진(resin)을 가지고 유리를 때우고 강화한다. 세이프라이트는 자동차의 옆유리와 뒷유리, 미러(mirror)도 교체해준다.

세이프라이트는 다양한 구성원들이 일하는 곳이다. 관리자, 운행관리원, 전화를 받고 서류작업을 해주며, 수선이나 교체작업을 시작하도록 도와주는 행정직원, 트럭과 밴에 짐을 싣는 창고직원. 하지만 이 작업의 핵심은 기술자(technician)이다. 고장난 자동차를 고치기 위해 직접 도구를 실은 트럭을 몰고 가고, 필요한 작업을 완수 할 수 있는 사람. 가장 중요한 것은, 기술자 혼자 모든 작업들을 다 해야 한다는 것이다. (이 이야기를 쓰고 있는 지금, 대부분의 기술자들은 남성이기 때문에, 그(he, his, him)라는 대명사를 쓰도록 하겠다.)

이제는 GPS 추적이 가능해졌기 때문에, 멀리 떨어져 있는 지역의 기술자도 어느 정도의 원격 모니터링을 할 수 있다. 하지만 얼마 전만 해도, 모든 기술자들은 트럭에 모든 장비를 실은 다음에 창고를 출발해서 고장난 자동차가 있는 곳까지 운전을 하고, 수리 작업을 한 후, 돌아와야만 했었다. 세이프라이트는 기술자들에게 시간당 임금을 지불하고 있었는데, 옛날 기술자들이 한 건의 수리 작업을 하는 데에는 매우 많은 시간이 걸린다는 것을 발견하였다. 세이프라이트의 관리자들이 꼭 필요하거나 합리적이라고 생각하는 정도의 시간보다 더 많은 시간이 쓰여지는 상황이었다.

그래서 세이프라이트는 — 기술자들의 기대방향과 조직의 기대방향을 일치시키기 위해 — 새로운 실적급(piece-rate) 시스템을 도입하였다(PPP). 모든 유형의 업무에 대해 실적급 제도가 적용되었고, 기술자들은 매주의 성과에 대한 보수를 받게 되었다. 기술자들에 대한 한 가지 안전장치는 최소한의 시급을 보장해주었다는 것이다. 어떤 한 주, 실적급 보수의 총액이 보장된 시급으로 계산된 총액보다 낮을 경우, 조직에서 정해놓은 최소 시간을 일하기만 했다면, 기술자는 시급의 총액을 받는 방식이었다. (이때의 최저 시급은 실적급 시스템이 도입되기 전 기술자들이 받았던 금액을 기준으로 산정되었다.)

실적급 시스템을 실행하기 위해, 세이프라이트는 각 유형의 직무에 대한 실적급 기준을 다양하게 마련해야 했다. 또한, 세이프라이트의 경영진은 최저임금을 어느 정도 보장해줘야 하는지도 결정해야만 하는 상황이었다. 이 이슈에 대해 두 가지 의견이 부딪혔다. 최고경영진 중 일부는 현재 지급되고 있는 시급보다 더 낮은 수준으로 보장을 해야 한다고 주장했다. 새로운 시스템이 도입되기 전의 70%여야 한다는 것이다. "최저임금이 현재의 임금비율과 동일하게 정해진다면, 새로운 시스템에서 기존보다 적게 받게 되는 기술자는 없을 거고, 우리 회사의 인건비는 계속 늘어만 갈 것"이라는 주장이었다.

하지만 또 다른 경영진들은 최저임금수준을 현재 임금비율의 100%로 하는 것을 선호했다. 그렇게 된다 해도, 세이프라이트의 순이익은 늘어갈 수 있을 거라는 주장이었다. 첫째, 새로운 시스템이 기술자들에게 더 신속하게 일할 수 있도록 동기부여를 한다면, 고객의 만족도는 높아질 것이고 — 자동차 옆 도로에 쭈그리고 앉아서 수리작업이 끝나기를 기다리는 것은 결코 즐겁지 않으니까 —, 결국 세이프라이트의 사업규모는 더 커질 것이다.

둘째, 더 중요한 점이다. 실적급 제도가 기존 임금수준으로 책정된다면, 기술자들은 더 효율적으로 일하게 될 것이다. 기술자들에게 더 많은 보수를 지급한다 해도, 똑같은 양의 일을 하는 데 있어서 필요한 기술자의 수는 줄어들게 될 것이고, 세이프라이트의 입장에서는 인건비가 감소될 것이다.

두 번째 이야기에 대해 살을 좀더 붙여보도록 하자. 기존의 시스템에서, 주당 40시간(시간당 12달러)을 일할 때, 기술자는 주급으로 480달러를 받게 된다. 상상을 한번 해보자. 기술자가 하는 일이 자동차 앞유리를 교체하는 일밖에 없다고 가정할 때, 기술자는 한 주당 10개의 유리를 갈게 된다. 그러면 교체되는 앞유리 개수당 임금 즉, 단위노동비용(unit labor cost)은 48달러이다. 세이프라이트의 국내 "작업량"이 주당 5,000개의 앞유리를 가는 것이라면, 그리고 한 명의 기술자가 평균적으로 한 주에 10개의 유리 교체 작업을 한다면, 세이프라이트는 500명의 기술자를 고용해야 한다. 임금을 계산해보자. 총 인건비는 500명 × 480달러 = 240,000달러이다(세금과 수당은 무시했다).

그렇다면, 이제 세이프라이트가 앞유리 교체작업의 실적급을 앞유리 한 개당 30달러로 책정했다고 해보자. 어떤 기술자들은 돈을 더 벌기 위해 더 열심히 일을 할 것이다. 앞유리 하나당 30달러를 벌 수 있으니까, 보장된 최저임금 수준을 넘어서기 위해서는 주당 16개 이상의 유리 교체 작업을 완료해야 한다. 한 주에 20개의 자동차 앞유리 작업을 하는 기술자가 100명이 있고, 그 사람들이 주당 600달러를 번다고 해보자. 나머지 기술자들은 그 이상 열심히 일할 마음이 없기 때문에, 계속해서 평균 10개의 유리 작업만 하고, 보장된 최저임금 480달러의 수입만 올린다. 여기에서의 핵심은 주당 작업이 이루어져야 할 자동차 앞유리가 5,000개라는 것이다. 열심히 일해서 돈을 더 많이 벌고 싶어하는 100명의 기술자가 2,000개 유리의 작업을 한다면, 그다지 열심히 하지 않는 나머지 기술자들이 3,000개의 유리를 담당해야만 한다. 열심히 하지 않는 기술자들이 주당 10개의 유리 작업을 한다고 가정하는 경우, 세이프라이트는 300명만 고용하면 된다. 다시 정리해보자. 세이프라이트가 전체 기술자의 수를 400명으로 줄이게 되면, 총 인건비는 (100명 × 600달러) + (300명 × 480달러) = 주당 204,000달러가 된다. 기존의 85%로 줄어들게 되는 것이다. 마법이 일어난 것이 아니다. 일부 구성원은 앞유리 1개당 48달러를 받고, 나머지 구성원들은 앞유리 1개당 30달러를 받을 때, 전체 인건비는 모든 구성원들이 48달러를 받을 때보다 당연히 감소될 것이다.

이와 같이 새로운 체계를 구성하는 데에 시간이 좀 걸릴 것이기 때문에, 당장 순이익이 늘어나지는 않을 것이다. 하지만 장기적으로 봤을 때, 효과는 분명히 생기게 된다.

물론, 기존의 임금율 100%를 유지하는 것이 반드시 세이프라이트에게 도움이 된다는 의미는 아니다. 보장 임금수준을 기존의 70%로 하는 것이 더 좋을지도 모른다. 하지만 기존의 임금률 수준을 유지하면서도 인력 수를 조정하게 되면 순이익을 올릴 수 있는 가능성은 존재하는 것이다.

성과 보상에 대한 기본적인 아이디어

지금 여기에서 일어난 일은 과연 무엇일까? 실적급 시스템의 기본적인 아이디어는 '더 많은 돈을 벌고 싶은 마음이 있는 구성원들은, (적어도 일부 경우에는) 일을 더 열심히 하려고 할 것이다'라는 것이다. 고용주는 모니터링과 격려를 해주면, 모든 구성원들은 일을 열심히 한다고 생각하고, 그들이 더 열심히 일을 하도록 하기 위해 인센티브를 제공해서, 구성원으로 하여금 어느 정도 일을 열심히 할지에 대해 선택하도록 할 수 있다. 1장의 표현을 빌자면, 기술자들의 주당 작업량을 늘리게 되면 세이프라이트의 이익이 늘어나고, 고용하는 기술자의 수를 감소시킬 수 있게 된다. 일을 더 빨리 하고자 하는 기술자들에게 보상을 함으로써, 기술자들의 기대 방향과 세이프라이트의 기대 방향을 일치시키는 것이다. 물론 이러한 방법이 완벽한 것은 아니지만, 올바른 방향으로 나갈 수 있는 한 발짝 내딛기이기는 하다.

중요한 점 하나를 기억해놓도록 하자. 구성원들에게 선택권을 준다는 것은, 이 시스템에서 다양한 형태의 직원들을 고용할 수 있다는 것이다. 모든 구성원들에게는 동일한 성과급 제도의 메뉴가 제시된다. 노력은 덜 들이고 보수는 적게 받고자 하는 구성원도, 더 열심히 일해서 돈을 더 많이 벌고 싶은 구성원도 만족할 수 있는 방법을 찾게 되므로, 전체적인 구성원 만족도가 올라가게 된다.

또 다른 성과급 체계에서도 기본적인 아이디어는 동일하다. 구성원들은 더 큰 승진 기회나 보너스 기회를 받게 되는 선택을 더 많이 할 수 있게 되고, 조직의 이익은 커지게 되는 것이다. 구성원은 자신이 원하는 바를 자유롭게 선택할 수 있고, 효과적으로 설계된 성과급 제도는 구성원 자신과 고용주 모두에게 이익이 되는 방향으로 구성원이 선택할 수 있도록 동기부여해준다. 하지만 사실 성과급 제도는 이 아이디어를 실행하는 데에는 너무 제한점이 많다. 원래 성과보상이라고 하면, 그 보상의 형태는 구성원이 가치롭게 생각하는 모든 것이어야 한다. 이를 테면 더 많은 보수, 칭찬, 승진, 자율성과 같이 말이다.

성과보상제도가 가지고 있는 근본적인 문제점

하지만 이 기본적인 아이디어는 아주 근본적인 문제점에 부딪히게 된다. 구성원이 어떤 선택을 하든 고용주가 수용할 수 있다면 모든 일은 마법같이 잘 풀릴 것이다. 안타깝게도 대부분의 경우, 고용주는 구성원들이 선택하는 것의 일부만 허용해 줄 수밖에 없다. 또 고용주들이 통제할 수 없는 변인들에 의해 성과가 좌우되기도 한다.

구성원에 대한 보상이 성과측정결과에 의해 결정되는 경우, 구성원은 당연히 보수체계가 안정적이지 못하다고 생각하게 된다. 대부분의 구성원들은 주말에 집에 가져가게 되는 주급을 불안정하게 만들 생각은 없다.

예를 들어 보자. 야망이 많은 어떤 세이프라이트 기술자는 이번주 초에 이런 생각을 했다. "이번주에는 열심히 일해서 자동차 앞유리 20개를 교체해야지. 그러면 주말에 600달러를 받을 수 있어." 이렇게 열심히 노력을 했는데도, 통제할 수 없는 이유 때문에 — 어떤 변인이 있을 수 있는지에 대해서는 조금 후에 이야기하겠다 — 12개밖에 작업을 못해서 360달러를 벌었다고 해보자. 물론, 이 기술자가 운이 좋다보니 통제불가능한 상황에 대해서도 잘 대처해서 25개의 유리 교체 작업을 해서 750달러를 벌 수도 있다. 하지만 여기에서의 핵심은, 구성원이 받게 되는 보상이 작업을 완료한 앞유리 개수와 직접적인 관계가 있는 한, 그가 얼마나 많은 노력을 했는지와는 간접적인 관계밖에 없기 때문에, 받게 되는 주급의 총액은 (똑같은 노력을 기울이더라도) 항상 달라지게 된다. 위험을 감수해야 하는 상황이 이렇게 존재하는 한 — 구성원 입장에서는, 주급이 불안정한 것을 수용하기가 힘들다. 갚아야 할 대출이 있을 수도 있고, 자동차 할부금을 내야 할 수도 있고, 그날 벌어 그날 살아야 하는 상황일 수도 있기 때문이다 —, 새로운 성과급제도에 대해 경계할 수밖에 없는 것이다.

이렇게 근본적인 문제점을 가지고 출발해야 하는 것이 인센티브에 대한 경제학 이론이다. 가장 기본적인 수준에서는 구성원에 대한 인센티브의 균형을 맞추기 위해 노력하고, 구성원에게 통제불가능한 변인이 일어날 경우에 대비한 "보험"을 제공해 준다.

세이프라이트에서의 최저임금보장 제도

세이프라이트에게 가장 잘 맞는 최저임금보장 수준은 어느 정도일까? 이 질문에 대한 답을 하려면 몇 가지 고려해봐야 할 것들이 있다.

1. 기술자들의 이직은 세이프라이트에게 있어 꽤 큰 돈이 드는 일이다. 이와 같은 사업분야에 있어서 어느 정도의 이직률은 — 사실 이직률이 꽤 높은 편이다 — 피할 수 없다. 중급 수준의 스킬을 가진 기술자들은 자주 직장을 옮기는 경우(또는 일을 하다가 그만뒀다가 하는 경우도 있다)가 많다. 이런 상황에서 고려해봐야 할 점은 이것이다. 세이프라이트의 이직률이 새로운 임금보장제도에 어떤 영향을 미치게 될까? 100% 임금수준 보장을 찬성하는 사람들은, 단기적인 이직률 상승을 특히 걱정하는 편이다. 기존에 받던 수준보다 낮게 보장을 해주는 보상 시스템을 실행하게 되면, 일부 기술자들은 분노하면서 바로 그만둘 수도 있기 때문이다.
2. 하지만 임금보장수준을 낮추어야 한다고 주장하는 사람들은, 최저임금보장 수준을 낮추게 되면, 더 많은 기술자들이 실적제 하에서 일하는 것을 선택할 거라고 주장한다. 100% 임금보장을 해주는 경우, 기술자의 선택 옵션에는 주당 10개의 유리를 교체하고 480달러를 버는 것과, 17개 이상(개당 30달러의 기준으로) 작업을 하고 그 이상을 버는 것이 있다. 하지만 70% 임금보장을 해주면(주당 336달러), 최저임금보장 수준을 넘어서기 위해서는 20%(주당 12개)만 더 일하면 된다.
   만약에 기술자가 그렇게 많이 일을 하고 싶어하지 않는 사람이라서 주당 10개의 작업과 336달러의 주급으로 만족한다면, 세이프라이트의 단위노동비용(unit labor cost)

은 33.60달러가 된다(100% 임금보장을 해주는 경우에는 창유리 한 개당 48달러이다). 요약해보면 다음과 같다. 임금보장수준이 더 낮아질수록, 최소수준보다 더 일을 많이 하는 기술자는 늘어나게 된다(단위원가 30달러). 10개 이상의 작업을 선택하지 않는 기술자는 더 낮은 단위노동비용으로 10개를 작업하는 것이다.

3. 더 낮은 임금수준을 주장하는 사람들은, 새로운 시스템에 대해 불만을 가진 기술자들의 이직이 장기적으로 보면 나쁜 것이 아니라고 생각한다. 최저임금수준보다 더 많이 벌기 위해 일을 열심히 하고자 하는 기술자는 — 낮은 단위노동비용으로 일하는 기술자 — 최저임금제도에 대해 큰 신경을 쓰지 않을 것이고, 불만을 가지지도 않을 것이며, 이직도 하지 않으려는 것이다. 새로운 제도에 대해 분노하며 이직하려는 기술자는 높은 단위노동비용으로 일하는 사람들이다. 장기적으로 봤을 때, 세이프라이트는 결국 그러한 기술자들을 그만두게 하는 것이 낫다. 사실 대부분의 고용주가 선호하는 것은 열심히 일할 마음이 있는 구성원들이니 말이다. 더 장기적인 관점으로 보면, 노동력의 수준 — 열심히 일하고자 하는 구성원들을 기준으로 측정해보았을 때 — 은 결국 상승될 것이다.
4. 하지만 100% 최저임금보장을 주장하는 사람들은 근본적인 문제점을 제기한다. 다시 한번 이야기하자면, 기술자는 열심히 일해서 주당 16개 이상의 유리 교체 작업을 하고, 주급 480달러 이상을 벌고 싶어할 수도 있다. 하지

만 얼마나 열심히 일하든지 간에 기대하는 만큼의 주급 액수를 보장할 수 없다는 것이 문제이다. 정말 큰 야망을 가지고, 정말 열심히 일하는 기술자가 있다고 하자. 그런데 집에서 매우 먼 곳에서 일을 하게 된다면, 출퇴근을 하는 데 매우 많은 시간을 들여야 한다. 날씨가 안 좋아서 기운이 빠질 수도 있고, 창고 운영자로부터 잘못된 규격의 유리를 받아서 다시 돌아가야 할 수도 있다. 그래서 주중에 몸이 안 좋아질 수도 있을 것이다. 또 일의 수요가 많지가 않아서 집에 멍청히 앉아 일이 들어오기를 기다려야 할 수도 있다. 결국 가장 큰 문제는, 정말 큰 야망을 가지고 있고, 매우 열심히 일하고자 하는 기술자가 과연 주급을 얼마나 받게 될지를 모르는 모호함을 마주하게 된다는 것이다. 이 기술자를 도와줄 수 있는 것은 평균 이하의 수준으로 일을 하게 될 때를 대비한 보험 정책이다. 그 기술자가 주급을 받아야 일주일의 생활을 할 수 있고, 월세와 자동차 할부금을 낼 수 있다고 생각해보면, 그와 같은 보험은 기술자에게 매우 중요한 것이다. 주당 최소 480달러를 보장해주는 것은 336달러 보장보다 더 나은 보험 정책이다. 하지만 다른 시각에서 보면, 보장수준이 높아지게 되면 구성원의 자발적인 의욕을 감소시킬 수도 있다. 이 부분은 앞에서 이야기한 2번의 문제를 가져올 수 있는 것이다.

인센티브 이론에서의 기본적인 트레이드-오프

지금부터는 인센티브의 경제학 이론에서 제시하는 기본적인 트레이드-오프(trade-off)에 대해 설명해보려고 한다.

당신의 구성원이 더 열심히 일하고, 더 스마트하게 일할 수 있도록 동기부여하기를 기대하는 상황을 생각해보자. "채찍" 전략을 쓰면서 구성원에 대해 세심하고 지속적으로 모니터링하고, (직접적이든 간접적이든) 게으른 구성원은 해고될 거라는 협박을 할 수 있을 것이다. 세심하고 지속적으로 모니터링하는 것이 너무 비용이 많이 들거나 불가능한 경우(세이프라이트 기술자들 경우와 같이), "당근" 전략을 쓸 수도 있다. 구성원이 더 열심히 일하거나 더 스마트하게 일한 경우 더 큰 보상을 줌으로써, 구성원의 기대 방향과 조직의 기대 방향을 일치시키고, 바람직한 행동에 대한 동기부여를 하는 것이다. 적어도 더 잘 일해서 더 많은 보상을 받고 싶은 트레이드-오프가 가치 있다고 생각하는 구성원들에게는 효과가 있게 된다.

하지만 대부분의 경우, 구성원이 얼마나 열심히 일하는지, 얼마나 스마트하게 일하는지를 정확하게 측정하기란 매우 어려운 일이다. 그렇기 때문에 인센티브 보상 제도는 통계적으로 보았을 때, 바람직한 행동과 상관관계가 높고, 관찰가능한 성과 측정결과를 기반으로 하고 있다.

예를 들어 보자. 전화 판매를 하는 영업사원을 고용한 회사에서, 그 직원이 각 전화마다 들이는 노력을 모니터링하기 어렵다 해도, 몇 건을 판매했는지는 측정 가능하다. 그리고 그 영업사원도 알고 있을 것이다. 더 많은 노력을 기울이게 되면 더 많이 판매할 가능성이 높아진다는 것을 말이다. 그래서 기본급에 더하여 각 판매건마다 몇 퍼센트를 영업수당으로 주는 것은, 영업직원이 더 노력을 많이 할 수 있도록 하는 동기부여전략이다.

하지만 영업직원이 더 많이 노력을 한다고 해서 반드시 영업실적이 오른다는 보장을 할 수는 없다. 직원이 특정한 기대를 가지고 얼마나 열심히 하든지 간에, 어떤 고객들은 구매를 하지 않을 수 있기 때문이다. 그리고 영업을 하는 데 있어서, 어떤 경우는 다른 경우보다 더 많은 시간과 노력이 요구되어서, 예상한 것보다 실적이 줄어들 수도 있다. 그렇기 때문에, 영업수당을 받는 영업직원의 수입도 불안정한 편이다. 얼마나 열심히 하는지에 대해서는 자신이 통제할 수 있는 부분이지만, 그렇지 않은 부분도 많기 때문이다.

이론적으로만 생각할 때, 영업 직원이 능동적으로 위험감수를 하려고 한다면 — 확실하게 보장된 것은 아니지만, 시도해볼 가치가 있다고 생각하면 적극적으로 시도하는 —, 가장 적절한 방법은 영업직원에게 실적에서 생기는 이익의 100%를 주고, 고용주에게 판매기회를 받은 것에 대한 비용을 지불하도록 하는 방법이 있다(적어도, 이 상황에 대해 경제이론적 분석을 해보면 나오는 결과는 그러하다. 구체적인 이유를 알고 싶다면, 인센티브 이론의 모델을 소개하는 좋은 경제학 교과서를 읽어보기 바란다.).

하지만 감수해야 할 위험이 너무 큰 경우가 많다. 예를 들어 생각해보자. 비즈니스 서비스를 원하는 고객과 회사가 계약을 할 경우, 그 회사가 얻게 되는 이익은 5백만 달러이다. 영업직원이 최대한의 노력을 할 경우, 이 계약이 성사될 확률은 50%라고 하자. 기꺼이 위험감수를 할 마음이 있고, 은행잔고도 매우 충분한 영업직원의 경우, 계약을 성사했을 때 5백만 달러를 벌고, 그중에 250만 달러를 회사에 주는 것을 꺼려하지 않을 수 있다. 하지만 이만큼의 충분한 자산이 있고, 큰 위험부담을 꺼려하지 않으며, 이와 같은 도박을 기꺼이 하고자 하는 영업직원은 극히 드물다.

대부분의 경우 영업직원들과 조직구성원들은 자신이 감당해야 할 위험에 대해 염려할 수밖에 없다. 그렇기 때문에, 영업직원을 위험요인으로부터 보호해주기 위해, 회사는 100% 이하의 영업수당과 함께 기본 임금을 보장한다. 이 보장방법의 효과성을 높이려면 — 영업직원에게 제공되는 "보험"의 액수를 늘리려면 —, 기본 수당을 늘리고 수당비율을 낮추어야 한다. 물론 이렇게 하면 위험요인으로부터의 보호효과는 높아지지만, 동시에 영업직원으로 하여금 일을 열심히 하고 싶게 만드는 동기수준은 낮추게 된다. 또 다른 방법을 생각해보면, 회사는 영업수당 비율을 높이고, 기본급을 낮춤으로써 전체 위험 정도를 낮추고 영업직원의 인센티브 수준을 상승시킬 수도 있다.

바로 이것이 인센티브 이론에서 다루고 있는 기본적인 트레이드-오프이다. 인센티브와 보험 간의 균형을 맞추는 것이다. 하지만 제대로 된 트레이드-오프를 하기란 결코 쉬운 일이 아니다. 그에 영향을 미칠 수 있는 다양한 상황들이 존재하기 때문이다(예 : 구성원이 위험을 꺼려하는 정도가 어느 정도인가, 구성원이 미리 알 수 없는 위험요인인가). 하지만 이 트레이드-오프는 거의 모든 인센티브 체계와 실적급 제도가 다루어야 할 요인인 것은 분명하다.[2]

세이프라이트는 이 트레이드-오프 문제를 해결하기 위해 어떤 조치를 취했을까? 결국 세이프라이트는 기존의 임금률 100%를 보장해주기로 결정했다. 그리고 이렇게 높은 수준의 보장을 해주었음에도 — 높은 보장을 주장했던 사람들은 바로 그 때문에 성공을 거둔 것이라고 주장할 것이다 — 새로운 보상 시스템은 세이프라이트에게 큰 이득을 안겨주었다. 단위노동비용은 30%까지 감소하였다. 경험적 분석 결과, 이와 같은 감소 현상을 설명할 수 있는 변인의 50%는 "인센티브 효과"였다. 이때까지는 느릿느릿 일을 했던 기술자들이 이제 동기부여가 되어 더 많은 일을 하게 되었다는 것이다. 또 다른 설명변인 50%는 경제학자들이 "선별 효과(screening effects)"라고 부르는 것이었다. 새로운 보상 시스템으로 인해 세이프라이트는 야망을 가지고 있고 열심히 일하는 구성원들에게는 더 매력적인 회사로 보이게 되었다. 야망수준이 높고 일을 많이 하는 유형의 구성원들의 유지율이 일을 더 적게 하는 구성원들의 유지율보다 더 높아졌고, 야망있는 구성원의 신규 입사율도 높아졌다. 그래서 결국 시간이 흐르면서, 성과급 시스템(PPP)에 더 적합한 기술자의 수가 늘어나게 된 것이다.[3]

문제점과 복잡성

성과급 제도(pay for performance) — 실적급 제도(piece-rate pay)의 단순한 형태일 수도 있고, 좀더 복잡한 형태일 수도 있음 — 는 세이프라이트의 사례로 보듯이 매우 효과적인 도구가 될 수 있다. 하지만 성과급 제도가 가지고 있는 위험성도 분명히 존재한다. 가장 명확하게 예측할 수 있는 위험성은 "결과"에 대한 보상을 하게 되면 전혀 바람직하지 않은 구성원의 행동이 도출될 가능성이 있다는 것이다. 예를 들어 생각해보자. 2016년, 웰스 파고 은행(Wells Fargo Bank)에서는 성과급 계획 실행의 실패 때문에 뉴스가 될 만한 사건이 생겼다. 원래 웰스 파고의 마케팅 전략에는 교차 판매(cross-selling) — 예 : 은행 계좌를 가지고 있는 고객에게 신용카드를 만들거나 투자를 하도록 하는 것 — 가 포함되어 있었다. 개인고객을 대상으로 하는 구성원의 기대 방향을 이 전략방향과 일치시키기 위해, 은행은 교차 판매 계약을 성사시켰을 때 구성원에게 포상금을 지급하였다. 은행이 신중하게 접근하는 한 이와 같은 교차판매는 적법한 것이었기 때문에, 효과를 볼 수 있을만한 계획이었다. 하지만 구성원들은 고객의 동의를 받는 귀찮은 일을 하지 않고 마음대로 신규 계좌를 만드는 행동을 해서 최고경영진을 경악하게 했다. 사실 은행이 받게 되는 장기적인 영향이 어떤 것이 될지는 확실치 않다. 하지만 이 일 때문에, 존 스텀프(John Stumpf)는 CEO와 이사회 의장 자리를 모두 내놓아야 했다. 이 사건을 통해 분명해진 사실은, 인센티브가 행동에 대한 동기부여를 한다는 것이었다. 다만 동기부여를 통해 촉진되는 행동이 바람직한 것이어야 한다는 유의점이 존재한다.

이와 같이 인센티브가 불법행위를 만들어내는 경우뿐 아니라, 성과급 제도는 신중한 검토가 필요한 몇 가지 문제(기본 이론의 문제점과 복잡성을 기반으로 한)들을 야기할 수 있다. 이러한 문제점은 실행되는 과제가 복잡해질수록 중요성이 증가된다.

하지만 세이프라이트와 같은 간단한 시스템이라도 심각한 문제를 만들어낼 가능성은 있으므로, 항상 유의할 필요가 있다. 지금부터는 성과급 제도가 가져올 수 있는 가장 중요한 문제에 대한 해결책들을 몇 가지 정리해보도록 하겠다.

외부적인 위험요소를 제거하기(아니면 최소한 개선시키기)

구성원에게 보상을 제공할 때 기준으로 하는 성과는, 그 구성원이 들인 노력의 양과 내용을 정확하게 반영하지 못하기 때문에, 기본적인 트레이드-오프를 해야 하는 상황이 발생한다. 경제학자들은 이와 같은 상황을 설명할 때, 성과는 노력이 들어갔음을 보여주는 "시끄러운" 시그널이라고 한다. 결국, "시끄러운 소리"가 덜 난다는 것은 보다 효과적인 인센티브 제도가 실행되고 있다는 증거이고, 이 이론에 따르면 이러한 점은 항상 진실이라고 한다. 사실 내가 지금까지 강조해왔던 점은, 이 이론 이외에도 다양한 이론이 존재한다는 것이다. 2장의 마지막에 제시한 스톡옵션에 대한 논의를 읽어보고, 그 다음에는 6장의 내용을 읽어보기 바란다. 일단, 여기에서는 시끄러운 소리가 덜 나는 경우가 더 효과적인 인센티브 제도라는 것을 증명한다고 가정하고 이야기를 진행해보자.

당신이 구성원에게 인센티브 제도를 실행하려고 한다면, 구성원이 통제할 수 없지만, 당신이 제거하거나 감소시킬 수 있는 위험요인에 대해 진지하게 생각해봐야 할 것이다. 세이프라이트의 경우를 들어 한번 생각해보자.

- 한 명의 기술자가 1주당 완료하는 일의 양에 있어서 생길 수 있는 위험요인으로는, 기술자가 배당된 일을 하기 위해 왕복 운전을 해야 하는 거리가 있다. 이러한 요인을 고려하여 업무배정을 한다면 위험요인을 감소시킬 수 있다. 그래서 세이프라이트는 실적급 시스템(PPP)을 도입하면서 업무배정 및 출장 프로세스를 개선하는 데에 많은 투자를 하였다.
- 일을 해야 하는 장소에 도착했을 때, 창고 담당자가 트럭에 실어준 유리 사이즈가 잘못되었거나 결함이 있다는 것을 발견하는 일은, 기술자에게 매우 짜증나는 상황이 된다. 그래서 세이프라이트는 실적급 시스템의 실행과 동시에, 창고운영 프로세스를 개선하는 작업에도 투자하였다.
- 세이프라이트의 유리 공급업체들이 품질 관리에 있어서 문제를 가지고 있어서, 새로운 자동차 앞유리를 교체할 때 종종 깨지는 일이 생긴다고 해보자 — 실제로 그런 문

제가 있는지 모른다. 이것은 그냥 가상적인 상황이다 —. 이런 경우, 세이프라이트가 유리의 품질을 개선하는 작업을 한다면, 기술자들이 경험할 수 있는 문제를 확실하게 해결해줄 수 있을 것이다.

그리고 보다 일반적으로, 원자재로부터 완성품까지의 긴 생산과정에서 실적급 제도를 적용하다보면, 회사들은 재공품(work-in-process/ WIP, 공장에서 생산중에 있는 물품) 재고(inventory) 양을 늘려야겠다는 것을 알게 될 때가 많다. 그렇게 되면, 야망수준이 높은 구성원들에게 할 일이 모자라는 경우는 없게 된다.

재공품 재고를 증가시킨다는 것은 사실 조직이 감당해야 할 비용이 늘어나는 것이라는 사실을 알아둘 필요가 있다. 하지만 세이프라이트가 출장과정을 더 좋게 만드는 것에 투자한다면, 당연히 기술자에게는 혜택이 생긴다. 기술자가 출장을 가는 시간을 줄여준다는 것은, 더 많은 일을 더 빨리 할 수 있다는 것을 의미하고, — 세이프라이트는 더 적은 수의 기술자만 고용해도 되는 상황이 생긴다 — 고객의 만족도는 더 올라갈 것이다. 수선작업을 할 트럭을 기다릴 시간이 줄어드니까 말이다. 창고운영방법을 개선하고, 유리의 품질을 높이게 되면 세이프라이트와 기술자 모두에게 좋은 일이 생기게 된다. 핵심은 이것이다. 실적급 제도로 바꾸면서, 세이프라이트는 출장과정을 개선하였고, 창고운영의 효율성을 높였으며, 유리의 품질을 높였다. 이 긍정적인 방향으로의 작업을 통해 결국 회사의 이득도 증가하게 되었다.

실적급 제도(PPP) 이전에는, 이만큼의 비용을 들여서 이와 같은 개선작업을 하는 것의 가치가 인정되지 못했을 것이다. 하지만 실적급 제도가 시행되게 되면, 이런 투자의 가치가 명확해지게 된다. 재공품 재고를 증가시켜서 실적급 제도의 안정화를 추구한다는 것은, 사실 재고를 감소시킨다는 조직의 상식적인 기대에 반하는 행동인데도 말이다.

그리고 세이프라이트가 수행하고 있는 1대 1 주문형 서비스에서는, 실적급을 기반으로 한 보상을 하게 되면 이익증가를 위한 투자에서 얻을 수 있는 이득수준을 낮출 수도 있다. 이와 같은 사업분야에서는, 어느 정도 사업이 궤도에 오르면, 고객의 만족도는 서비스를 할 수 있는 기술자들의 수가 늘어야만 올라가게 된다. 갑자기 서비스를 요청하는 전화가 빗발치게 되는 경우, 그 업무량을 신속하게 처리할 수 있게 될 테니 말이다. 하지만 실적급 제도를 시행하게 되면, 더 많은 기술자를 고용하는 것은 더 많은 비용이 든다는 것을 의미한다. 기술자들은 때때로 일이 부족하게 될 것이고, 야망수준이 높은 기술자는 일이 적어지게 되어 행복하지 않게 될 것이다. 이러한 상황에서, 야망이 큰 기술자는 자신에게 일을 주도록 하기 위해, 담당자에게 압력을 가해보려고 할 것이다. 자신의 순서가 아닐 때에도 말이다. 즉, 동료들과 공모를 할 수도 있는 것이다. "이번주에 일을 할 수 있도록 확실히 보장해주면 몇 달러를 줄게. 네 일을 넘겨주면 퇴근 후에 맥주 한잔 살게."

더 바람직한 형태의 보장제도를 찾기

고용주가 통제할 수는 없지만 성과에 영향을 미치는 다양한 요인들을 고려하다보면, 고용주는 어떤 형태의 "보장제도"가 위험요소에 대해 가장 효과적으로 대처할 수 있을까를 생각하게 된다.

세이프라이트의 최저임금제도 물론 보장을 해주는 도구이기는 하지만, 다소 세련되지 못한 면이 있다.

한번 생각해보자. 출장 프로세스와 창고 운영방법의 개선작업을 했을 때, 기술자가 통제불가능한 위험요소들 중에서 남아있는 것은 일이 없는 상황이다. 기술자가 준비되어 있고 추가 업무를 받을 마음이 있는데 할 일이 없는 때 말이다. 주급이 보장되는 경우, 월요일과 화요일에 제대로 일을 하지 못했던 기술자는 나머지 3일 동안 열심히 일하는 것은 별 의미가 없다는 생각을 하게 될 것이다. 주급 액수 이상을 벌 수 있는 확률은 너무 적으니까 말이다. 이것이 주된 위험요소라면, 세이프라이트는 무조건 주급을 보장해주는 것보다는 "어쩔 수 없이 일을 하지 못했을 때에는" 기술자에게 시급으로 지급할 수도 있다. 이 방법은 실적급제도 하에서 일이 없는 상황을 해결할 때 가장 공통적으로 사용되고 있는 것인데, 세이프라이트 — 업무가 전략적으로 배정되는 — 의 상황에서는 문제가 있는 것이었다. 일을 그다지 많이 하고 싶지 않은 기술자는 업무배정담당자에게 압력을 가해서 일을 하고 싶어하는 다른 기술자에게 업무를 배정해달라고 요구할 수 있기 때문이다. 하지만 이 모든 것들을 고려해보더라도, 단순하게 주급을 보장해주는 것보다는 더 효과적인 운영 방법이기는 하다.

경쟁사 실적과의 비교

당신이 혼다(Honda)의 신차 딜러샵을 운영하고 있고, 영업직원들을 동기부여시키고 싶은 상황이라고 가정해보자. 각 영업직원이 얼마나 일을 잘하고 있는지를 파악하려면, 판매된 자동차가 몇 대인지를 세어보고, 그 계약에서 얻은 이득은 어느 정도인지를 계산해볼 수 있을 것이다. 하지만 이 측정치는 특정 영업직원이 얼마나 영업을 잘했는지를 보여주는 단편적인 수치일 뿐이다.

예를 들어보자. '그 영업직원에게 배당된 고객들이 구매 의사가 없었다'라는 불행한 상황이었을 수도 있다. 새로운 모델이 나왔기 때문에, 그가 담당한 기존 모델들은 판매하기가 어려웠을 수도 있다. 지역경제나 국가경제의 상황이 좋지 않아서, 새로운 자동차를 구입하고자 하는 고객이 별로 없었을 수도 있다.

좋은 고객을 만날 수 있는 운을 잡기 위해, 한 개인이 할 수 있는 일은 사실 많지 않다. 하지만 지역경제나 국가경제가 혼다 영업직원에게 미치는 영향은 토요타(Toyota) 딜러샵에게도 동일하다. 그렇기 때문에, 혼다 영업직원의 실적을 토요타의 영업실적과 비교해봄으로써, 보다 명확한 측정치를 얻어볼 수도 있다. 내가 말하고자 하는 것은 이런 것이다. 토요타의 영업실적이 줄어들고 있는데, 혼다의 어떤 영업직원이 판매실적과 이익수준을 유지한다면, 이는 혼다 영업직원의 탁월한 업무수행이 있었다는 것을 의미하는 것이기 때문에, 그 직원에게는 더 많은 인센티브를 줄 가치가 있다. 조금 더 부정적인 상황을 가정해보자. 토요타의 영업실적이 감소되고 있다면, 당신의 혼다 영업직원의 실적이 비슷하게 떨어지고 있는 상황에 대해서도 많은 비난을 해서는 안 된다. 그리고 인센티브 보상을 할 때에도 현재의 상황이 적절하게 고려되어야만 한다.

하지만 토요타가 정말 잘 팔리는 새로운 모델을 소개해서, 혼다의 경쟁모델의 판매 실적을 감소시킨다면 어떨까? 판매가 감소되는 상황을 만들어낸 것이 혼다 영업직원이 아니기 때문에, 토요타의 영업실적과 비교해보게 되면, 얼마나 영업을 잘했는지에 대한 평가를 제대로 할 수가 없게 된다. 그렇다면, 이러한 경우, 특정 혼다 영업직원을 평가하기 위해 비교해봐야 할 대상은 또 다른 혼다 영업직원의 실적이다. 그들은 동일한 자동차를 판매하고 있고, 동일한 경제상황의 영향을 받고 있기 때문이다. 그러므로, 당신의 영업직원의 성과를 평가해보려면, 전국이나 해당 도시, 당신의 딜러샵 내의 다른 혼다 영업직원들의 성과를 참고해서 비교해볼 수 있을 것이다.

당신의 딜러샵에서 일하고 있는 특정 영업직원의 성과를, 다른 영업직원들의 성과와 비교해보는 것은 최대한 측정과정에서의 오류를 줄일 수 있는 방법으로 보인다. 하지만 이 작업을 하는 데 있어서 생길 수 있는 문제점은 여전히 존재한다. 당신은 영업직원들이 팀을 구성해서 일을 하면서, 판매를 할 때 서로를 도와주기를 바란다고 생각해보자. 이러한 상황에서, 각자의 실적이 비교되면서 인센티브 액수가 달라진다는 것을 직원들이 알게 된다면 어떨까? A직원이 B직원을 도우려고 할까? B의 실적이 A의 보상액수에 부정적인 영향을 미치는데도 말이다. 물론 서로를 돕고자 하는 사람의 타고난 경향성(상호호혜성의 규범이라고 불리는 것)은 이와 같은 부정적인 인센티브 효과를 극복할 수도 있다. 하지만 구성원들 간의 협력이 매우 중요한 상황에서는 당신이 이 부분을 유의해서 관찰할 필요가 있다.

각 구성원의 실적을 비교할 때, 동일 과제를 하는 다른 구성원의 평균 실적을 고려한다면, 반대로 동료로부터의 압력도 생각해볼 필요가 있다. 즉, 전체적인 실적이 낮아지는 데에는 너무 열심히 일하지 말라는 동료들로부터의 압력이 영향을 미친다. 생산율이 증가된 것이 실적급 제도를 도입했기 때문이라고 판단되는 상황에서, 섣불리 실적급 액수를 재조정하게 되면 고용주에게 오히려 불이익이 될 수 있다.

이와 같은 비교작업의 극단적 형태중 하나는(구성원들의 실적을 비교할 때 거의 항상 사용되는 방법)은 토너먼트(tournament) 스타일의 보상이다. 그룹에서 가장 실적이 좋은 구성원에게 상을 주거나, 상위 5% 구성원에게 상을 주는 형식 말이다. 이런 경우를 한번 생각해보자. 지난 6개월 동안 가장 좋은 실적을 올린 영업직원은 5,000달러의 보너스를 받거나 하와이 여행권을 받게 되고, 2위 직원은 근처 스파(spa)에서 두 사람이 묵을 수 있는 주말여행권을 받는다고 말이다. 경쟁문화가 존재하는 조직에서, 이와 같은 토너먼트 형식은 매우 효과적이다.

하지만 "동료들"과 협력을 해야 하는 상황이 되면, 항상 문제가 발생하게 된다.

상호의존성과 팀-기반 인센티브 제도

구성원 간의 상호의존성(interdependence)이 매우 강할 때에는, 한 명의 구성원이 얼마나 좋은 성과를 거두었는지를 제대로 측정하기란 어려운 일이 될 수 있기 때문에, 개인-기반의 인센티브 제도는 유용하지 않을 수 있다. 이러한 상황에서는 팀(team)을 기반으로 한 인센티브 전략을 쓰는 경우가 대부분이다. 팀의 성과가 좋을 경우 팀 구성원 전체가 같이 보너스를 받거나 상을 받게 되는 것 말이다. 당신이 이와 같은 팀-기반 보상 제도를 운영해보았다면, 아마 아주 큰 어려움이 생길 수 있다는 것을 이미 알고 있을 것이다. 팀의 규모가 클수록, 팀구성원이 동료의 노력에 무임승차할 위험성은 더 커지게 되기 때문이다. 이와 같은 위험요인을 통제하기 위해 가장 많이 효과를 보고 있는(아니면 적어도 시도가 되고 있는) 방법은 팀 내의 동료 압력을 활용하는 것이다. 그리고 동료 압력은 이러한 부분에서는 좋은 결과를 낳을 수 있다. 하지만 팀 구성을 할 때 심각한 고민이 생길 수 있다. 동료 압력이 사회적 보상에 기반하고 있는 것이라면, 동질 집단으로 팀을 구성하는 것이 좋을까(인구학적 정보의 다양성이 적은 쪽으로)? 구성원들 스스로 팀을 구성해보도록 할 수도 있는데, 그렇게 되면 일을 잘하는 사람들끼리 한 팀이 되고, 역량수준이 낮은 사람들끼리 팀을 구성할 가능성이 있다. 어떻게 하는 것이 이상적일까?

인센티브의 목적으로 팀-기반의 보상제도를 운영하는 것은 — 팀-기반의 보상제도에 인센티브를 관련시키려는 의도가 있었든지 없었든지 간에, 동기부여에 관련이 있을 수밖에 없다 — 어려움이 많을 수 있다. 이 주제에 대해서는 7장에서 더 깊이 다루어보도록 하겠다.

역동

대부분의 경우, 조직에서는 "평가 기간(review period)" 동안의 구성원이 들인 노력을 종합하여, 그 구성원의 성과를 정기적으로 평가한다. 세이프라이트의 경우는, 평가기간을 1주로 잡는데 이 경우 구성원이 3~4일이 지났을 때 충분히 많이 일했다고 생각하게 되면, 그 이후에는 그다지 일을 많이 안 할 수 있다는 단점이 생긴다.

예를 한번 들어보자. 어떤 세이프라이트의 기술자가 1주 동안 20개의 자동차 앞유리를 교체해서 600달러의 주급을 받겠다는 계획을 세웠다고 말이다. 하지만 (본인이 잘못한 것은 하나도 없었음에도 불구하고) 교체작업을 두 개밖에 못했고, 화요일에는 세 개, 수요일에는 두 개의 작업을 마쳤다. 그러니까 목요일 아침까지 작업을 완료한 것은 일곱 개가 되었다. 현실적으로 20개의 작업을 마치기란 불가능한 상황이 되었고, 실적급제도의 혜택을 받을 수 있는 개수인 17개를 채우기도 만만치 않은 상황이 되었다. 그래서 그는 목요일 아침이 되자, 480달러를 보장받는 수준에서 멈추기로 결정하고, 남은 이틀 동안에는 3개만 더 작업하기로 마음먹을 가능성이 있는 것이다. (이해를 돕기 위해, 상황을 좀 더 단순하게 만들어보자. 각 기술자들은 주당 10개의 창유리 교체작업을 해야 하고,

그렇지 않으면 해고될 거라고 말이다. 현실은 사실 그것보다 훨씬 더 복잡할 것이다. 열심히 일하는 기술자라면 어떤 주에는 10개 미만의 작업만 하는 것이 가능하게 해줄 수도 있다. 그런 일이 너무 자주 일어나지 않고, 원래 좋은 실적을 올리던 사람이었다면 말이다.)

이런 상황은 왜 일어나는 것일까? 성과를 기반으로(교체된 자동차 앞유리 개수) 보상을 하는 제도는 플랫 스폿(flat spot, 동일한 보상을 받게 되는 성과 범위)을 가지고 있다. (적어도 우리 모델에서는) 10개~16개의 창유리 교체작업에 대한 보상은 동일하다. 그렇기 때문에 평가 기간이 끝나갈 때쯤 되면, 구성원은 이와 같은 플랫 스폿을 마주하게 되어, 인센티브 보상제도의 효과를 볼 수 없게 된다.

또 다른 극단적인 경우도 존재한다. 세이프라이트는 구성원들이 실적급제도의 좋은 점을 알 수 있도록 하기 위해, 17개의 앞유리를 교체하면 추가적인 인센티브를 제공하기로 했다. 그러니까 1주당 16개 또는 그 이하를 작업하게 되면 480달러(최소 10개)를 받게 되지만, 17개를 작업하는 순간부터는 기본 550달러를 받게 되고, 1개를 더 작업할 때마다 30달러를 추가적으로 받을 수 있는 것이다. 그러니까 16개에서 17개로 넘어가면서 얻게 되는 이득은 70달러가 된다. 금요일 아침까지 15개를 작업한 한 기술자를 떠올려보자. 아니면, 금요일 오후 1시에 16번째 작업건을 받았다고 생각해보자. 16번째 작업을 하기 위해 서둘러서 출장을 갔다 온 후에는, 퇴근할 때까지 시간을 잘 계산해서 17개 작업을 끝내려고 애를 써야 한다. 그러니까 금요일 오후 3:45까지 출장에서 돌아와서 마지막 작업을 마무리할 수 있도록 해야 하는 것이다. (이 상황에서는 업무를 배정해주는 담당자에게 뇌물을 줄 가능성도 존재한다.)

지금까지 이야기한 개인단위의 이야기보다 조직단위를 보았을 때 아주 유명한 사례가 있다. (미국에서) 1년 동안 특정 모델을 가장 많이 판매한 자동차 제조사에 대한 이야기이다. 혼다 어코드(Honda Accord)는 이 경쟁에서 우승한 최초의 "외국" 자동차이다. 1989년부터 시작해서, 1990년과 1991년에 1등을 차지했다. 하지만 1992년 후반에는 포드 토러스(Ford Taurus)가, 혼다가 지켜온 1등 자리에 도전장을 던졌고, 연말에 되었을 때에는 막상막하의 상황이 되었다. 어코드와 토러스가 해당 해의 마지막 2개월 동안 얼마나 많은 노력을 했을지는 상상이 가능할 것이다. 각 브랜드의 제조사에서는 딜러들에게 모든 종류의 특별 인센티브를 제공하였다. 12월 31일 이전에 어코드와 토러스를 고객의 문앞에 배달시킬 수 있도록 말이다. (만약에 12월 23일쯤, 포드가 따라잡을 수 없을 정도로 우위를 달리고 있다는 것이 밝혀진다면, 혼다는 그냥 거기에서 포기하고, 영업직원들에게 인센티브를 주면서, 내년초까지 모든 판매를 연기하라고 지시할 수도 있다. 이것은 어려운 일이 아니다. 해당 해의 남은 기간 동안은 특별 인센티브를 취소하고, 다음 해 1월 1일에 특별 인센티브를 받게 될 거라고 딜러들에게 알려주기만 하면 된다.)

이와 같은 상황에서 나타나는 고용 맥락(employment context)은 소수의 "승자"만 존재하는 토너먼트 전략이다. 예를 들어 한번 생각해보자. 한 영업조직에서는 각 분기마다 최고의 실적을 거둔 사람에게 특별 보너스를 주기로 하였다. 그리고 경쟁의식을 촉진하기 위해, 그 결과를 매일 게시하였다. 사내 게시판을 띄우기만 하면 각 영업직원의 실적을 한눈에 볼 수 있게 해놓은 것이다. 한 분기가 끝나가고 있을 때, 한 명의 직원이 독보적인 선두를 달리게 되면, 다른 사람들은 다음 분기가 시작될 때까지 판매를 연기할 가능성이 높아진다. 그리고 선두를 달리는 사람도, 자신의 뒤를 쫓는 사람이 아무도 없다는 것을 알게 될 때부터, 새로운 판매계약은 다음 분기로 미루는 행동을 하게 된다. 만약에 한 분기가 끝나갈 때, 2명 이상의 직원들이 아슬아슬한 경쟁을 하고 있다면, 한 해의 영업왕을 뽑기 위한 경쟁을 포드와 혼다가 하는 것과 비슷한 상황이 될 것이다. 물론, 이러한 전략은 두 사람이 더 많은 노력을 하도록 촉진하는 좋은 방법일 수 있다. 하지만 영업직원이 상을 받기 위해 고객에게 특별한 혜택을 주거나, 조직이 원하지 않는 약속을 하거나, 가격 할인을 하게 되면, 매우 나쁜 전략이 되어버린다.

문제 발생을 방지하기 위한 방법은 명확하다. 성과를 기반으로 보상을 제공하는 과정은 "자연스러워야" — 굴곡(jumps)이 없어야 — 하고, 플랫 스폿이 없이 지속적으로 진행되어야 한다. 판매에 대한 특별수당율을 일정하게 유지하는 것도 좋은 실례가 될 수 있다. 세이프라이트의 맥락에 적용해서 생각해보자. 시간당 임금을 12달러에서 8달러로 줄이는 대신에, 창유리를 하나씩 갈때마다 13달러를 추가로 지급한다는 계획은 어떻게 보이는가?

주당 40시간을 일하는 기술자의 경우, 기본 주급은 320달러부터 시작하게 된다. 10개의 앞유리를 교체하게 되면 130달러가 더해져서, 총 450달러를 받을 수 있다.

주당 480달러를 받던 기존 수준을 유지하려면, 기술자는 13개 유리 교체작업을 해야 하고, 그게 가능한 경우라면 조금 더 해볼 마음도 먹을 수 있게 될 것이다. 시급이 8달러로 줄어들었지만 앞유리 1개 작업할 때마다 13달러를 더 받을 수 있다는 것을 수용할 수 있다(물론, 최저임금법에 반대하는 사람이 아니라면) — "인센티브"와 "보장"을 맞바꾸면서 말이다 —. 하지만 여기에서 중요한 점은, 이 전략에는 특정 성과범위를 유지하도록 하는 인센티브가 포함되어 있다는 점이다.

이 문제점들을 해결하기 위해 평가기간(review period)을 짧게 만들 수도 있을 것이다. 세이프라이트에서는 평가기간을 1주에서 1일로 바꾸었다. 기술자는 해당 일에 작업한 자동차 앞유리의 숫자에 30달러를 곱한 금액을 매일 받게 되거나, (8시간을 채워서 근무했다면) 96달러를 받을 수 있다. 이론상, 이 방법은 매우 효과적이다. 평가기간이 매우 짧기 때문에, 하루가 끝나가더라도 남은 기간 동안의 작업량을 마음대로 조절하기는 어렵기 때문이다. 하지만 (a) 이 방법은 문제가 생길 가능성이 있다. 짧은 기간동안의 업무수행은 장기간의 업무수행보다 예측할 수 없는 변인의 영향을 더 많이 받게 되고, 결국은 평균의 법칙이 적용될 가능성이 있다. (b) 또 다른 역동적인 문제를 불러일으킬 수 있다 — 심한 숙취 상태에서 월요일 출근을 한 기술자를 상상해보자. 컨디션이 너무 안 좋으니까 그날은 그냥 설렁설렁 일하기로 마음 먹는 사람 말이다. 또 한 주의 나흘 동안은 매우 좋은 성과를 냈기 때문에 금요일은 별로 일을 많이 하지 않기로 계획하는 직원이 있을 수도 있다 —. (c) 대부분의 사람들은

(구성원들도 마찬가지이다) 심리적 이유 때문에, 끊임없는 성과 리뷰를 좋아하지 않는다. 그렇기 때문에, 이와 같은 이론적인 방법 시도는 해결해야 하는 문제 상황보다 더 안 좋은 맥락을 만들어 낼 수도 있는 것이다.

톱니 효과

매우 많이 사용되는 성과급 제도에는 개인 구성원이나 한 팀의 실적을 작년이나 지난 달 실적과 비교하고, 지난해나 지난 달에 가장 잘했던 실적과 비교하는 작업이 포함되어 있다. 자산관리 산업분야(예 : 헤지펀드)를 예로 들어 생각해보자. 대부분의 보상제도는 관리하는 금액의 일정 비율을 받는 형태를 띄고 있다. 그리고 펀드의 포트폴리오가 이전의 고수위(high-water mark) 수준을 넘어선 정도에 따라 성과수당을 더한다. 포트폴리오가 고수위 수준에 미치지 못하면 성과보너스는 없는 것이다. 생산 관리자(또는 생산팀)는 단위생산량비용(unit production cost)을 얼마나 낮추었는지에 따라 보상을 받을 수 있다. 은행의 지사 관리자는 해당 조직의 최종 결산 결과수준을 높였을 경우 보상을 받는다.

이와 같은 형태의 인센티브가 적절한 경우가 분명히 존재한다. 예를 들어보자. 토요타 자동차 제조사(미국의 토요타)에서는 하청업체들이 지속적으로 비용개선을 하기를 기대한다. 헤지펀드(hedge-fund) 관리자는 현재 시장의 상황과 상관없이 자신의 포트폴리오가 가지는 시장 가치를 높이기를 바란다. (반대로, 비트

더마켓(beat the market) 투자 전략을 적극적으로 쓰고자 하는 자산관리자에게는 포트폴리오와 적절한 시장비교를 하고, 담당 펀드의 비정상적인 성과에 기반하여 보상을 하는 것이 더 바람직하다.)

하지만 이와 같은 인센티브 전략은 적절하지 않은 경우 적용되는 때가 너무나 많다. 그 이유로는 톱니 효과(ratchet effect)를 들 수 있겠다. 작년보다 올해 얼마나 더 팔았는지를 비교한 정도에 기반하여 보너스를 받게 되는 영업직원을 한번 생각해보자. 그 직원이 올해 엄청난 실적을 올렸다고 말이다. 올해에는 보너스를 매우 많이 받게 되겠지만, 내년의 목표를 엄청나게 높여놨다는 것을 알고 있다. 이러한 상황이 되면, 다른 회사에서 새롭게 시작하고 싶은 마음이 들 가능성이 높다.

그리고 이와 같은 인센티브 전략들은 부정적인 방향에서 동적 효과(dynamic effect)를 만들어낼 수 있다. 올해 실적이 매우 좋았기 때문에 이직을 생각하는 영업직원은 연말에 어떤 방법으로든 추가 인센티브를 받게는 될 것이다. 반대로, 헤지펀드 포트폴리오 실적이 매우 좋지 않고 해고를 당할 것 같은 느낌을 가진 관리자는 투자를 하는 데 있어서 도박을 해볼 수 있다. 지금 상황이 너무 안 좋기 때문에, 더 내려갈 데가 없기 때문에, 만약에 도박이 성공만 한다면, 다시 고수위 수준에 도달해서 보너스를 받을 수도 있는 것이다.

즉, 이와 같은 형태의 인센티브 전략은 구성원의 노력을 적절하게 평가해서 성과에서의 개선을 파악할 수 있는 세팅에서는 효과적일 수 있다. 그렇지 않은 상황이라면, 매우 신중하게 활용할 필요가 있다.

멀티태스킹

세이프라이트는 수정된 형태의 실적급 보상 시스템(PPP)을 새롭게 실행하기로 했다. 왜냐하면, 기술자들이 보다 신속하게 일할 수 있도록 동기부여할 수 있기를 바랐기 때문이었다. 일단 핵심적으로 만들어진 효과는 단위노동비용을 낮춘 것이다. (앞에서도 언급했듯이) 고객의 자동차가 보다 신속하게 도로에서 다시 달릴 수 있도록 했기 때문에 고객 만족도는 높아졌다.

하지만 기술자의 업무 성과에 있어서는 또 다른 차원이 존재한다.

세이프라이트는 기술자들이 고객에게 정중한 태도로 대하기를 기대한다. 깨진 유리 조각 하나도 남기지 않을 만큼 철저하게 작업할 수 있기를, 그리고 안전하게 운전해서 출장을 다녀오기를 바라기도 한다. 자동차 앞유리를 교체하는 데 있어서 신중하게 작업을 하지 않으면, 교체작업 중에 유리가 깨질 수도 있으므로, 세이프라이트는 시니어 기술자들에게 시간을 내어 신참 기술자들을 교육시키를 기대하기도 한다.

한 주에 몇 개의 자동차 앞유리 교체 작업이 이루어졌는지를 측정하고, 작업진행속도를 높이기를 기대하는 한, 업무수행의 또 다른 바람직한 차원들에 대해서는 오히려 동기수준을 낮추게 되는 결과를 낳을 수 있다. 그래서 세이프라이트는 효과적인 인센티브 전략을 수행하기 위해서는, 다른 차원에 대한 재동기부여를 할 수 있도록 상황 변화를 해야 한다는 사실을 알아차리게 되었다. 고객만족도 설문조사를 기반으로 하여 또 다른 형태의 인센티브 보상제도를 운영하여, 조금 더 높은 수준의 고객 서비스에 대한 동기부여를 하기로 한 것이다. 안전한 운전을 촉진하기 위해, 일반적인 업계의 관행을 따라서 "내가 지금 운전을 어떻게 하고 있는지 생각해보십시오 — 위험한 운전을 하는 동료들을 본다면 ○○○-○○○○으로 전화해주십시오" 라는 스티커를 트럭 뒤에 붙이게 했고, 위험한 운전을 한다는 신고 전화를 받은 기술자는 곧바로 해고하겠다는 명확한 경고를 하였다. 교체작업을 할 때 유리가 파손되는 경우에는, 완료된 업무건수를 카운트하지 않도록 하기도 했다. 기술자들이 이 경쟁에서 이기기 위해 깨진 유리에 대한 수선비를 스스로 내게 될 정도로, 회사에서는 이 인센티브 전략을 강화하였다. (세이프라이트는 이 전략을 활용함에 있어서, 제공하는 유리가 이미 파손되어 있는 일이 없도록 극도로 유의할 필요가 있다.)

여기에서의 중요한 점은 멀티태스킹(multitasking)이다. 대부분의 경우 업무를 할 때에는 다양한 종류의 과제를 하게 되고, 각 과제에 대한 성과를 내기 위해서는 다양한 차원들을 볼 필요가 있다. 그래서 구성원은 자신의 시간과 노력을 각 과제에 잘 배분하고, 어떤 차원에 어느 정도의 시간과 관심을 투자할 것인지를 결정해야 한다.

대부분의 경우, 인센티브 전략들은 구성원들이 다양한 의사결정을 하는 과정에 대해 균형잡힌 인센티브를 제공하지 못한다. 회사에서는 특정 과제들에만 초점을 맞추거나, 특정한 차원의 품질에만 관심을 보이는 경향이 있다. 그러한 인센티브 전략을 통해, 고용주는 "내가 보상을 어디에 해주는 것을 보면,

내가 뭘 원하는지 알 수 있을 거야"라는 명확한 메시지를 전달하고 있는 것이다.

지금부터는 실적급 제도 하에서 멀티태스킹을 해야 하는 구성원에게 효과적인 동기부여를 하는 것이 얼마나 어려운지를 보여주는 두 가지 이야기를 해보도록 하겠다. 첫 번째 이야기는 부띠끄 헤지 펀드(boutique hedge fund)[4]의 애널리스트에게 제공되는 인센티브에 관한 것이다. 펀드의 창립자이자 관리자인 티나 러너(Teena Lerner)는 4명의 애널리스트를 고용하고 있었다. 각 애널리스트는 헬스케어 사업의 각 다른 분야를 담당하는 사람들이었다. 티나는 애널리스트들이 최고의 조언을 제공할 수 있도록 인센티브를 주고 싶어했다. 하지만 동시에 기대했던 것은, 애널리스트 서로가 정보들을 공유하는 행동이었다. 그래서 그녀는 연말 보너스를 줄 때, 각 개인의 포트폴리오의 실적과 전체 펀드의 성과를 함께 고려하는 방법을 사용했다. 결국 후자의 고려사항은 애널리스트들이 서로 얼마나 협력했는지에 따라 인센티브를 주겠다는 것이었다. 특별히 복잡한 형태의 인센티브는 아니었다. 하지만 동시에 두 가지의 행동에 대한 촉진을 시도했기 때문에, 기대하지 않았던 결과가 나오는 경우가 생겼다. 예를 들어, 어떤 애널리스트는 전체 회사에는 부정적인 결과를 가져다주지만(그리고 동료들의 포트폴리오에는 아무런 영향을 미치지 않는), 자기 자신의 보너스 액수는 증가시킬 수 있는 상황을 만들 수 있기 때문이다. 더 자세히 설명할 필요도 없이, 핵심은 이것이다. 아무리 단순한 형태라도, 두 가지 이상의 행동을 촉진하는 인센티브 전략을 사용하게 되면, 조직에서 기대하는 바를 항상 얻게 되지는 못할 수도 있다는 것이다. 이와 같이 인센티브 전략 안에서 생기는 상호작용 때문에 의도하지 않았던 부정적인 결과가 도출될 가능성이 있다.

그렇다면, 해답은 보너스 전략을 단순한 형태로 만드는 것이라고 보여진다. 하지만 이 또한 다른 종류의 어려움을 가져올 수 있다. 건강식 다이어트 점심식사를 판매하는 체인사업 회사의 창립자이자 CEO는 다양한 지역의 매장을 담당하고 있는 관리자들에게 단순한 형태의 전략을 사용해서 동기부여를 하고자 했다. 관리자들은 각 지역이 벌어들인 순이익의 일정 퍼센트를 갖게 되도록 한 것이다.[5] 회사에서는 우선 두 지역을 대상으로 이와 같은 보상/보너스 전략을 먼저 테스트해보았는데, 두 명의 관리자는 완전히 다른 방향으로 가는 것을 관찰할 수 있었다. 한 관리자는 계약금액이 큰 고객들을 늘려서 이득을 증가시키려는 생각에 기반하여, CEO가 기대하는 방향으로 비즈니스를 구축해나갔다. 하지만 또 다른 관리자는 자신의 자원과 스킬을 기반으로 생각해볼 때, 지점의 이익을 증가시키기 위해서는 (그리고 자신의 보상액을 늘리기 위해서는) 가격 절감에 집중해야 한다고 판단했다. 체인점의 전체적인 브랜드 이미지에 부정적인 영향을 줄 수 있는 비용은 모두 감소시켰다. 주방 스태프 한 명을 해고해서 결국은 고객들이 식사가 나오기까지 기다려야 하는 시간이 늘어나게 되었다. 구성원의 성과가 얼마나 좋은가를 전체적으로 평가한다는 간단한 인센티브 전략이었는데도 불구하고, 구성원들은 자신이 가장 잘할 수 있는 방법을 활용한 것이다. 업무수행이 어떻게 되었는지를 명확하게 측정할 수 있는 경우에는 상관이 없다고 생각된다. 하지만 각 지점에서 이루어지는 사건들이 전체 조직의 평판에 큰 영향을 미칠 수 있을 때, 이와 같은 인센티브 전략의 결과는 "좋은" 방향으로 나오지 않을 가능성이 크다.

멀티태스킹이 가져오는 어려움은 특히 하나의 일을 하는 데 있어서 측정이 쉬운 과제와, 측정이 어렵고 잡음이 많이 생기는 과제를 같이 해야 하는 때이다.

이런 경우를 한번 생각해보자. 공립학교의 4학년 담임을 맡고 있는 교사의 일을 말이다. 교사는 처리해야 할 수많은 과제를 가지고 있다. 하지만 주로 두 가지 과제에 초점을 맞춘다. 첫째, 학급 학생들의 읽기 및 수학 능력을 4학년에 맞게 끌어올리는 것. 둘째, 학생들이 스스로 공부하는 것을 사랑할 수 있도록 도와주는 것. 첫 번째 과제는 비교적 쉬운 편이고 측정하는 데 있어서 어려움도 별로 없다. 학생들은 연말에 자신의 스킬 수준이 어느 정도 되는지에 대해 시험을 치면 되니까 말이다. 그리고 학년이 시작되는 때에 시험을 쳐보게 되면 학생들에게 어느 정도의 발전이 필요한지에 대해 정확하게 평가해볼 수가 있다. 하지만 두 번째 과제는 단시간 내에는 측정하기가 거의 불가능하다. 그래서 이 과제를 교사들이 잘 수행하도록 동기부여하려면, 시험 성적에 따라 보상을 줄 수밖에 없다. 이와 같은 방식으로 평가되고 보상을 받게 되는 교사들은, 자신의 일이 가지고 있는 영감을 주는 차원에 대해서는 무시하거나 가치를 낮게 평가하게 되고, 당연히 "시험성적을 좋게 만들기 위해 가르치는" 일을 하게 될 것이다.

이런 경우, 평가하기도 힘든 과제에 의미도 없는 인센티브를 주고 싶지 않다면, 쉽게 평가가 가능한 과제에만 강하게 동기부여를 하면 안 된다. 어떻게 동기부여를 하면 되는지 뻔히 보인다 해도 말이다. 성과를 측정하기 어려운 과제와 쉽게 평가가 가능한 과제가 섞여 있어서, 구성원들이 두 가지 유형의 과제에 시간과 노력을 분배해야 하는 상황이라면, 실적급의 효과는 제한적일 수밖에 없다. 직무 설계를 하는 사람이라면, 꼭 기억해야 한다. 이와 같이 성격이 다른 과제들을 동시에 해야 하는 역할을 만들지 말아야 한다는 것을 말이다.

사후의 주관적 평가

대부분의 경우 멀티태스킹으로 인해 생기는 문제들은 하고 있는 일이 더 복잡할수록, 더 많은 창의적인 사고가 요구될수록 모호하기 때문에 미리 추론해야 하는 성격의 과제가 많을 때 더 심각해지기 마련이다. 우리는 유형 K의 일에 대해 초점을 맞추고 있기 때문에, 당연히 이와 같은 문제점들을 맞닥뜨리게 되었다. 멀티태스킹으로 인해 생기는 문제들은 유형 K의 모든 일이 가지고 있는 특성들이기 때문이다. 이러한 상황은 인센티브 보상이 성과의 "객관적인" 평가에 의해 결정되어야 하는 실적급 제도를 특히 어렵게 만든다.

이와 같은 어려움들을 해결하기 위해 자주 쓰이는 방법은 사후(ex post)의 주관적인 성과리뷰이다. 객관적으로 성과를 평가하고, 특정 형태의 방법을 기반으로 결정된 보너스를 주는 대신에, 보스(또는 경영진)가 사후에 각 구성원들의 성과를 주관적으로 관찰하고, 어느 정도의 보너스를 줄 것인지를 판단하는 것이다. 복잡한 성격의 업무를 해야 하는 상황에서는, 공식적인 평가제도가 효과를 거두지 못하거나 오히려 역기능적인 결과를 만들어내는 경우가 많다. 그래서 주관적인 사후평가가 실적급제도를 운영하는 데 있어서 유일하게 활용가능한 대안이 될 수 있다. 물론, 이러한 전략에 있어서도 명확한 문제점이 존재한다.

1. 주관적인 사후평가를 하다보면, 구성원들은 자신의 성과가 아니라 성과를 리뷰하게 될 사람들과 좋은 관계를 맺기 위해 많은 시간과 노력을 들이게 된다.
2. 구성원들은 보너스 위원회가 주관적인 결정을 할 때가 되면, 위원회가 어떤 평가를 할 것인가에 대해 추론을 해보려고 한다. 아리조나(Arizona)의 저축·대출 기관 사례를 보면 이러한 상황을 명확하게 알 수 있다.[6] 보너스 액수를 결정할 때가 되면, 본사에서는 지점 관리자에게 각 구성원들의 연간목표를 정리한 자료를 본사에 제출해달라는 요청을 하게 된다. 그리고 위원회는 연초에 작성했던 목표와 비교해서 관리자가 얼마나 일을 잘했는지도 살펴보려고 할 것이다. 이 작업을 하는 데 있어서 관리자는 나름 머리를 써보게 된다. "진짜" 중요한 문제가 뭔지를 파악하려고 하는 것이다. 본사가 무슨 생각을 하는지 절대 알 수 없는 상황이 아니다. 잘 살펴보면, 상반기

에 본사는 특정 목표를 강조했고, 하반기에는 다른 목표를 강조했다는 것을 알 수 있다. 그렇다면, 지점 관리자가 어떻게 행동할지 짐작 가능할 것이다. 지점 관리자는 본사에서 관심을 가지지 않는 활동에 대해서는 무시하거나 적어도 초점을 덜 맞추게 된다. 그 수치가 은행의 재정적 성과에 대해 부정적인 영향을 미친다고 해도 말이다.

3. 주관적인 평가는 구성원들의 불만을 높일 수 있다. 보너스 위원회가 누군가를 편애한다거나, 각 개인이 기여한 바를 명확하게 인식하지 못한다는 의심을 할 수 있기 때문이다.

핵심적으로 중요한 사항은 이렇게 정리해볼 수 있다. 여러 가지 과제를 해야 하고, 다양한 성격의 과제를 동시에 해야 하는 것과 같이, 일이 가지고 있는 복잡성이 높을수록, 금전적 보상을 기반으로 한 인센티브 전략의 효과는 줄어들게 된다. 서로 다른 종류의 과제 및 차원들 간에 인센티브의 균형을 잡기가 점점 더 어려워지기 때문이다.

스크리닝 효과

세이프라이트가 새로운 인센티브 전략을 활용하게 되면서 얻게 된 혜택은, 개인 기술자들이 더 신속하게 일을 하도록 촉진하게 된 것뿐 아니라, 다양한 구성원들에게 맞춤형 동기부여를 하게 되면서, 세이프라이트에 고용된 기술자들의 평균 성과수준이 올라가게 되었다는 사실이다. 앞에서 언급했듯이, 인센티브 전략이 가져다줄 수 있는 이득을 잘 계산해보면, 단위노동비용을 30% 정도 감소시킬 수 있고, 기술자들의 성과수준이 올라가게 되는 상황을 50% 정도 설명할 수 있다고 한다.

이 이야기는 매우 명확하고, 또 정말 중요한 것이다. 당신이 구성원들에게 보상을 해주는 방법은 구성원의 유형에 따라 다양한 반응을 이끌어낸다. 그리고 당신이 조직에서 일하고자 하는 사람들과, 앞으로 계속 당신의 조직에 머무르겠다고 하는 사람들의 특성 또한 계속 변화할 것이다. 경제학자들은 이러한 상황을 스크리닝 효과(screening effect)라고 부른다.

스크리닝 효과는 회사의 비즈니스 전략의 기반이 될 수 있기 때문에, 매우 강력한 것이라고 말할 수 있다. 대규모 미국의 부동산 중개 기업인 RE/MAX의 실례를 들어 이야기해보자. 전통적으로, 큰 조직에서 일하는 부동산 중개사들은 기본임금을 받고, 계약을 하게 되면 수수료의 일부를 받곤 한다. 그 대신에 부동산업체는 사무실과 행정직원 등을 제공해준다. RE/MAX는 이러한 전략을 변화시켰다. RE/MAX의 부동산 중개사들은 자신이 성사시킨 계약 수수료의 100%를 받는다. 그리고 RE/MAX에게 사무실 공간, 행정직원 지원과 그 외의 서비스에 대한 사용료를 지불한다(RE/MAX는 입사 희망자들에게 이와 같은 기본 보상 전략을 설명해주고, 보장 방법에 대한 옵션을 제시해서, 스크리닝 효과를 감소시키려고 한다. https://sites.google.com/site/joinrhe/compensation-plans).

사실, 부동산 중개사들은 자비로 동일한 서비스를 구입했을 때 내야 하는 비용보다 더 많은 돈을 RE/MAX에 지불한다. RE/MAX는 중개사들이 서비스에 대한 비용을 지불하는 것과, 실제 그 서비스 비용의 차이에서 이득을 본다.

RE/MAX의 부동산 중개사들은 왜 추가적인 비용을 기꺼이 내려고 하는 것일까? 그 이유는 바로 이것이다. 그들은 RE/MAX에 소속된 에이전트라는 명함이 필요한 것이다. 고객들로부터 좋은 평가를 받기 때문이다. 부동산 중개업계에서 RE/MAX 에이전트들은 다음과 같은 특성을 가지고 있다고 알려져 있다. (a) 계약을 성사시키는 데 있어서 다른 에이전트들보다 더 좋은 재능과 능력을 가지고 있다. (b) 더 많은 거래를 성공시키기 위해 보다 열심히 일할 준비가 되어 있다. 당신이 집을 사고 싶거나 팔고 싶은 사람인데, (a)와 (b)의 특성을 모두 가지고 있는 부동산 중개사를 원한다고 해보자. 그런데 알고 있는 중개사가 없다면, RE/MAX는 적합한 에이전트를 찾을 수 있는 곳이 될 것이다.

RE/MAX라는 라벨이 (a)와 (b)라는 좋은 특성을 지속적으로 보장해줄 수 있는 이유는, RE/MAX 보상 정책의 스크리닝 효과 때문이다. 이 정책은 (a)와 (b) 특성을 가지고 있는 에이전트들에게 매우 매력적이다. 하지만 열심히 일할 생각이 없거나 일을 잘할 수 있는 능력이 없는 에이전트들에게는 매력적인 정책이 아니다. 물론, (a)나 (b)의 특성을 가지고 있지 않은 에이전트들도 RE/MAX라는 라벨을 붙이고 싶어하고 그 라벨이 주는 혜택을 누리고 싶어하지만, (RE/MAX의 보상 정책을 수용하고) 지불해야 하는 비용은 너무 크다고 생각된다. 즉, RE/MAX의 보상 정책은 자연스럽게 스크리닝 효과를 만들어내어, RE/MAX의 비즈니스 전략의 기반이 되어 주는 것이다.

인센티브 이론의 기본적인 트레이드-오프(trade-off)에 대해 했던 이야기를 떠올려보자. 인센티브 vs. 위험방지. RE/MAX는 모든 에이전트가 그 어떤 위험부담도 지지 않게 하려고 한다.

요약 정리 : 인센티브에 대한 경제적 이론
▪ 기본 아이디어 : 일을 더 잘하는 직원에게 더 많은 보상을 제공한다 ▪ 실행시 문제점 : 결과를 측정하는 방법에 있어서 기대하지 않았던 부정적 효과가 발생할 가능성이 있다 ▪ 근본적인 트레이드-오프 : 인센티브 vs. 보장(insurance) ▪ 문제점과 유의점 : ✔ 불법행위에 대한 촉진 가능성 ✔ 외부의 위험 제거 ✔ "보장" 수준의 개선 ✔ 비교와 토너먼트 ✔ 상호의존성과 팀-기반의 인센티브 ✔ 역동 ✔ 톱니 효과 ✔ 멀티캐스팅 ✔ 주관적인 사후 평가 ✔ 스크리닝 효과

그래서 (a)와 (b)의 특성을 모두 가진 RE/MAX의 에이전트들은 위험기피를 하는 경우가 적다. (부양 가족이 있는 것과 같은) 금전적인 의무가 적기 때문일 수도 있고, 또는 비수기에도 활용할 수 있는 재정적 자원을 가지고 있기 때문일 수도 있으며, 단순하게 위험감수를 잘하는 사람들이기 때문일 수도 있다. 더 큰 보상을 받기 위해 기꺼이 도박을 할 생각이 있는 에이전트를 고용한다는 것은, 고객의 입장에서 보면 꼭 바람직하지 않은 것이기도 하다. 따라서 이 부분은 RE/MAX의 에이전트라는 라벨이 가져올 수 있는 부정적인 면이기도 하다. 하지만 (a)와 (b)는 그러한 부정적인 국면을 고려하더라도 매우 긍정적인 특성이다.

물론, (a)와 (b) 특성에 대한 개인적인 평판이 잘 알려진다면, RE/MAX 에이전트라는 라벨을 가지고 있는 것만큼, 어쩌면 더 좋은 효과를 거둘 수도 있고, 사무실 공간과 행정직원 지원에 대한 추가적인 비용을 지불하지 않아도 될 것이다.

그렇기 때문에 RE/MAX 에이전트로서 성공을 거두면서, 고객들에게 개인적으로 좋은 평판을 얻은 사람은 독립해서 개인 회사를 차릴 가능성이 높다. 그리고 실제로 통계자료를 보아도 이 가설은 검증되고 있다.

인센티브에 대한 경제적 이론은 다양한 요소들을 다루고 있다. 앞에서 언급한 '요약정리' 내용을 다시 한번 보도록 하자.

스톡옵션 : 인센티브 이론인가, 아니면 뭔가 다른 것인가?

스톡옵션(stock options)은 구성원의 성과에 대한 동기부여를 하는 도구라는 명성을 얻으면서, 최근 실리콘 밸리(Silicon Valley)와 다양한 산업분야에서 가장 잘 알려진 보상 방법이 되었다. 지금 우리가 인센티브 이론에 대해 이야기를 하고 있으니까, 이런 질문을 해보는 것은 유용할 것 같다. "인센티브 이론은 보상의 방법으로서 스톡옵션을 제시하는 것에 대해 설명할 수 있는가, 아니면 스톡옵션은 동기부여 도구들과는 뭔가 다른 것인가?"

전형적인 스톡옵션에 대한 설명은 다음과 같다. 구성원들은 정기적으로 자사주를 구입할 수 있다. 즉, 고정된 비용으로 회사의 주식을 살 수 있는 권리를 갖는 것이다. 대부분의 경우, 주식을 살 수 있는 권리를 받은 날의 보통주 가격인 약정된 가격(strike price)으로 구입한다. 그리고 권리를 갖게 된 후 특정 기간 동안, 구성원은 자신의 권리를 행사할 수 있다. 구성원은 이 고정 비용을 회사에 지불하고, 회사의 주식을 받는다.

그 구성원이 100개의 주식을 살 수 있는 권한을 받았다고 해보자. 실제 시장에서 그 주식의 가치가 얼마이든지 상관없이, 구성원은 약정된 가격으로 주식을 매입할 수 있다.

대부분의 경우, 이 권한에는 제한선이 존재한다. 주식매입을 할 수 있는 권리를 가지기 전에 기다려야 할 "권한 확정 기간(vesting period)"이라는 것이 있다. 구성원이 퇴사를 하게 되면, 일정 기간이 지난 후에 행사되지 않은 권한을 활용할 수 있거나, 그 권한이 말소된다. 그리고 그 구성원이 회사에 남아 있다 하더라도, 일정 기간 동안 주식매입을 하지 않는다면, 마찬가지로 권한의 유효성이 말소된다.

구성원이 자신의 권리를 행사할 것인지의 여부와, 언제 행사할 것인지를 정할 수 있기 때문에, "옵션(options)"이라고 불리는 것이다(사실 "옵션"이라는 용어의 사용은 다소 부정확한 면이 있다. 구성원이 주식을 매입하는 것의 여부와 시기를 결정하는 데에 몇 가지의 제한점이 있는 것은 사실이지만, 실제로 금융시장에서 "옵션"이라는 용어는 제로 넷 서플라이(zero net supply)인 증권(security)을 가리킨다. 구성원이 보상으로 스톡옵션을 받아서 권리 행사를 하게 되면, 회사는 새로운 공통주를 생성시키고, 해당 주식의 가격을 낮추게 되는데, 이와 같은 금융분야 도구를 부르는 명확한 용어는 워런트(warrants)이다). 한 개인 구성원에게 스톡옵션이 주어진 때는 2010년 9월 1일이었고, 약정된 가격은 그날 회사 주식의 시장 가격이었던 15달러였다고 해보자. 이 옵션은 5년 간의 권한 확정 기간을 가지고 있고(2015년 9월 전에는 권한 행사를 하지 못한다), 2025년 8월 31일 이후에도 행사할 수가 없다. 이 상황에서, 구성원은 자신의 옵션을 행사할 것인지의 여부와 행사 시기를 결정해야 한다. 아마 회사의 주가가 15달러 이하일 때에는 자신의 권한을 행사하지 않을 것이다.

주식 한 주를 매입하려면 15달러를 내야 한다. 그래서 주가가 13달러라면 시장에 가서 한 주를 13달러에 사고, 자신의 옵션은 그대로 가지고 있을 것이다(이와 같은 주장은, 개인 구성원이 시장에서 자유롭게 주식을 매입할 수 있다는 것을 가정한다. 그 구성원이, 회사가 현재 시장 가격보다 많은 가치가 있다는 내부 정보를 가지고 있다면, 내부자 거래 규정에 의해 주식 매입을 금지당하겠지만, 보유하고 있는 옵션은 행사할 수 있다. 어떤 경우든, 시장가가 약정된 가격보다 낮더라도 옵션은 행사할 수 있는 것이다). 하지만 2020년 10월 18일, 주가가 35달러가 되었다면, 그 구성원은 권한 행사를 할지에 대해 결정을 내려야 한다. 권한 행사를 하게 되면, 한 주당 20달러의 순이익을 올릴 수 있다 — 35달러의 가치가 있는 주식을 15달러에 샀다는 것은, 35달러에 팔 수 있다는 것이니까 —. 아니면 일부 옵션만 권한행사하고, 일부는 가지고 있을 수도 있다. 주가가 더 올라갈 거라고 생각한다면 말이다. 물론, 주가가 오르는 중이라고 생각한다면, 직접 주식을 매입하고, 옵션은 가지고 있을 수 있다. 현재 주가가 35달러라 해도, 앞으로 15달러 아래로 떨어지는 가능성은 항상 존재하기 때문에, 불리한 상황에서도 권한을 행사하라고 강요할 수 있는 사람은 아무도 없다. 그러니까 조금 더 기다리는 것이 나을 수도 있다. 회사가 내야 하는 세금 및 배당금에 대한 문제가 존재하기 때문에, 차라리 오픈 마켓에서 풋 옵션(put option)을 매입하는 것을 선택할 수도 있고 말이다. 스톡옵션을 어떻게 처리할지에 대해서는 매우 다양한 방법들이 존재한다. 하지만 여기서 중요한 것은, 스톡옵션의 가치가 회사의 공통주 가격에 묶여 있다는 것이다.

앞에서 언급한 제한점들(권한 확정 기간, 옵션권리를 행사할 수 있는 기간, 구성원이 퇴사하게 되는 경우 생기는 일) 외에도, 세금에 대해 고려해봐야 할 사항들이 있다.

옵션은 구성원에게 주어지는 보상의 일부이므로, 수입이 들어오게 되는 시기와 액수에 따라 세금이 정해진다. 그리고 스톡옵션을 주는 것이 회사의 수입에 어떤 영향을 주는지에 대해 다루는 규정도 있기 때문에, 회사에도 보고과정이 있어야 하고, 세금 관련해서도 보고가 있어야 한다. 세부적인 법규가 이러한 상황을 관리하고 있는데, 옵션에는 두 가지 유형이 존재하고 — 인센티브 스톡옵션과 일반(nonqualified) 스톡옵션 —, 관리방법도 서로 다르다.

더 이상 자세한 내용을 다루지는 않겠지만, 이와 같은 질문은 던져보려고 한다. "회사와 구성원이 이렇게까지 복잡한 형태의 보상정책에 합의를 하는 이유는 무엇일까? 그냥 현금으로 주면 안 되는 걸까?" 2000년쯤부터 스톡옵션이 유명해진 이유들을 정리해본다면, 아마 이런 이야기들이 나올 것이다.

1. 현금자산이 부족한 스타트업 기업에게 있어서, 스톡옵션은 당장 현금을 쓰지 않아도 되는 보상 정책이기 때문이다.
2. 2000년, 회사들은 구성원에게 주는 옵션은 손익계산서에서의 비용으로 잡을 필요가 없었기 때문에, 더 좋은 상황인 것처럼 보이면서 조직 운영을 할 수 있었다.
3. 회사들은 (자발적인 이직률을 낮추어서) 구성원의 유지율을 높일 수 있는 방법을 찾았다 — 실리콘 밸리의 매우 역동적인 노동시장(job market)에서 특히 그랬지만, 사실 일반적으로도 그러한 경우가 많았다 —. 그래서, 아직 행사되지 않은 옵션과, 퇴사할 경우 6개월 후에야 행사가능한 스톡옵션은 구성원 이직에서 생기는 지출비용을 낮추어줄 수 있었다.

1번과 3번 이유는 여전히 존재하고 있지만, 2번 이유는 더 이상 유효하지 않다. (미국에서는 연방회계기준 제정기구인 FASB(Federal Accounting Standards Board)가, 그리고 다른 나라에서도 유사한 조직들이 반포했듯이), 재무회계에 대한 규정은 이제 스톡옵션의 가치를 산정해서 경상비(current expense)로 보고하도록 하기 때문이다. 연방 회계기준 제정기구(FASB)가 제정한, 스톡옵션의 지출비용을 산정할 때, 구성원이 옵션에 부여한 가치(현금을 받는 것보다 옵션을 받는 것이 더 적은 가치라고 생각)와 연결되는 경우, 2번 이유도 존재할 수 있다(효과가 좀 약해지기는 했지만). 하지만 일상생활에서 구성원을 동기부여하는 경우 가장 많이 이야기되는 내용은 다음과 같다.

4. 옵션은 구성원의 관심과 조직의 관심의 방향을 일치시킨다. 회사의 주가대로 매입 가능한 옵션을 가진 구성원은, 보다 열심히 해서 회사의 주식 가치를 높이고자 하는 동기 수준이 높아질 수 있다.

얼핏 들으면, 인센티브에 대한 경제학 이론의 적용같이 생각될 수도 있지만, 이론을 기반으로 보면 사실 그다지 말이 되지 않는다. 두 가지 유형의 구성원을 생각해보자.

A. 대부분의 구성원들은, 회사의 성장을 위해 본인이 하는 개인적인 노력이 회사의 주가에는 거의 영향을 미치지 못한다고 생각한다. 이 시각에서 보았을 때, 회사의 보

통주(common stock) 가격에 기반하여 보상을 받는다는 것은, 자신이 거의 통제할 수 없기 때문에 매우 위험한 방법으로 보일 수 있다. 더 나쁜 것은, 구성원들이 받게 되는 보상 — 앞으로 받게 되는 임금 — 이 회사의 자산가치와 연결되어 있는 경우, 회사의 주가에 따라 구성원 보상이 흔들리는 위험도는 더 커지게 된다는 것이다. 이러한 상황에서, 스톡옵션을 받는다는 것은, 위험과 인센티브간의 트레이드-오프를 완전히 망쳐버리는 것으로 보일 수 있다. 위험수준은 매우 높은 반면, 직접적인 인센티브는 매우 적은 것으로 말이다.

B. 반면, 회사의 최고경영진들이 들이는 노력은 회사의 주가에 많은 영향을 미칠 수 있다. 이와 같은 관리자들에게 있어서, 위험과 인센티브간의 트레이드-오프는 어느 정도 이해가 되는 일이다. 하지만 이들에게도 (최소한) 이차적으로 생각해볼 것들은 있다. 현재 주가가 10달러인 한 회사를 생각해보자. CEO는 약정된 가격이 15달러인 옵션을 많이 가지고 있는 상황이다. 사실 주가가 10달러일 때 이 옵션들은 가치가 있는 것이다. 만약 CEO가 그 옵션을 매도할 수 있다면, 어느 정도 이득을 볼 수 있다. 회사는 바로 그 주식을 되살 수 있고, 공통주 가격도 15달러 이상으로 만들 수 있기 때문이다. 하지만 사실 얻을 수 있는 이득은 그렇게 많지 않다. 게다가 모든 옵션을 매도하는 것은 규정위반일 가능성이 높다(대부분의 회사 규정에서는 모든 옵션을 매도하는 것을 금지하고 있다). 규정상 가능하다 하더라도,

자신이 운영하고 있는 회사의 주식을 매도한다는 것은 그다지 바람직한 일이 아니다. 따라서 이와 같이 현금화할 수 없는 옵션을 가지고 있는 상황이라면, CEO에 대한 인센티브는 과연 어떤 것이라고 말할 수 있을까?

아마 CEO에 대한 인센티브는 자신이 15달러 이상의 가격으로 주가를 올릴 수 있다는 사실일 것이다. 그렇게 생각할 수 있다면, 사실 현재의 회사 주가가 10달러이든, 5달러이든, 2달러이든 별 문제가 없다. 이 세 가지 상황에서는 사실 그녀가 가지고 있는 옵션은 아무런 가치가 없음에도 말이다. 그래서 CEO가 가지고 있는 옵션은, 그녀로 하여금 주가를 20달러 정도로 올리고자 하는 도박을 하고 싶게 만들 수 있다. 그 도박의 결과, 주가가 2달러대로 내려갈 수도 있겠지만 말이다. 이것이 바로 앞에서 언급했던 플랫 스폿(flat-spots) 문제점이다.
다른 경우를 한번 상상해보자. 회사의 최고경영진이 가지고 있는 개인적인 자산은 주로 회사의 가치와 밀접하게 관련되어 있다고 말이다. 그들이 위험감수를 선호하지 않는다면, 보다 다양한 주주들에게 도움이 될 수도 있을 위험수준이 높은 투자는 피하려 할 것이다. 하지만 스톡옵션을 통해서는 작은 손실보다 큰 이득을 얻을 수 있기 때문에, 이들은 위험한 투자도 시도해보고자 하는 동기수준을 높일 수 있다.

그 외에도 최고경영진은 이익수준을 높이기 위해 다양한 인센티브 전략들을 제시할 수 있다. 그리고 이와 같은 방법이 회사의 주주들에게도 이득이 된다는 것을 설득하는 것이 필요하다.

인센티브에 대한 경제학 이론은 정말 보상으로서의 스톡옵션이 이렇게 유행하는 이유를 설명할 수 있는 것일까? 내 생각에는 그렇지 않다. 하지만 그럼에도 불구하고, 그리고 위에서 언급했던 2번 이유가 사라졌음에도 불구하고, 여전히 소규모 회사들에서는 스톡옵션을 주는 보상방법이 꽤 유행하고 있다. 이는 이유 1과 이유 3번의 내용이기도 하다. 스톡옵션 옹호자들은 지속적으로, 옵션 — 조직 위계상 매우 아래쪽에 위치한 구성원에 대한 옵션까지도 포함해서 — 은 구성원들을 동기부여할 수 있는 도구라고 주장하고 있다. 바로 여기에, 인센티브에 대한 경제학 이론이 설명하지 못하는 무엇인가가 존재한다.

3장

성과급 제도는 항상 옳은 “정답”인 것일까?

성과급 제도는 — 실적급이거나 연말 보너스이거나, 또는 보다 일반적으로 성과에 대한 어떤 보상이거나 — 매우 파워풀한 동기부여 도구가 될 수 있다. 세이프라이트 사례를 보면 명확하게 알 수 있는 사실이다. 하지만 2장에서의 다른 사례들에서도 볼 수 있듯이, 세이프라이트 기술자들보다 더 복잡한 일을 하는 경우, 성과급 제도는 제대로 운영하기가 결코 쉽지 않고, 오히려 역기능적인 효과를 만들어낼 수도 있다.

아마도 독자들은 다음과 같은 질문에 대한 답이 무엇인지를 알고 싶어할 것 같다.

1. 성과급 제도는 당신의 독특한 상황에 잘 맞는 해답일까?
2. 그렇지 않다면, 그 이유는 무엇일까?
3. 대안은 어떤 것이 있을까?

2장의 사례들이 가지고 있었던 특성들을 당신의 독특한 상황과 비교해본다면, 1번 문제 해결에 도움이 되는 힌트를 얻을 수 있겠지만, 체계적으로 근거를 수집해보는 것이 더 바람직할 것 같다. 이상적으로, 사람들은 통제된 실험을 해보기를 원한다. 다양한 맥락에서, 성과급 제도와 다른 대안들(우리가 한때 대안이라고 생각했던 것들)을 비교해보고, 어떤 것이 더 효과적인지를 보는 것이 좋겠다.

실제 연구 결과를 제공하기는 쉽지 않은 상황이다. 구성원에 대한 동기부여방법을 찾기 위해 실험을 허락하는 회사를 찾기란 어려운 일이기 때문이다. 다양한 구성원 동기부여방법을 실행하고 있는 몇 개의 회사들을 찾아서, 관찰 가능한 차이점을 통제한 후, 각각의 실행과정을 비교해볼 수는 있을 것 같다. 하지만 이와 같은 종류의 연구 결과의 신뢰도를 높이기란 쉽지 않다(그 이유 중 하나로는, 내생성(endogenity)을 들 수 있다. 회사는 자신의 독특한 맥락과 환경에 기반해서 동기부여전략을 선택하게 된다. 연구자들은 "관찰 가능한 차이점을 통제한다"고 말하지만, 이때의 차이점은 다 이유가 있어서 존재하는 것일 수 있다).

다만, 실제로 다양한 조직 임원들이 회사 내 구성원들에 대한 동기부여에 대해 어떻게 생각하고 있는가는 한번 이야기해볼 수 있을 것 같다. 나는 스탠포드 경영대학원에서 6주 동안 조직관리자를 위해 진행되는 스탠포드 임원 프로그램(Stanford Executive Program : SEP) (무시험 입학제)에서 강의를 해왔다. 참가자들은 전세계에서 온 조직의 임원들이고, 다양한 산업분야에서 다양한 역할을 담당하는 사람들이었다. 최근 몇 년 동안, 나는 이들에게 동기부여에 대한 설문조사를 실시해보았다. 응답률은 60% 정도였고, 2014년과 2015년 여름에 답을 해준 207명의 인적 정보는 표 1에 제시하였다.

표 1. 스탠포드 임원 프로그램(SEP) 설문조사 응답자의 인적 정보

지역	
미국·캐나다	30.0%
라틴 아메리카	4.8%
유럽	28.0%
동남 아시아	22.2%
중동·아프리카	2.9%
호주·뉴질랜드·태평양제도	12.1%
연령	
40세 미만	16.4%
40세 – 44세	33.3%
45세 – 49세	30.9%
50세 – 54세	14.5%
55세 이상	4.8%
조직내 직급	
의장·CEO·경영파트너·대표이사	21.3%
COO	4.3%
기능조직장 : CFO·CPO·CIO 등	19.3%
선임 부사장·선임 파트너	11.1%
부사장·파트너	19.3%
총괄관리자	24.6%

성별	
남성	86.0%
여성	14.0%
부서	
일반관리	45.4%
재무	9.2%
회계	0.5%
마케팅	7.2%
데이터운영관리·생산·제조	6.3%
정보기술	8.2%
인사관리	1.9%
전략기획	5.8%
기타	15.5%
산업 분야	
금융서비스·투자	17.9%
정보기술	23.2%
제조·건설	14.5%
건강관리·제약·바이오테크놀로지	7.7%
마케팅·유통	6.3%
공공영역	5.8%
컨설팅·자문·교육	5.3%
기타	19.3%

설문조사에서는 다양한 질문들을 해보았다(세부 내용은 부록에 실어놓았음).

다음과 같은 다섯 가지의 동기부여 채널을 생각해보십시오.

- 좋은 성과를 창출했을 경우 보너스나 승진과 같은 개인적·물리적 보상을 주는 방법
- 좋은 결과를 만들어냈을 때, 칭찬이나 긍정적인 평판, 동료들로부터의 존경과 같은 개인적·비물리적 보상을 주는 방법
- 구성원이 흥미를 가지고 있는 업무 기회를 주는 방법
- 개인이 만들어낸 좋은 성과와 조직/팀의 성공간에 존재하는 명확한 관련성을 알려주는 방법
- 사회적으로 중요한 의미가 있는 업무 기회를 주는 방법

위의 다섯 가지 채널들 중에서, 자기 자신을 가장 잘 동기부여해줄수 있는 것은 어떤 것입니까?

그리고, 당신의 부하직원을 가장 잘 동기부여해줄 수 있는 방법은 어떤 것입니까?

자기자신에 대한 동기부여채널에 대한 응답에서, 27.5%는 조직의 성공에 기여했다는 것을 알게 되었다는 것이라고 대답했고, 25.5%는 흥미있는 일을 하게 된 것이라고 대답한 반면, 물리적인 보상이라고 대답한 응답자는 15.4%밖에 되지 않았다. 부하직원에 대한 동기부여방법을 묻는 질문에서, 26.6%는 재미있고 흥미있는 일을 하게 해주는 것, 23.6%는 조직의 성공에 기여했다는 것을 알게 해주는 것이라고 대답했고, 물리적인 보상

이라고 대답한 응답자는 역시 17.4%밖에 되지 않았다.

설문조사 참가자들에게 가장 효과적인 동기부여방법을 한 가지만 고르라고 하면, 각 방법의 효과성에 대해 그들이 어떤 생각을 가지는지를 파악하기가 어려울 것 같았다. 그래서 나는 각각의 동기부여방법을 6점 척도로 평가해달라고 요청하였다. 전혀 효과없음, 제한적인 효과가 있음, 효과적이긴 하지만 효과의 정도가 크지는 않음, 다소 효과적임, 매우 효과적임, 유일하게 효과적인 방법임. 설문조사 결과는 표 2에 정리해놓았다. 전혀 효과 없음 = 1점으로 해서 평균값과 표준편차도 제시하였다. 이 결과를 보면, 물리적인 개인적 보상(실적급 기반)의 효과가 없는 것은 아니지만, 흥미있고 재미있는 일을 할 수 있는 것, 조직의 성공에 기여했다는 것을 알게 되는 것, 비물리적인 개인적 보상과 비교해보면 효과성의 정도가 높지 않았다.

표 2. 스탠포드 임원 프로그램 참가자들이 다섯 가지 동기부여방법에 대해 제시한 의견

(a) 어떤 동기부여방법이 가장 효과적인가?					
	물리적 보상(금전)	비물리적·개인적 보상(칭찬)	재미있고 흥미있는 일	조직의 성공에 대한 기여	더 큰 사회적 목표에 대한 기여
자기자신에게	15.5%	11.1%	25.6%	27.5%	20.3%
부하직원에게	17.4%	20.2%	26.6%	27.3%	12.1%

(b) 자기자신에 대한 동기부여방법의 효과					
	물리적 보상(금전)	비물리적·개인적 보상 (칭찬)	재미있고 흥미있는 일	조직의 성공에 대한 기여	더 큰 사회적 목표에 대한 기여
전혀 효과없음	0.5%	0.0%	0.0%	0.0%	1.0%
제한적인 효과가 있음	6.3%	3.9%	0.5%	1.0%	10.6%
효과적이긴 하지만 효과의 정도가 크지는 않음	30.9%	17.9%	5.3%	6.8%	29.0%
다소 효과적임	33.8%	41.5%	29.0%	32.4%	31.4%
매우 효과적임	27.5%	32.4%	58.0%	52.7%	24.6%
유일하게 효과적인 방법임	1.0%	4.3%	7.2%	7.2%	3.4%
평균	3.85	4.15	4.66	4.58	3.78
표준편차	0.95	0.71	0.76	1.07	0.90

(c) 부하직원에 대한 동기부여방법의 효과					
	물리적 보상(금전)	비물리적·개인적 보상 (칭찬)	재미있고 흥미있는 일	조직의 성공에 대한 기여	더 큰 사회적 목표에 대한 기여
전혀 효과없음	0.0%	0.0%	0.0%	0.0%	0.5%
제한적인 효과가 있음	8.7%	1.0%	1.9%	2.9%	20.3%
효과적이긴 하지만 효과의 정도가 크지는 않음	29.0%	21.3%	4.8%	20.8%	40.1%
다소 효과적임	40.1%	49.3%	37.7%	44.0%	25.6%
매우 효과적임	21.3%	27.5%	51.2%	30.9%	13.0%
유일하게 효과적인 방법임	1.0%	1.0%	4.3%	1.4%	0.5%
평균	3.77	4.06	4.51	4.07	3.32
표준편차	0.91	0.75	0.74	0.83	0.97

스탠포드 임원 프로그램(SEP) 참가자들의 평균 연령은 47세였고, 직급은 선임 부사장/선임 파트너인 경우가 가장 많았다. 연령대가 더 낮은 하급 관리자들을 대상으로 설문조사를 했을 때에도 유사한 결과를 얻을 수 있을까? 스탠포드 경영대학원의 MBA 프로그램 학생들을 대상으로 매우 비슷한 설문조사를 해본 적이 있다. 한 가지 차이점은, MBA 과정에 들어오기 전의 마지막 직장에서의 동기부여에 대해 생각해보도록 한 것이고, 부하직원 대신에 마지막 직장에서의 동료에 대해 응답하도록 한 것이었다. 2014년과 2015년의 봄학기에 개설된 HRM 과정에 등록한 2년차 학생들을 대상으로 설문조사를 진행하였다. 240명이 응답해주었는데(응답율 80%), 이는 MBA 학생들을 대표할 수 있을만한 인원수였다(적어도 HRM 과정 수강자들). 응답자의 인적 정보는 표 3에 제시되어 있고, 다섯 가지 동기부여방법에 대한 응답내용은 표 4에 정리해놓았다.

이 두 집단의 응답내용에서 가장 눈에 띄는 차이점은, 조직의 성공에 기여하는 것을 알게 되는 것의 가치 평가였다. 스탠포드 임원 프로그램 참가자들은, 그것이 리더 자신에 대한 동기부여방법으로는 가장 좋은 것이고, 부하직원에게는 두 번째로 효과적인 방법이라고 대답했다. 하지만 MBA 학생들에게는 최하위의 동기부여방법이라는 평가를 받았다. 자신에 대한 동기부여방법에 있어서, MBA 학생들은 칭찬과 같은 비물리적·개인적 보상이 가장 효율적이라고 응답하였다(통계적으로 유의한 차이 정도에 대해서는 부록에 제시하였다).

이 두 가지 샘플 집단의 응답에서 나타난 차이점을 보면, 각 개인과 조직내 동료들에 대해 동기부여하는 데 있어서 나이와 조직내 직급이 영향을 미치는 요인이라는 것을 알 수 있다. 누군가는 이런 질문을 할 수 있을 것이다. 다른 인구학적 특성은 관계가 없느냐고 말이다. 예를 들어, 재무 분야에 근무하는 사람들에게 있어서 물리적·개인적 보상은 더 높은 가치를 인정받는 것일까?

표 3. MBA 과정 응답자들의 인적 정보

지역	
미국·캐나다	70.8%
라틴 아메리카	7.5%
유럽	8.3%
동남 아시아	7.1%
중동·아프리카	5.0%
호주·뉴질랜드·태평양제도	1.3%
연령	
25세 미만	13.3%
26세 - 30세	80.0%
31세 이상	6.7%
성별	
남성	56.7%
여성	43.3%
학부 전공	
경제학	20.8%
경영학	16.7%
기타 사회과학	14.2%
엔지니어링	21.3%
생물학	7.1%
자연과학	5.8%
인문학	14.2%

부서	
일반관리	25.4%
재무	23.8%
회계	0.4%
마케팅	8.3%
데이터운영관리·생산·제조	5.4%
정보기술	1.3%
인사관리	2.1%
전략기획	19.6%
기타	13.8%
산업 분야	
금융서비스·투자	24.2%
정보기술	10.4%
제조·건설	4.2%
건강관리·제약·바이오테크놀로지	7.9%
마케팅·유통	5.0%
공공영역	6.7%
컨설팅	20.4%
교육	4.2%
비영리·사회적 기업	4.2%
소셜 미디어	0.4%
엔터테인먼트	3.8%
과정 입학 전 학생이었음	0.4%
기타	8.3%

표 4. MBA 참가자들이 다섯 가지 동기부여방법에 대해 제시한 의견

(a) 어떤 동기부여방법이 가장 효과적인가?					
	물리적 보상(금전)	비물리적·개인적 보상(칭찬)	재미있고 흥미있는 일	조직의 성공에 대한 기여	더 큰 사회적 목표에 대한 기여
자기자신에게	14.6%	28.8%	37.9%	7.9%	10.8%
부하직원에게	22.8%	22.1%	34.2%	4.6%	10.4%

(b) 자기자신에 대한 동기부여방법의 효과					
	물리적 보상(금전)	비물리적·개인적 보상(칭찬)	재미있고 흥미있는 일	조직의 성공에 대한 기여	더 큰 사회적 목표에 대한 기여
전혀 효과없음	0.4%	0.0%	0.4%	2.1%	5.0%
제한적인 효과가 있음	7.5%	2.9%	0.8%	15.4%	13.8%
효과적이긴 하지만 효과의 정도가 크지는 않음	25.0%	9.6%	6.3%	25.4%	26.7%
다소 효과적임	39.6%	32.1%	18.3%	35.0%	28.3%
매우 효과적임	26.3%	52.5%	65.8%	20.8%	22.9%
유일하게 효과적인 방법임	1.3%	2.9%	8.3%	1.3%	3.3%
평균	3.88	4.43	4.73	3.61	3.60
표준편차	0.94	0.81	0.76	1.08	1.21

(c) 부하직원에 대한 동기부여방법의 효과					
	물리적 보상(금전)	비물리적·개인적 보상 (칭찬)	재미있고 흥미있는 일	조직의 성공에 대한 기여	더 큰 사회적 목표에 대한 기여
전혀 효과없음	0.4%	0.0%	0.0%	2.5%	5.0%
제한적인 효과가 있음	4.6%	1.7%	1.3%	19.6%	26.3%
효과적이긴 하지만 효과의 정도가 크지는 않음	20.8%	12.5%	9.6%	36.3%	30.0%
매우 효과적임	33.8%	40.4%	49.2%	14.6%	10.4%
유일하게 효과적인 방법임	1.7%	0.4%	4.2%	0.0%	0.4%
평균	4.06	4.25	4.45	3.32	3.14
표준편차	0.95	0.74	0.83	1.02	1.10

남성과 여성 간에는 차이가 있을까? 유럽에서 일하는 임원과 미국·캐나다에 있는 임원 사이에는 차이가 있을까?

부록을 보면 인구학적 정보의 영향력에 대한 세부 정보들이 제시되어 있다. 다양한 변인들은 어느 정도의 영향을 미친다고 말할 수 있을 것 같다. 자기자신에 대한 동기부여방법에서, 물리적·개인적 보상이 가장 효과적이라고 말한 경우는 비재무 분야가 14.6%, 재무 분야가 20%였다. 그리고 부하직원에 대한 동기부여방법에서 물리적·개인적 보상이 가장 좋다고 말한 경우는 비재무 분야가 16.7%였고, 재무 분야가 25%로 나타났다. 직급별 차이가 가장 크게 보인 것은 의장·CEO·대표이사

집단이었다. 33%는 조직의 성공에 대한 기여도를 알려주는 것이 스스로에 대해 가장 좋은 동기부여방법이라고 이야기했지만, 그 아래 직급 사람들이 이 방법을 선호한 정도는 25.9%밖에 되지 않았다.

이 설문조사 결과에서 우리는 어떤 결론을 얻을 수 있을까? 응답자들이 정직하고 솔직하게 대답을 했다는 것을 신뢰할 수 있다면 — 이 가정에 대해 미리 판단하지 말자. 이에 대해서는 6장에서 다시 다뤄볼 예정이다 —, 두 가지의 명확한 결론이 나올 수 있을 것 같다.

1. "가장 좋은 동기부여 방법은 무엇인가"라는 질문에 대한 정답은 존재하지 않는다. 표 2와 표 4를 보았을 때, "재미있고 흥미있는 일을 할 수 있는 기회 제공"은 모든 문을 열수 있는 황금 열쇠로 생각될 수도 있지만, 사실 이 방법에도 다양한 유형이 존재하고 있기 때문이다.
2. 특히, 성과에 대한 물리적·개인적 보상은 확실히 "어느 경우에나 활용 가능한" 정답은 아니다.

2장의 후반에서 이미 설명했었기 때문에, 2번 결론은 그다지 놀랍게 느껴지지 않을 것이다. 이것이 바로 실적급 제도가 갖는 어려움과 한계이다. 문제는, 효과적인 동기부여방법을 어떻게 찾아내느냐는 것이다. 단 하나의 정답이 없다면 — 효율적으로 동기부여를 하려면, 독특한 업무 맥락에 적절하도록 맞춤화 작업을 해야 하므로 — , 각 맥락에 맞는 효과적인 동기부여

방법을 설계할 수 있는 방법은 무엇일까?

이 질문에 대한 대답을 하려면, 특히 당신의 조직 맥락에서 어떤 것이 효과를 낼 수 있는지를 이해하기 위해 우선적으로 해야 할 일은, 고용 관계가 가지는 경제적 특성과 사회적 특성을 모두 명확하게 이해하는 것이다.

경제학 강의를 들은 적이 있다면, 아마 당신이 생각하는 "경제적 관계"는 수요-공급에 대한 진부한 모델일 것이다. 본질적으로 실적급 제도에 기반되어 있는 경제학 이론은 수요-공급 이론인 것은 맞다. 그래서 이 제도에서는 '고용'이라는 것을 고용주와 구성원 간의 개별적이고 일회적인 거래라고 생각한다. 고용주는 구성원에게 "바로 이것이 당신에 대한 보상 방법을 결정한 과정이다"라고 말해준다. 그러면 구성원은 그 제안을 받아들일 것인가를 결정하고, 가능하다면 업무의 강도와 과제의 종류를 선택한다.

어떤 맥락에서는, 이와 같은 고용 모델이 잘 기능한다. 하지만 고용이라는 것이 일회적인 거래가 아니고, 고용주와 구성원 간의 지속적인 관계인 맥락에서는, "거래"라는 것의 속성을 경제적·사회적 교환의 시각에서 다시 생각해볼 필요가 있다. 자, 이제 안전벨트를 매어야 할 시간이다. 4장과 5장에서는 고용에 대해 탐색해볼 예정이다. 고용 관계를 경제적인 시각과 사회적인 시각에서 한번 살펴보도록 하겠다.

4장

고용 관계의 경제학

자, 이제 고용 관계에 대한 우리의 탐색 여행을 시작해보도록 하자. 제퍼(Zephyr)社에서 일하는 직원 밥(Bob)이라는 가상의 사례를 통해서 말이다.

밥과 제퍼社

제퍼社라는 가상의 회사에 작년에 취직을 한 밥(Bob)이라는 사람을 상상해보자. 그는 학부에서 토목공학을 전공한 후, 세계적인 인프라 건설 회사인 제퍼社에서 첫 직장생활을 시작하게 되었다. 밥은 야망이 있는 사람이었기 때문에 — 언젠가는 학교로 돌아가서 MBA 과정을 밟으려는 생각도 하고 있었다 —, 학부 졸업을 하고 취직을 위해 면접을 봤을 때, 이 직장에서 얼마나 오래 일할 것인지에 대해서는 크게 생각해보지 않았었다. 하지만 실무적인 경험을 몇 년 하는 것이 장기적으로 보았을 때 자신에게 이익이 될 것이고, 경영대학원에 입학하고 싶을 때 매력적인 이력서를 제출하는 데에도 도움이 될 것이며, 즐겁게 돈을 벌 수 있는 기회를 가지게 될 거라는 것을 느꼈다.

처음 일을 시작했을 때, 제퍼社가 어떤 회사인가에 대해 기본적인 지식은 가지고 있었다. 제퍼社의 리크루터(recruiter)는 처음 몇 달과 앞으로 몇 년 동안 밥이 어떤 조직생활을 하게 될지에 대해 다음과 같이 설명해주었다. 밥은 4주간의 신입사원 프로그램에 참가해서, 제퍼社의 행정 및 업무 프로세스에 대해 배우게 될 것이다. 그러고 나서는 해외 프로젝트 팀에 배정되어 팀리더로부터 매일 해야 할 과제를 지시받게 된다. 해외 프로젝트는 직접 외국에 가서 하게 될 것이고, 첫 번째 업무는 약 1년에서 18개월 정도 진행될 예정이다. 일을 잘 해내게 되면, 새로운 지역에 있는 새로운 팀에 배정받을 수 있고, 거기에서도 계속 좋은 성과를 내게 되면 팀리더 역할로 승진할 수도 있다. 밥은 이런 이야기도 들었다. 제퍼社의 정책상 구성원들은 첫 3년 동안은 해외 업무를 맡게 되지만, 그 후에는 국내 프로젝트 팀에 배정되게 되고, 그때부터는 제퍼社의 국내 지사에서 계속 일하게 될 가능성이 많다고 말이다. 하지만 리크루터는 지속적으로 해외 프로젝트를 하는 구성원이 승진할 가능성이 많다고 이야기했다. "제퍼社에서 진정한 성공을 할 수 있는 길은, 더 규모가 크고 더 중요한 프로젝트를 맡는 것인데, 대부분 해외 프로젝트인 경우가 많습니다." 밥은 취직 후 휴직을 해서 학업을 지속할 수 있는지에 대해 문의했는데, 리크루터는 조금 뜸을 들이다가 모호한 대답만 남겼다. "상황에 따라 다릅니다. 가끔씩 그런 경우도 생기죠."

이 모든 정보는 밥에게 괜찮은 것으로 들렸다. 물론, 아직 더 세부적인 것에 대해 알아봐야 한다. 첫 번째 근무지는 어디가 될 것인지, 누가 밥의 상사가 될 것인지, 그리고 정확히 어떤 일을 하게 될 것인지 말이다.

그리고 학업을 계속할 수 있을지에 대한 궁금증도 아직 해결되지 않았다. 하지만 사실 밥도 그 모든 것에 대한 대답을 리크루터가 해줄 수 있을 거라고는 기대하지 않았다. 처음 이 회사의 취직에 대한 제안을 받았을 때, 유사하지만 동일하지는 않은 성격의 다른 회사 몇 군데에서도 제안이 왔었다. 그중에서 제퍼社를 선택했던 이유는, 제퍼社가 좋은 연봉과 복지, 연말 보너스를 제안했기 때문이었고, 해외에 나갈 수 있다는 것이 커다란 매력으로 다가왔다. 밥은 이 산업 분야를 잘 아는 지인들에게 조언을 구했었는데, 제퍼社는 좋은 회사라는 평판을 가지고 있다는 대답을 들을 수 있었다. (모호한 부분이 없지는 않지만) 괜찮은 사회생활을 시작할 수 있는 기회라는 생각이 들었기 때문에, 계약서에 사인을 했고 친구들과 취직 축하파티를 할 수 있었다.

밥, 제퍼社, 경제학

이 이야기에는 장기간의 고용이 가지는 일반적인 특성이 다음과 같이 포함되어 있다.

- 장기간의 고용은 '고용주와 구성원 간의 지속적인 관계'로 정의된다. 구성원이 몇 년 동안, 몇 달 동안 무슨 일을 할 것인가를 이야기하기보다는 주로 계약기간에 대한 언급을 한다. 어떤 식으로 관계를 진행시켜나갈 것인가에 대해 몇 가지 일반적인 원칙과 회사의 정책이 있을 수는 있지만, 정확하고 세부적인 약속이 정해지는 경우는 별로 없고, 있다 하더라도 법정에서 다툴 수 있을만큼의 정확한 내용을 담은 약속은 아니다.

- 어떤 식으로 고용주-구성원 간의 관계가 발전해나갈 것인가에 대해 세부적인 합의를 하려면, 앞으로 일어날 일에 대해 설명해주는 프로세스가 있어야 한다. 밥은 제퍼社의 최고 경영진에서 자신의 담당 부서를 결정할 것이고, 일상적인 업무는 프로젝트 팀 리더가 결정해줄 거라는 사실을 이해했다. 어떤 일을 하고 싶다는 자신의 의견을 제시할 수 있고, 의사결정권자에게 그 의견이 어느 정도의 중요성을 가지고 전달되기를 기대할 수 있다. 하지만 최소한 어느 정도의 기간 동안은, 주로 주어진 일을 하게 될 것이다. 그 일을 하고 싶지 않다면, 사실 제퍼社를 그만두고 새로운 일자리를 찾아야 하는 것이 현실이다(아니면 학교로 돌아갈 수도 있다). 시간이 지나면서 밥이 좋은 성과를 많이 내게 되면, 자신이 할 일을 결정할 수 있는 힘이 점점 더 많이 생길 것이다. 하지만 언젠가 밥이 CEO가 되었다 하더라도, 이사회에 보고를 해야 하는 의무는 여전히 가지게 된다.

"앞으로 상황이 어떻게 되는지 보면서 이야기합시다"라는 상황은 모든 고용관계에서 일어나는 일은 아닐 수도 있고, 정도의 차이도 많이 있을 수 있다. 특정한 육체노동을 하기 위해 고용된 일용직 노동자에게는 사실 거의 적용되지 않는 이야기이기도 하다. 단기 계약 노동자도 일용직 노동자와 상황은 비슷하다. 애널리스트가 컨설팅 회사에 취직하면 어느 정도 예측가능한 상황에서 일을 할 수 있을 것이다. 최소한 얼마 동안은 말이다. 하지만 특정한 고용 관계에 "관계"라는 단어가 더 많이 적용될수록, 우리는 밥과 제퍼社와 같이, 시작 단계에서는 그 다음 단계를 예측할 수 없고, 시간이 지나가면서 일이 어떻게 되어가는지를 볼 수밖에 없는 상황을 만나게 될 것이다.

밥에게는 그 후로 어떤 상황이 펼쳐졌을까? 그에게 맡겨진 일은 남부 인도의 첸나이(Chennai) 근처 지역의 프로젝트였고, 팀 리더는 앨리스(Alice)였다. 11개월이 지나면서, 밥은 앨리스와는 잘 지낼 수 없다는 것을 점점 더 확신하게 되었고, 첸나이의 기후도 자신과 맞지 않는다는 것을 깨닫게 되었다. 그래서 좀더 온화한 기후를 가진 다른 지역 팀으로 옮기고 싶다는 생각이 들었다. 이렇게 앨리스에 대한 개인적인 불편함을 가지고 있었지만, 밥의 업무 성과는 좋았기 때문에, 앨리스는 밥에게 최소한 6개월 정도는 자신의 팀에서 계속 일해달라고 요청하였다. 밥이 다른 프로젝트로 보내달라고 요청했음에도 불구하고, 결국 첸나이에서 앨리스와 함께 6개월을 더 일해야 한다는 소식을 듣게 된 것이다. 그리고 지속적으로 좋은 성과를 내게 된다면, 그 후에 다른 지역으로의 재배치를 고려해보겠다는 이야기도 함께 들었다.

이 소식이 결코 달갑지는 않았지만, 더 이상의 논의는 불가능한 상황이었다. 물론, 제퍼社를 그만둔다는 선택지도 있었다. 그래서 밥은 퇴사했을 때 생기게 되는 실익을 생각해보았다. 새로운 일을 찾을 때까지는, 적어도 얼마 동안은 실직 상태여야 한다. 어떤 직장에 지원을 하든지(대학원에 간다고 해도), 앨리스로부터 추천서를 받아야 한다. 밥이 자신을 그다지 좋아하지 않는다는 사실을 그녀도 알고 있을 것 같아서, 추천서에 그다지 바람직한 이야기를 써주지 않을 거라는 걱정도 되었다. 직장내에 좋은 친구들이 몇 명 있기도 해서, 길게 보면 제퍼社에서 일을 하는 것이 자신에게, 그리고 이력서 내용에도 도움이 될 거라는 생각이 들었다. 지금까지 이 회사의 업무에 대한 지식을 쌓기 위해, 그리고 좋은 성과를 내기 위해 시간과 에너지를 많이 투자했었기 때문에, 입사 1년만에 회사를 그만둔다는 것은 이제까지 해왔던 투자를 버려버리는 것으로 느껴졌다. 첸나이에서 앨리스와 부딪히며 지내야 하는 기간이 아주 길다면 모르겠지만, 6개월만 더 있으면 되는 것이기 때문에, 밥은 일단 머무르기로 했고, 다음 근무지는 좀더 좋은 곳이기를 희망하기로 했다.

밥의 사례에는 장기적인 고용 관계가 가지는 세 번째의 중요한 특성이 잘 드러나 있다.

- 일단 고용 관계가 시작되게 되면, 시간이 지날수록 구성원의 자산이 가지는 위험도는 커지게 된다. 구성원이 업무에 대해 불만을 가지게 되면 퇴사를 할 수 있다. 하지만 퇴사를 한다는 것은 — 적어도 어느 기간 동안은, 어쩌면 꽤 오랫동안은 — 구성원에게 가치있는 무엇인가를 잃어버린다는 것을 의미한다. 꼬박꼬박 입금되는 월급, 다음에 회사를 옮길 때 받을 수 있는 좋은 추천서, 회사에서 친해진 좋은 친구들. 구성원의 가족에게

있어서, 새로운 직장을 찾는다는 것은 이사의 가능성이 있다는 것이기 때문에, 중요한 지인들과의 관계유지가 어렵게 된다거나, 자녀의 학교를 옮겨야 할 수도 있는 것이다.

이와 같은 밥의 자산이 위험해질 수 있기 때문에 — 일단, 일을 그만둔다는 것 자체는 대가가 큰 결정이다 —, 그는 홀드업(holdup) (역주: 조직의 권력행사, 갑질) 상황의 희생자라고 말할 수 있다(믿지 않을 수도 있지만, 홀드업은 경제학자들이 이와 같은 상황을 설명할 때 사용하는 기술적인 용어이다). 제퍼社의 경영진은 다른 구성원들과 마찬가지로 밥이 퇴사를 할 경우 부담해야 할 비용이 생긴다는 것을 알고 있다 — 기술적인 용어로는 거래비용(transaction cost)이라고 한다 —. 그렇기 때문에, 밥이 원하지 않는 곳이라 하더라도, 회사에 이익이 되는 곳에 밥을 근무하게 할 수 있다는 것을 회사는 알고 있는 것이다.

하지만 밥의 자산이 위험에 처하게 된다면, 회사도 마찬가지라는 것을 기억해야 한다. 밥은 제퍼社에서 경험을 쌓을 수 있었고, 더 중요한 것은 현재 하고 있는 프로젝트에 대한 지식을 얻을 수 있었다. 그렇기 때문에, 제퍼社가 밥의 대안으로 생각할 수 있는 것이, 사실 밥을 계속 근무하게 하는 것보다 좋을 리가 없다.

밥을 첸나이에 계속 근무하게 하는 것과, 차선책 간의 가치 차이가 매우 크다면, 밥은 제퍼社에게 이렇게 말할 수도 있다. “제가 이 프로젝트를 계속 진행하는 것의 가치가 있다고 생각하신다면, 지금 당장 보너스를 주십시오. 그럴 수 없으시다면, 회사를 그만두겠습니다". 보너스를 주지 않으면 밥이 정말 그만두겠구나 라는 생각이 들고, 밥을 계속 근무하게 하는 것과 차선책의 가치 차이가 보너스 금액보다 더 크다면, 제퍼社는 보너스 지급에 대해 고려해보는 것이 나을 것이다(제퍼社는 협상을 할 때 무른 편이다라는 평판을 원하지 않기 때문에, 아마 밥의 요구를 들어주지 않을 것이라고 생각한다면, 당신은 우리가 바라는 방향으로 잘 가고 있는 것이다. 책을 계속 읽어주길 바란다.)

바로 이것 때문에, 수요와 공급의 법칙이 올바른 경제적 모델이 아니라는 것이다. 수요와 공급이 일치하도록 하려면, 모든 시장 참가자들이 좋은 대안을 가지고 있어야 한다. 즉, 동일한 비용으로 동일한 상품을 다른 구매자/판매자와 거래할 수 있어야 한다. 이와 같은 조건이 형성된 시장에서는, 그 어떤 구매자나 판매자도 상대방의 거래를 방해할 수 없다. "당신에게 있어서 가장 좋은 거래 당사자는 바로 저입니다. 차선책과 비교해보았을 때 비교할 수 없을 만큼의 이득을 얻을 수 있지요. 그렇기 때문에, 나는 당신으로부터 어느 정도 추가 이득을 얻을 수 있다는 사실을 이용할 것입니다."라는 말을 아무도 할 수 없는 것이다.

밥의 상황을, 나와 식료품점과의 관계에 비교해보자. 수년간, 나는 한 가족이 운영하고 있는 슈퍼마켓에서 대부분의 식료품을 구입해왔다. 슈퍼마켓 운영자들과 나와의 관계는 밥이 제퍼社와 맺은 관계와 마찬가지로, 언제 끝날지가 정해져 있지 않은 관계(open-ended)이다. 나는 앞으로 6일 후에, 6개월 후에 내가 무엇을 사게 될지 알지 못한다. 마찬가지로, 슈퍼마켓에서도 앞으로 어떤 물건의 가격을 바꿀지, 내가 원할 수도 있는 부위의 고기를 계속 판매할 것인지에 대해 나에게 보장해주지 않는다.

또 슈퍼마켓에서 특정 부위의 고기 판매 코너를 마련해놓는다고 해도, 내가 나타나서 고기를 산다는 보장은 없다. 그리고 어느 날 갑자기 내가 더 이상 그 슈퍼마켓을 가지 않겠다는 생각을 하게 된다면, 내가 슈퍼마켓에서 구입하는 비용은 없어지게 된다. 내가 더 이상 방문을 하지 않더라도, 다른 고객들이 많을 것이고, 내가 사지 않을 물품들을 사고 싶어하는 고객들도 있을 것이다. 이 사례에 적용되는 경제적 모델은 매일매일 달라지는 수요와 공급의 일치 법칙이다.

수요와 공급의 일치 법칙이 적절한 모델일 때가 있다. 밥과 제퍼社가 처음 계약을 할 때, 고용의 지속기간 동안 어떤 일이 일어날지에 대해 계약 보장을 한다면 말이다. 밥에게 제안이 들어온 여러 회사들을 비교해볼 때, 그의 자산의 위험도는 낮다. 제퍼社에서 일하는 동안 경험하게 될 일이 정확하게 어떤 것인지를 알고 보장받을 수 있다면, (적어도 경제학 이론에 따르면) 다른 회사와 제퍼社를 비교해보고 자유롭게 선택을 할 수 있다. 제퍼社가 앞으로 밥에게 요구할 일을 명확하게 정해놓을 수 있다면, 그에게 일자리를 제안할지, 그리고 어떤 조건을 내세울지를 결정할 수 있을 것이다.

이 관계에서는 앞으로 어떤 일이 벌어질지에 대해 정해지지 않았다는 점과, 관계가 끝나면 양측 자산의 위험도가 높아지게 된다는 사실을 고려해보면, 수요와 공급의 일치 법칙을 적용할 수 없다는 것을 알 수 있을 것이다.

수요와 공급의 일치 법칙이 적절한 경제학 모델이 아니라면, 어떤 모델이 맞는 걸까? 경제학자들은 고용 관계가 지속되려면, 밀접한 관계가 있는 세 가지의 개념들을 기반으로 한 모델이 필요하다고 생각하게 되었다. 그것은 관리(governance), 신뢰성(credibility) 그리고 평판(reputation)이다.

관리

관리(governance)란 관계가 발전해나가는 방법을 통제하는 규칙을 가리킨다. 본질적으로는 이해관계자들이 "이 다음에는 어떤 일을 하지?"에 대해 다양한 의사결정을 내릴 수 있게 해주는 것이다.

위계적 관리(hierarchical governance)라고 부를 수 있는 상황에서는, 거래에 참여한 한쪽 당사자가 대부분의 "다음 할 일"을 결정하게 된다. 다른 맥락에서 예를 한번 들어보자. 토요타(Toyota)는 하청업체들과의 지속적인 관계를 기반으로 해서, 자동차에 들어가는 많은 주요 부품들의 생산을 그들에게 외주를 준다. 토요타와 하청업체와의 공식적인 계약은 매우 단기적이고 간결하다. 특히, 그 계약서를 보면 계약초반 몇 달 동안 토요타가 구입하게 될 수량이나, 어떤 가격을 적용할 것인지에 대한 내용이 없다. 그 대신에 토요타는 양쪽에서 다 이해하고 있는 관행을 기반으로, '하기 싫으면 빠져'라는 식으로 결정을 내린다. 물론 하청업체들은 언제든지 계약관계에서 빠질 권리가 있다. 하지만 토요타와 관계를 만들기 위해 지금까지 애를 써왔기 때문에, 중간에 그 관계에서 빠지는 경우는 거의 없다. 이와 같은 상황 때문에, 하청업체들은 원하지 않는 상황을 유지하는 일이 생긴다. 하청업체들을 단기적으로라도 보호할 수 있는 방법 — 그리고 토요타와의 관계에 투자하고 싶은 방향으로 동기부여할 수 있는 방법 — 에 대해서는 뒤에 설명하도록 하겠다.[1] 전통적으로, 고용 관계를 통제하는 규칙은 단순하다. 고용주는 구성원에게 매일 해야 할 일이 무엇인지를 이야기해주게 되고, 구성원이 선택할 수 있는 옵션은 시키는 대로 일을 하거나, 아니면 그만두는 것 두 가지밖에 없다.

물론 의사결정의 권한이 공유되어 있는 상황도 존재한다. 가끔씩, 현재의 현상을 바꾸기 위해서는 모든 이해관계자들이 합의를 해야 한다는 규칙이 있는 경우도 있다.

합의에 이르지 못하면 그 관계는 간단히 해체된다. 또 다른 경우, 각 이해관계자들은 다양한 결정을 할 수 있는 권한을 가지고 있기도 하다. 예를 들어, 한쪽(예 : 판매자)에서는 상품의 가격을 결정하고, 또 한쪽(구매자)에서는 그 가격에 어느 정도의 수량을 구입할 것인지를 결정한다. 고용의 맥락에서는, 이와 같은 쌍방 관리(bilateral governance)가 가능하려면, 구성원들을 조합에서 대표해줘야 한다.

어떤 경우에는, 의사결정을 할 수 있는 권한이 중립 성향의 제3자에게 있기도 하다. 회사와 노동조합간의 노동합의를 할 때, 중립적인 노동 전문가 패널이 중재할 때 말이다. 이때에는 중재자가 자유롭게 합의를 제안하는 경우가 있다. 또는, 두 이해당사자들이 반드시 대안을 내야 하고, 중재자는 그중의 하나를 선택만 할 수 있다는 규칙이 있는 경우도 있다. 제3의 중립자가 참여하는 관리는 3자간의(trilateral) 관계라고 불린다.

지금까지 이야기한 세 가지 형태의 관리는 이상적인 형태이다. 실제 현장에서는, 대부분 세 가지를 섞어서 쓰고 있다. 예를 들어, 가장 위계적인 고용 상황 — 고용주가 구성원에게 모든 것을 지시하는 — 에서도, 구성원은 그만둘 수 있는 권리를 가지고 있다.

이와 같은 의사결정 권한은 어떻게 만들어지는 것일까? 어떤 경우에는, 법규가 기반이 된다. 명확한 실례를 들어보도록 하겠다. 노예계약을 방지하는 법규에서는, 모든 구성원들이 원하는 경우 그만둘 수 있는 권한을 부여해준다(물론, 고용 계약에 경쟁금지 조항이 있는 경우, 때로는 구성원들이 퇴사 이후 할 수 있는 일을 제한하기도 한다). 계약법, 그리고 특히 노동법에서는 결정권한이 배부되는 방법에 대해서도 제한을 둔다.

예를 들어, 고용주는 구성원에게 불법적인 행동을 하라고 강요할 수 없고, 불법 행동을 원하지 않는 구성원을 해고할 수 없다.

판매자와 고객들간에 "의무 인수 계약(take-or-pay)" 조항이 있는 경우, 의사결정권한은 계약서에서 배분되기도 한다. 고용 맥락에서, 의사결정권한은 참여하는 이해관계자들간의 공식적인 협상 주제가 될 수 있다. 특히, 구성원들이 조합을 구성하고 있는 경우에는 그렇다(그리고, 조합이 개입되는 경우에는, 노동자와 경영진간의 합의에 대해 법적인 제한점이 존재한다).

하지만 의사결정 권한은 상호적 이해의 문제인 경우가 많다. 토요타의 하청업체들은 토요타의 사업 방식에 대해 이해하고 있다. 즉, 토요타가 원하는 대로 한다는 것이다. 이와 같은 이야기는 명시되는 경우가 없고, 공식적인 계약서의 내용으로 포함되지는 않지만, 협력과 상호적인 합의, 상호 이득 부분에 있어서 핵심적인 것이다. 토요타와 함께 일하고 싶어하는 회사라면, 소문으로만 들어서 알고 있는 것이지만, 토요타의 업무 방식이 존재한다는 것을 이미 알고 있을 것이다. 밥과 제퍼社의 이야기로 돌아와본다면, 사실 밥의 첫 번째 업무는 논의과정이 없는 상황에서 받게 된 것이다. 그 일을 수락했다는 것은, "제퍼社의 방식에 따르겠다"는 것을 암묵적으로 동의한 것이라고 할 수 있다.

효율적으로 의사결정권한을 할당하기

대답을 찾기 어렵지만 여기쯤에서 꼭 해야 하는 질문은 "의사결정권이 그렇게 할당되는 이유는 무엇인가?"이다. 왜 의무 인수 계약(take-or-pay)을 설계하는 것일까? 토요타가 하청업체와의 관계를 자신이 꼭 통제해야 한다고 고집하는 이유는 무엇일까?

관리에 대한 법적 제한에 있어서, 우리는 "이익집단의 정치적 견해"와 함께 "법규제정자들이 사회적으로 바람직하다고 생각하는 것"을 섞는 편이다. 예를 들어 생각해보자. 자동차 제조업체인 테슬라(Tesla)는 미시간주에서의 자동차 판매가 법적으로 금지되어 있다. 대신에, 테슬라가 미시간에서 자동차를 팔고 싶다면, 독립적인 딜러십 네트워크를 구축해야만 한다. 이 경우에 적용되는 법규는 오래전에 독립 딜러들(그리고 다른 프랜차이즈의 운영)의 이익을 핵심적인 "파트너들"로부터 보호하기 위해 만들어진 것이었다. 그런데 현재 그 법규는 원래의 목적을 넘어서서, 대규모 조직들에 의해 유지되고 있다 — 이 경우에는, 미시간의 딜러십 조직들 —. 왜냐하면, 그 법규는 해당 조직의 멤버들에게 경제적인 이득을 가져다주기 때문이다.

하지만 법적인 규제를 넘어서서, 관리(governance)라는 것은 설계와 선택의 문제라고 말할 수 있다. 계약을 할 때, 참가자들은 "다음에 일어날 일"을 결정할 때, 무엇을 언제 누가 판단할 것인지에 대한 합의를 하게 되기 때문이다.

토요타나 제퍼社와 같은 사례에서, 어느 한 쪽은 이렇게 말할 수 있을 것이다. "나를 위해서 일을 하고 싶다면 이런 일을 하게 된다. 나와의 관계를 유지하고 싶다면, 이 상황을 이해하고 동의해야 한다." 물론, 권력을 가지고 통제하고 싶은 욕구를 협상하는 과정이 진행된다. 토요타는 거래 상황을 통제하면서 이득을 얻었고, 잠재적인 공급자들은 토요타와 관계를 맺으려면, 토요타가 원하는 상황에 동의하는 것이 좋다는 것을 알게 된다. 하지만 이를 넘어서서, 토요타는 효율성이라는 이유를 들어 그렇게 통제권을 잡는 것이 좋다고 주장하기도 한다. 의사결정 권한을 할당한다는 것은, "다음에 일어날 일"을 어떻게 자연스럽고 효과적으로 결정하고 실행할 것인지에 대한 문제가 포함되어 있다. "다음에 일어날 일"을 잘 결정하고 잡음 없이 실행할 수 있게 한다는 것은, 전체적으로 더 가치있는 거래를 한다는 것을 의미한다. 그리고 더 큰 가치라는 것은 참여하는 이해관계자들이 더 많은 것을 얻게 된다는 것을 가리킨다. 특히, 조직에서 원하는 바를 얻기 위해서는 어떤 종류의 관리가 필요할까를 생각한다면, 이런 질문을 해보아야 한다. "좋은 결정을 내릴 수 있는, 최고의, 그리고 가장 효율적인 방법은 어떤 것일까?"

"정보와 능력" 이야기부터 시작해보자. 어떤 쪽이 "최고의" 결정을 내릴 수 있는 능력을 더 많이 가지고 있을까? 어떤 쪽이 그 결정에 필요한 최고의 정보를 가지고 있을까? 토요타가 전체적인 상황을 통제할 수 있었던 한 가지 이유는, 토요타가 쌍방관계의 중심에 있기 때문이다. 그리고 많은 하청업체들의 활동을 조율할 수 있는 방법에 대해 가장 많은 것을 알고 있기 때문이다. 마찬가지로, 고용의 고전적인 모델 — 고용주가 구성원의 활동에 대해 지시를 하는 것 — 의 효율성은 높다. 왜냐하면, 고용주는 많은 구성원들의 조화를 만들어내기 위해 필요한 것을 매우 잘 알고 있기 때문이다.

하지만 유형 K의 구성원과 함께 일하는 상황에서는, 고용주가 최고의 방법을 더 이상 알지 못하게 된다. 자신이 하는 일과 일하는 방법을 구성원이 직접 선택하는 것이 효과적이기 때문이다. 예를 들어 보자. 내가 스탠포드 경영대학원 학장으로 있었을 때, 나는 교수진에게 다음과 같은 정보들을 이야기해주는 것이 맞다고 생각했었다. 각 교수가 지도하게 될 과목이 무엇인지, 어느 학기, 어느 요일, 어느 시간에 가르치게 되는지 말이다. 왜냐하면, 다양한 과목들을 학생들이 수강하게 편리하도록 조율하는 일을 하는 사람이 바로 나였으니까 말이다. (물론, 그러한 조율작업을 하기 이전에 각 교수들에게 어떤 것을 더 선호하는지에 대해 물어봤었다. 하지만 최종 결정은 학장이 하는 것이었다.) 그렇지만, 담당한 과목을 어떻게 지도해야 하는지에 대해 이야기해주는 것은 내가 할 일이 아니라고 생각했었다.

많은 경우, 거래에 참여하는 어떤 쪽도 특정 결정에 관련된 가치있는 정보를 독점하지는 못한다. 어떤 쪽에서는 일부의 중요한 정보를 알고 있지만, 다른 쪽에서는 그 외의 정보를 알고 있을 수 있다. 그래서 양쪽에서 가지고 있는 정보들을 합쳐볼 때 최적의 판단을 내릴 수 있는 것이다.

토요타는 그런 것을 잘 알고 있지만, 여전히 자신이 모든 통제권을 가지고 있기를 기대한다. 그렇기 때문에, 토요타는 모든 하청업체들과의 관계를 관리할 때, 많은 시간과 돈을 들여서 그들의 내부 사정을 파악하려 애쓰는 것이다. 학장으로서 나도 교수들에게 강의를 할 과목과 일정에 대해 그들이 원하는 것과 불편해하는 것이 무엇인지 항상 질문하고, (문제는 가끔씩만 성공한다는 것이지만) 그들이 요구하는 것을 이루어주려고 노력한다. 고용주로서, 구성원의 특성에 가장 잘 맞는 일을 할 수 있도록 해주는 결정을 해야 한다면, 상대방을 충분히 잘 파악하기 위해 시간과 노력을 들여야 하는 것은 당신이 해야 할 중요한 일인 것이다. 그래야만, 당신이 좋은 결정을 내릴 수 있게 된다.

신뢰성

효과적인 관리(governance)를 하기 위해 정보와 능력을 고려하는 것이 핵심이라고 한다면, 신뢰성(credibility)도 그만큼 중요하다. 고용관계가 제대로 굴러가기 위해서는, 신뢰할 수 있는 사람들이 결정을 해야 하고, 자신이 가지고 있는 결정권을 남용해서는 안 된다.

이쯤에서 기억나는 것은 홀드업(holdup)과 위험도가 높아진 자산에 대한 이야기일 것이다. 제퍼社는 밥(Bob)을 어느 곳에서 근무하게 할지, 그리고 그곳에 어느 정도 있게 할지를 결정하는 대부분의 결정권을 가지고 있었을 것이다. 왜냐하면, 다양한 구성원들을 다양한 지역에 배치하는 것이 회사가 하는 일이었기 때문이다. 하지만 앞에서 언급했듯이, 결국 밥은 홀드업 상황에 처하게 되었다. 처음에 제퍼社의 리크루터는 밥에게 이렇게 설명을 해주었었다. “적어도 얼마 동안은 어떤 일을 할지, 어디에서 누구와 일을 하게 될지에 대해 지시를 받게 될 겁니다.” 그래서 밥은 누가 그 결정권을 가지고 있는지에 대해 오해하지 않았다.

그보다 밥이 중요하게 생각해봐야 했던 것은 이것이었다. “내가 제퍼社에게 내 일의 삶에 대한 관리통제를 그 정도까지 맡겨놓는데, 그 사람들이 내 상황을 이용하지 않을 거라고 얼마나 믿을 수 있을까?”

신뢰성의 문제는 점점 더 중요해지고 있다. 결정권이 있는 쪽에서 다른 쪽에 대해 관계상 투자를 하게 되는 경우라면 말이다. 밥이 제퍼社와의 관계를 끊을 때 위험성이 높아지는 자산은 자연스럽게 만들어진다. 동료들과의 친분 손실, 수입의 감소, 좋은 추천을 받을 수 없음. 하지만 그러한 어려움이 있더라도, 밥은 앞으로 어떻게 할 것인지를 선택할 수 있다. 예를 들어보자. 앨리스는 밥에게 야간 수업을 통해 타밀어를 배워서 그 나라 직원들과 더 소통을 잘할 수 있도록 하라고 요청하였다. 밥은 그러한 요청을 거부할 수 있다는 것을 알고 있다. 사실 처음에 계약했던 업무 범위를 넘어서는 일이고, 그것을 할 것인지 말 것인지를 결정하는 것은 밥 자신이다. 그 수업을 듣게 되면, 어느 정도의 자유시간은 포기해야 할 것이지만, 타밀어를 하게 된다면 다른 일을 하게 될 때에도 도움이 될 수 있는 자산이 될 수도 있다. 하지만 문제는, 지금 하고 있는 일이나 남부 인도에서의 일을 할 때 외에는 가치가 없는 자산이 될 수도 있다는 것이다. 밥을 붙잡아 두기 위해 제퍼社가 가지고 있는 결정권을 남용하지 않을까 라는 의심을 하게 된다면, 타밀어를 배운다는 투자에서 얻을 것은 거의 없다고 생각하게 될 것이다. 다시 생각해보자. 제퍼社(그리고 앨리스)가 정말 밥이 개인적인 시간을 학습에 투자하기를 원한다면, 보다 신뢰성 있게 이야기를 해야 할 필요가 있다. "당신이 그렇게 해준다면 우리 모두에게 도움이 될 것입니다. 그리고 당신이 이번에 개인 시간을 투자해준 것에 대해 앞으로 보상을 할 계획을 가지고 있습니다."라고 말이다.

그렇다면, 신뢰성을 높이기 위해서는 무엇을 어떻게 해야 하는 것일까? 물론 공식적인 계약서를 통한 보장이 도움이 된다. 하지만 지금의 맥락에서는 세 번째의 개념인 평판(reputation)이 결정적인 역할을 할 수 있다.

평판, 하나의 이야기

밥이 제퍼社에서 일하기로 결정했던 때의 이야기에서 이 부분을 떠올려보자. "그는 해당 산업 분야를 잘 알고 있는 사람들에게 자문을 구했다. 그들은 제퍼社가 고용주로서 좋은 평판을 가지고 있다는 이야기를 해주었다." 이 문구를 처음 읽으면 별 의미 없이 보일 수도 있지만, 이와 같은 관계의 경제학 시각에서 보면, 여러가지 면에서 모든 것들을 결합시켜주는 핵심적인 접착제의 의미를 가지고 있다는 것을 알 수 있다.

"해당 산업 분야를 잘 알고 있는 사람들"은 제퍼社가 고용주로서 좋은 평판을 가지고 있다는 결론에 어떻게 도달하게 된 것일까? 어쩌면 제퍼社에 근무했었던 직접적인 경험을 보유하고 있을 수도 있고, (보다 가능성이 크다고 보여지는 경우로서) 제퍼社에서 일을 했었거나 현재 일하고 있는 친구나 지인이 있을 수도 있다. 그 사람들을 통해 제퍼社가 구성원들에게 어떤 대우를 해주는지 들었을 것이다.

물론 제퍼社는 이와 같은 입소문이 퍼져나가는 상황에 대해 잘 알고 있다. 좋은 고용주라는 평판을 가지는 것이 회사에게 큰 가치가 된다는 것도 알고 있다. 좋은 평판은 예전의 밥과 같이 잠재역량을 가진 구성원들이 입사할 가능성을 높여주지만, 나쁜 평판은 오늘날의 밥과 같은 현재 구성원들이 더 좋은 직장(더 좋은 평판을 가지고 있는)을 찾고 싶어하도록 만들기 때문이다. 따라서 제퍼社는 자신의 결정권을 함부로 남용하지 않으려 할 것이다. 결정권을 남용해서 현재 구성원과의 상호작용에서 이익을 볼 수 있다 하더라도, 좋은 고용주로서의 행동을 하려고 할 것이다. 왜냐하면, 자신의 결정권한을 남용하지 않게 되면 좋은 고용주로서의 평판을 유지하는 것을 넘어서서 더 강화시킬 수 있지만, 함부로 남용하게 되면 장기적으로 보았을 때 제퍼社의 평판에 악영향을 미치게 될 것이 분명하기 때문이다.

그리고 밥 또한 이러한 상황을 잘 이해하고 있다. 회사가 자신에게 결국 지켜지지 못할 약속을 하게 될 경우, 제퍼社의 평판은 망가지게 될 것이고, 이와 같은 평판은 제퍼社에게 큰 가치가 있다는 것을 말이다. 그 사실을 파악하고 있기 때문에, 밥은 제퍼社가 자신에게 한 약속은 신뢰할 만하다고 생각할 수 있다.

현실에서의 평판

위의 이야기를 읽어보면, 좋은 평판을 유지하고자 하는 욕구가 어떻게 높은 신뢰성을 만들어내는가를 알 수 있다. 하지만 현실에서는, 평판과 같이 자주 변화하는 무언가에 의존한다는 것은 많은 문제점들을 만들어낼 수 있다.

당연히 이런 의구심이 생길 것이다. "제퍼社가 좋은 고용주로서의 평판을 가지고 있다는 것은 정확하게 어떤 것을 의미하는가?" "좋은 고용주가 되기"의 정의는 무엇일까?

실제 현실에서, 이 질문에 대해 유일하게 존재하는 정답은 없다. 구성원들에게 영향을 미칠 수 있는 당신의 행동과 결정은 너무나 많고, 다양하고, 복잡하며, 단순히 좋고 나쁨으로 나눌 수 없는 속성들을 많이 가지고 있다. 제퍼社가 밥에게 첸나이에서 앨리스와 함께 6개월을 더 일해야 한다고 말했을 때, 그 행동은 "좋은 고용주"로서의 행동이었을까? 앞으로 12개월 동안 첸나이에서 앨리스와 일해야 한다고 말했다면 어떨까? 밥이 첸나이에서 9개월 동안 일하도록 하는 것이 중요했다면, 첫해에 9개월의 연장근무를 지시하는 것이 정상적인 상황보다 더 긴 것이었다면, 제퍼社의 좋은 평판을 유지하기 위해 밥의 시각에서 더 생각해봐야 하지 않았을까? 밥이나 이 상황을 관찰하는 다른 구성원들에게 "이 다음에는 어떤 일이 일어나려고 그러지?"라는 걱정을 하지 않도록 말이다.

이와 같은 문제에 대해 우리가 가지고 있는 상식, 경험들은 몇 가지 제안을 해줄 수 있을 것이다.

첫째, 평판을 효과적으로 유지하려면 최대한 가능한 만큼, 명확한 경계선을 기반으로 해야 한다. "우리는 절대 그런 행동을 하지 않는다"라는 말은 "우리는 전체 시간의 5% 정도만 그런 일을 위해 쓴다"라는 말보다 훨씬 더 효과적이다. 물론, "절대 하지 않는다"라는 것은 위험한 문구이며, 상황상 필요하다면 대개의 경우 지키던 규칙을 어겨야 할 타당한 이유들은 얼마든지 찾을 수 있을 것이다. 하지만 꼭 기억해야 할 사실이 있다. 처음에 정해놓았던 규칙을 지키지 않게 될 경우, 자신이 지키고 싶은 평판을 유지하고 있다고 이해관계자들에게 말하기는 더욱 더 어려워진다는 것을 말이다.

둘째, 가능한 한 언제 어디서든지, 구성원이 누구이든지 구애받지 않고 일관적인 행동을 보여주는 것이 튼튼한 평판을 추구하는 데에 항상 도움이 된다. 하지만 집단간에 명확한 사회적 차별점이 있는 경우에는, 각 집단의 특성에 맞게 맞춤형으로 대하는 것이 좋은 평판을 유지할 수 있는 가능성이 더 높아진다 (예 : 스탠포드 경영대학원의 학장으로서 내가 회계학 교수와 마케팅 교수를 다르게 대하는 것보다, 교수와 행정직원을 다르게 대하는 것이 더 쉬울 수 있다). 고용 관계의 심리학에 대해 다루는 5장에서, 사회적 비교의 개념을 소개할 계획이다. 각 개인들은 자신이 얼마나 좋은 대우를 받는지에 대해 평가를 할 때, 명확한 기준을 기반으로 하는 것이 아니라, 사회적·업무적 동료들의 대우와 비교해서 판단하는 경향이 있다. 그렇기 때문에 좋은 평판을 유지하기 위해 "일관적인 행동"을 했지만 문제가 생길 수도 있다는 것이다.

셋째, 특정 구성원을 대상으로 어떤 행동을 해야 한다면 꼭 기억해야 할 것이 있다. 그 상황을 관찰하는 청중이 두 종류가 있다는 사실이다. 당신이 직접 상대하고 있는 특정 구성원과, 그 사건을 보고 있는 다른 모든 구성원들 말이다.

첸나이에 계속 있어야 한다는 사실을 불편해했던 밥의 이야기를 다시 떠올려보자. 자신이 퇴사하겠다고 하면 제퍼社는 다급해져서 보상으로 특별 보너스를 생각할 수도 있다는 사실을 밥은 알고 있었다. 밥의 기분을 좋게 해주기 위해 제퍼社는 이러한 방법을 시도할 만하다고 생각했을 수 있다. 물론 이와 같은 보너스를 통해 협상을 하려 한다는 인상을 다른 구성원들에게 주기 싫어서, 밥에게 그와 같은 특혜를 주지 않으려고 할 수도 있다. 밥에게 비밀스러운 거래를 제안한다고 해도 — "보너스를 줄 테니까 아무에게도 그 사실을 이야기하지 마십시오" —, 제퍼社의 진정성은 어떻게 확인할 수 있을까?

지금까지 책을 읽어온 독자라면 이 상황에서 중요한 것이 무엇인지 보일 것이다. 하지만 내가 지금까지 쌓아온 경험을 통해 생각해볼 때, 구성원 한 개인의 문제를 다루는 데에 열중하다 보면, 그 순간의 행동이 자신의 평판에 어떤 영향을 줄지에 대해 잊어버리게 되기 쉽다.

제퍼社는 회사에서 구성원에게 어떤 대우를 해주는지에 대한 평판을 좋게 만들기 위해 전반적으로 애를 쓰고 있는 동시에, 앨리스와 같은 현장 관리자는 제퍼社의 평판에 영향을 미치는 의사결정을 매일 하고 있다는 것을 기억할 필요가 있다. 물론, 제퍼社의 평판과 앨리스의 평판은 관계가 없을 수도 있다 — "제퍼社는 일하기에 좋은 직장이지만, 앨리스는 정말 얼간이 그 자체야." 하지만 당신 회사의 모든 현장 관리자들이 멍청이 같은 행동을 하게 된다면, 고용주로서의 조직의 평판은 반드시 해를 입게 된다.

내 경험을 통해 생각해보면, 조직의 좋은 현장 관리자나 중간 관리자가 반드시 갖추어야 하지만 종종 간과되는 역량이 있다. 바로 조직이 원하는 방향에 맞춰 부하직원에 대한 의사결정을 할 수 있는 역량이다. 물론, 이는 구성원(이 경우에는 현장 관리자)과 고용주의 관심방향을 일치시키는 작업의 또 다른 차원이라고 말할 수 있다.

당신은 이 부분에 대해 현장 관리자 및 중간 관리자들에게 충분한 동기부여를 하고 있는가? 현장 관리자와 중간 관리자들은 부하직원에게 어떤 조력을 해야 하는지에 대해 적절한 교육을 받고 있는가? 그리고 가장 중요한 문제로서, 그들은 중요한 순간에 올바른 트레이드 오프(trade-off)를 할 수 있을까? 물론 앨리스는 정해진 예산의 범위 내에서, 그리고 약속된 기한 내에 건설 프로젝트를 마무리할 책임을 가지고 있다. 제퍼社가 자신을 어떻게 평가하는지를 중요하게 생각한다면 — 그렇다면 자신의 행동이 어떻게 평가받을 것인가에 대해 더 생각했을 것이다 —, 밥을 붙잡아두는 것에 그다지 매이지 않았을 것이고, 동료들도 만족하는 방향으로, 그리고 장기적으로는 제퍼社의 최고경영진이 원하는 방향으로 결정을 내릴 수 있었을 것이다.

핵심요약 : 고용 관계의 유지에 대한 경제학

- **이 다음에 일어날 일은 무엇이지?(What next?)** : 고용관계에서는 시간이 지남에 따라 처음에 아무도 기대하거나 예측하지 못한 일이 일어나기 마련이다. 그래서 고용주와 구성원은 처음 계약을 할 때 "앞으로 상황이 어떻게 되는지 보자"라는 성격의 관계를 시작하게 된다.
- **위험도가 높아진 자산(Assets at risk)** : 그리고 시간이 지나면서, 고용주와 구성원은 고용관계에 필요한 자산들을 개발하게 된다. 그 관계에서 벗어나려고 한다는 것은 당연히 그 자산 중의 많은 것을 잃게 된다는 것을 의미한다. 양쪽 모두 서로에게 아쉬운 것이 있기 때문에, 각자의 자산의 위험도가 높아지게 된다.
- **관리(Governance)** : 이와 같은 고용관계가 지속되다 보면, 관리의 문제가 중요해지게 된다. 공식적인 합의 · 관행에 기반해서 생각했을 때, 어느 쪽에서 다음에 일어날 일을 결정할 수 있는 권한을 가지고 있는가?

핵심요약 : 고용 관계의 유지에 대한 경제학
▪ **효율성, 능력, 정보(Efficiency, ability, and information)** : 보다 더 자연스럽게 실행될 수 있는 더 좋은 의사결정이라는 것은, 고용관계에 참여한 이해당사자들에게 더 큰 가치를 줄 수 있는 것이고, 그 관계가 지속되는 데에 더 많은 도움을 줄 수 있는 것을 의미한다. 그렇기 때문에 일반적으로, 의사결정권한은 최고의 정보와 최고의 능력을 가지고 있는 쪽이 가지게 된다. ▪ **신뢰성(Credibility)** : 하지만 고용관계에 참여한 이해당사자들은 다른 사람의 결정을 강제하거나 이용할 수 없다는 점을 수용해야 하고, 자발적으로 이 관계를 위한 투자를 할 준비가 되어 있어야 한다(자신의 자산이 위험에 처하는 것까지 감수해야 할 때도 있다). 그렇기 때문에, 의사결정권을 배정할 때, 그 권한을 가진 쪽이 권력을 남용하지 않을 것을 믿을 수 있는 신뢰성이 중요하다는 것이다. ▪ **평판(Reputation)** : 신뢰성에 있어서 가장 중요한 자원은, 의사결정권한을 가진 쪽이 권력을 남용하지 않으면서 좋은 평판을 유지하고 강화하고자 하는 마음을 가지는 것이다. 좋은 평판을 유지한다는 것은 과학을 넘어서 예술에 가까운 것이고, 고용관계의 지속 관리에 있어서 가장 핵심적인 접착제가 되는 경우가 매우 많다.

동기부여 : 지금의 프레임워크 vs. 인센티브 이론

2장에서는 동기부여의 경제학 이론으로서 인센티브에 대한 경제학 이론을 소개했었다. 이는 매우 유명한 이론이기 때문에, 대부분의 경제학자들은 동기부여를 설명할 수 있는 경제학 이론이 무엇이냐는 질문을 받는다면, 인센티브 이론만이 정답이라고 대답할 것이다.

성과급제도를 실용적인 동기부여 도구로 활용하는 경우, 인센티브 이론은 두 가지 차원에서 확실히 유용하다. 성과급제도가 현장에서 유용한 맥락에서, 인센티브 이론은 우리에게 명확한 세부내용을 설계하는 데 있어서 꼭 기억해야 할 중요한 점이 무엇인지를 가르쳐준다. 구성원들이 통제할 수 없지만 자신에게 좌절감을 가져다줄 예측불허사건들을 제거할 수 있는 방법을 찾는 것 말이다.

예측할 수 없는 사건들을 제거하기가 어렵다면, 구성원이 노력해서 만들어낸 성과를 가장 "정확하게" 측정할 수 있는 방법을 찾아내야 한다(벤치마킹과 토너먼트 계획을 고려해보자). 안정된 수입을 보장받고 싶은 구성원의 니즈를 이해해줄 필요가 있다. 이 방법들은 효과적 동기부여 및 스크리닝(screening)도 가능하지만, 비효과적인 결과를 낳을 수도 있다는 것을 알고 있어야 한다. 특히 성과평가 기간이 끝나갈 때쯤, 이 방법들이 가져올 수 있는 역동에 대해 심각하게 생각해보는 것이 좋다. 이론에서는 성과급제도가 실패할 가능성이 있는 부분의 해결책들을 몇 가지 제공해주고 있다. 구성원이 멀티태스킹을 해야 할 경우에 대해 특히 많은 관심을 쏟는 것이 좋으며, 인센티브 전략 때문에 특정 과제가 더 우선시될 수 있는 상황을 조심해야 한다. 특히 이미 정형화된 것들 중에서, 인센티브 전략을 실행했을 때 예측하지 못한 부정적인 영향을 만들어낼 수 있는 것이 있는지를 살펴보자. 그리고 관리자가 주관적으로 구성원에 대한 보상을 결정하는 방법이 관리자에게만 좋은 결과를 가져다주고, 조직에게는 생산적인 성과를 거의 주지 않을 수도 있음을 알고 있는 것이 바람직하다.

하지만 궁극적으로, 인센티브 이론은 매우 제한적인 고용관계, 특히 지속적 고용관계에서의 고용주와 구성원간의 관계 모델을 기반으로 하고 있다. 4장에서 사용한 용어들로 '고용'이라는 것을 재개념화해본다면, 실제 현장에서 구성원들을 동기부여할 때 인센티브 이론이 전반적으로 간과하고 있는 면들을 정리해볼 수 있을 것이다.

- 인센티브 이론 — 더 일반적으로 이야기한다면 성과급제도 — 은 측정 가능한 성과만 생각하도록 고용주로서의 당신의 사고에 편견을 가져올 수 있다. 또 측정 가능한 성과라는 것은 대부분 단기적인 성과만을 측정하는 경우가 많은 것도 문제이다. 즉, 고용주가 성과급을 고려하는데 있어서 생각해봐야 할 변인들은 매우 많다. 당신의 사고가 성과급제도를 기반으로 이루어질 경우, 구성원의 행동에 긍정적·장기적 영향을 주는 전략에 대해서는 큰 관심을 가지지 않게 될 수도 있다.
- 장기적인 고용관계에서의 구성원 — 자신에게 기대되는 것이 무엇이고, 회사에 기대해야 하는 것이 무엇인지를 파악하기 위해 애쓰는 — 은 자연스럽게 과거에 조직이 구성원들에게 기대했던 것이 무엇인지, 그리고 제공해주었던 것이 무엇이었는지 찾아보게 될 것이다. 고용주로서 당신이 가지고 있는 좋은 평판은 매우 강력한 자산이 될 수 있다. 당신의 조직이 나쁜 평판을 가지고 있다면 고용

관계에 대해 매우 좋지 않은 영향을 미치게 될 것이다. 당신 조직의 평판이 좋건 나쁘건 간에, 이로 인해 받는 영향은 반드시 존재한다. 평판은 본인이 원한다고 해서 통제할 수 있는 것이 아니기 때문이다. 현재 마주하고 있는 딜레마 및 이슈들을 해결하고 싶다고 해서 평판을 바꿀 수는 없다. 그리고 오늘 당신이 한 행동은 구성원들이 듣게 되는 당신의 평판에 영향을 줄 것이기 때문에, 단기적인 결과만 가지고 생각하기보다는 앞으로 구성원과의 관계를 맺을 때 생기게 될 결과에 대해서도 고려할 필요가 있다.

- 그리고 자신에게 기대되는 것이 무엇인지, 그리고 회사에 기대해야 하는 것이 무엇인지를 이해하기 위해 애쓰는 구성원은 회사가 전체 직원들을 어떻게 다루는지보다는 개인적으로 자신에게 어떻게 대우를 해주는지에 대해 관심을 더 많이 갖기 마련이다. 1장에서 언급했듯이, 인센티브 이론의 교과서에도 실릴 수 있는 적절한 예가 될 수 있을 만큼, 영업직원들의 실적에 따라 보상을 받을 수 있는 구조를 구성했었던 장인 연합(Artisan's Alliance, AA)의 예를 들어보면 이해가 쉬울 것 같다. 장인 연합은 이와 같은 인센티브 전략이 탐험가(Explorer)들의 지각과 동기부여에 어떤 영향을 줄 것인가에 대해서는 충분히 고려하지 못했었다. 바로 그들이 비즈니스 전략을 효과적으로 운영할 수 있는 핵심열쇠였음에도 말이다.

- 인센티브 이론에서의 "관리(governance)" 모델상, 구성원에 대한 보상 방법을 정하는 것은 고용주이고, 구성원은 정해져 있는 "규칙"을 잘 이해한 후 반응을 보이게 되어 있다. 물론 실제 고용 관계에서 일어나는 사건들은 시간이 지남에 따라 훨씬 더 복잡해지기 때문에, 당신은 특정 의사결정이 구성원에게 영향을 미치게 될 과정에 대해 초점을 맞출 필요가 있다. 따라서 우리는 현장 관리자들이 얼마나 잘 기능하는지에 대해 관심을 가져야 한다. 그들의 의사결정은 회사를 대표하는 것이 되기 때문이다. 이 부분에 대해서는 대개 사람들이 그다지 많은 초점을 맞추지 않고 있다고 생각하기 때문에 다시 한번 반복해서 강조하고 싶다. 관리자의 성과를 평가할 때에는, 조직의 인적 자원(조직의 구성원들 말이다)을 얼마나 잘 "케어"하는지, 구성원들과 함께 조직의 평판이라는 자산을 얼마나 잘 보존하는지를 더 중요하게 볼 것인가? 아니면 현재의 과제를 얼마나 잘 완수했는가를 볼 것인가?
- 한 개인이 특정 관계에 포함되어 있는 상대방에게 어떻게 행동하는지는 그 관계의 속성이 어떤지에 따라 달라진다. 구성원들은 당신의 조직과의 관계를 어떻게 생각하고 있는가? 그들은 "그냥 구성원"인가, 팀의 멤버인가, 아니면 파트너인가? 당신은 자기자신이 구성원들과 맺고 있는 관계를 어떻게 보고 있는가? 이 질문들에 대답을 한다는 것은 경제학의 범위를 벗어나 사회심리학 이론의 분야로 들어가게 되는 것을 의미한다(물론 모든 이론들은

변화하고 있지만 말이다. 특히 나는 조지 애커로프(George Akerlof)와 레이첼 크랜튼(Rachel Kranton)이 쓴 멋진 책 — 『정체성 경제학 : 우리의 정체성이 우리의 일, 임금, 웰빙을 조성하는 방법』(*Identity Economics : How our identities shape our work, wages, and well–being*, Princeton, NJ : Princeton University Press, 2010) — 을 최고의 책이라고 생각하며 강력하게 추천하고 싶다. 이 책에서는 경제학 용어들을 사용하여, 한 개인이 상대하는 사람들과 비교하여 자기자신을 생각하는 방법이 그 사람의 행동에 어떻게 영향을 미칠 수 있는지에 대해 살펴본다). 고용은 경제적 관계일뿐 아니라, 대부분의 구성원들에게 있어서 중요한 사회적 정체성이자 사회적 거래의 원천이다. 그리고 고용의 사회적 속성은 구성원들을 동기부여시키는 데 있어서 발생되는 도전과 기회를 고용주에게 제공해준다.

- 인센티브 이론은 성과급 제도를 배경으로 하고 있다보니, 사람들은 고용의 사회적 속성 및 도전과제, 기회에 대해 잊어버리게 되기 쉽다. 4장에서 제시하는 프레임워크는 좀더 복잡한 속성을 가지고 있지만, 고용이 가지고 있는 다양한 속성들을 더 광범위하게 설명해줄 것이고, 우리가 인지 심리학과 사회 심리학에서 배울 수 있는 교훈이 무엇인지를 알려줄 것이다. 자, 그러면 지금부터 그 작업을 해보도록 하자.

앗, 잠깐. 그 전에 세 가지 중요한 사항들을 여기서 언급하고 지나가는 것이 좋을 것 같다.

구성원의 목소리

비즈니스 전략에서의 표준 "원칙"이라고 하면, 당신의 비즈니스가 더 좋아지려면 당신에게 납품하는 사람들과 고객들의 파워를 감소시켜야 한다는 사실이다. (이 원칙은 특히 유명한 마이클 포터(Michael Porter)의 "5요인(Five Forces)"에서 강조되었다).[2]

하지만 토요타가 하청업체들을 다루는 방법을 생각해보자. 토요타는 그 하청업체들이 정기적으로 함께 만날 수 있는 자리를 만들고, 그 모임의 비용을 지급해준다. 토요타가 이런 방법을 쓰는 데에는 몇 가지 이유가 있다. 첫째, 토요타는 하청업체들이 서로서로를 교육시켜주고, 좋은 사례 특히 토요타와 함께 일할 때 참고할 수 있는 좋은 사례를 공유하기를 바란다. 새로운 하청업체가 토요타로부터 "이것이 우리가 일하는 방법입니다"라는 이야기를 듣는다면, 오랫동안 토요타와 성공적인 관계를 이어온 하청업체로부터도 동일한 메시지("바로 이것이 토요타에 상품을 납품할 때 하는 방법입니다")를 듣게 될 것이다. 둘째, 토요타는 이와 같은 포럼을 활용해서 하청업체들에 대한 평판을 조율하기도 한다. "엄격하지만 공정하다". 가끔씩 토요타는 공정하기보다는 지나치게 엄격해보이는 일을 특정 하청업체에게 고집할 때가 있다. 어려움을 겪고 있는 하청업체는 이런 상황에 대해 그 포럼에서 의논을 할 수 있는데, 이때 다른 하청업체는 동료 배심원과 같은 역할을 해줄 수 있다. 대부분의 경우, 동료들은 "토요타 잘못이 아니다"라는 평결을 내린다. 그리고 가끔씩

"토요타가 지나쳤다"라는 평결이 나오게 되면, 토요타는 뒤로 물러설 준비가 되어 있다.

이와 같은 미팅을 지속적으로 진행하는 세 번째 이유는, 각각의 하청업체를 악용하지 않을 것이라는 토요타의 "약속"에 대한 신뢰도를 이 미팅이 높여주기 때문이다. 하청업체에게 전반적으로 자율권을 주는 것이다. 토요타가 특정 하청업체와의 관계에서 권력을 남용하는 경우, 그 하청업체는 업무관계를 끊어버릴 것이고 토요타에게 어느 정도의 피해를 입힐 수 있다. 하지만 하청업체들이 모이는 미팅이 존재하기 때문에, 이와 같은 토요타의 권력남용 행동은 모든 하청업체들이 알게 된다. 그렇게 되면, 모든 하청업체들은 '토요타는 앞으로 우리를 어떤 식으로 대우하려고 그러는 거지?'라는 걱정을 할 수밖에 없다. 그러면 당연히 하청업체들이 토요타와의 계약시 보장조항을 더 넣으려고 할 것이고, 토요타가 가치 있게 생각하는 유연성에 대한 평가가 낮아지게 될 것이다. 또 하청업체들은 토요타의 앞으로의 행동에 대해 신뢰를 가지지 못하고, 비용을 많이 투자해야 하는 투자는 하지 않으려 할 것이다.

즉, 토요타는 하청업체들의 포럼을 강화하면서, 각 하청업체와의 관계에서 생기는 평판을 모든 하청업체들과의 관계에 대한 평판으로 확대하고 있는 것이다. 특정 하청업체와의 관계에서 실수를 하게 되면, 전체적인 평판에 해를 입히게 된다. 그렇기 때문에, 토요타는 각각의 하청업체와의 관계에 대해 매우 신중하게 접근하려고 한다. 하나하나의 관계에서의 신뢰도를 높이는 것이 중요하기 때문이다.

토요타에게 있어서 이와 같은 상황은 항상 좋은 결과만을 가져다주는 것은 아니다. 어떤 경우, 토요타는 일반적인 정책에서 예외의 경우를 마련해서 특정 하청업체에 적용하려고 할 수도 있다. 그렇게 하면 토요타와 해당 하청업체 모두에게 이득이 되는 경우에 말이다. 이 작업이 "비밀리에" 진행된다면 — 다른 하청업체는 모르게 해서 —, 기대하는 결과를 얻을 수도 있을 것이다. 하지만 이와 같은 예외의 경우가 발생했다는 이야기는 새어나갈 가능성이 높기 때문에, 토요타는 최대한 예외상황을 만들지 않으려 애쓴다. 토요타는 비즈니스를 하는 과정에서 일관성을 유지한다는 평판을 계속 갖고 싶기 때문이다.

이 상황은 앞에서 언급했던, 하청업체와 고객들의 파워를 약하게 해야 한다는 원리와는 어떤 관계가 있는 것일까? 하청업체나 고객과의 관계가 당신의 평판에 기반하고 있다고 전제할 때, 당신을 "정직하게" 만들거나 신뢰롭게 만드는 것은 이것이다. 당신이 그 평판에 맞게 행동을 하지 않는다면 납품업체나 고객이 당신에게 해를 입힐 것이라는 위협. 물론 납품업체나 고객이 불리한 대우를 받는 상황에서도 그들이 당신에게 (충분한) 해를 입히지 못하는 상황이긴 하지만, 당신에 대한 신뢰도는 낮아질 것이다. 당신의 업무 관계가 평판에 의한 신뢰도에 기반을 하고 있다면, (납품업체와 고객의) 파워가 커지는 경우는 당신에게 불리해질 수밖에 없다.

고용 관계의 맥락에서, 우리는 이와 같은 상황을 노동조합과 같은 노동자 집단의 이슈에 적용해볼 수 있을 것이다. 평균적인 미국 관리자에게 조직화된 노동자들을 다루는 방법에 대해 물어본다면, 대부분의 경우 나오는 대답이 "가능하다면 최대한 그런 경우를 피해라"일 것이다. 하지만 노동조합이 있는 상황과 없는 상황에 대해 경험적 분석을 해본 결과를 보면 더 미묘한 뉘앙스가 담긴 내용이 그려진다.

신뢰의 강화, 그리고 보다 효율적으로 결정권한을 배정할 수 있는 가능성을 포함한 여러 가지 이유로 노동자와 관리자간의 관계에서의 효율성은 강화되어야만 한다. 노동자-관리자 관계에 있어서 노동자들이 보다 효과적인 것을 요구하는 목소리를 높여준다는 것이 핵심적인 이유이다. 노동자들의 협상력을 높인다는 것도 또 하나의 이유가 될 수 있다. 대부분의 경우 이와 같은 두 가지 효과는, 노동조합이 있는 경우 경영진에게 더 불리한 상황을 만들어준다. 노동조합이 있는 경우 노동자들은 협상을 통해 더 큰 이득을 얻을 수 있게 되기 때문이다(이와 같은 주장은 경험에 기반한 것이기 때문에, 반대의견이 많이 존재할 수 있다고 생각한다. 내 주장의 기반이 되는 경험적 연구는 리차드 프리만(Richard Freeman)과 제임스 메도프(James Medoff)의 『노동조합이 하는 일은 무엇인가』(*What do unions do?* / New York : Basic Books, 1984)이다). 하지만 노동자와 경영진이 긍정적이고 건설적인 관계를 유지하고 있는 경우라면, 효율성이 증가되어 협상력의 문제를 해결할 수도 있다. 전체 파이의 크기가 커져서, 양쪽에서 가져갈 수 있는 파이 조각이 모두 커질 수도 있는 것이다. 여기에서의 기억해야 할 사항은 다음과 같다. 고용주로서 얻을 수 있는 이득은 노동자 조직과 함께 더 증가될 수 있다. 충분한 시간과 논의를 통해 반드시 다루어야 할 일들을 짚어나가며 노동조합과 건설적인 관계를 강화하기 위해 애쓰기만 한다면 말이다(이 내용에 관심이 간다면, 바론(Baron)과 크렙스(Kreps)가 쓴 『전략적 인적 자원 : 관리자를 위한 프레임워크』(*Strategic Human Resources : Frameworks for General Managers* / New York : Wiley, 1999)의 6장을 읽어보기 바란다. 그중에서도 미국 노동조합의 목소리와 협상기능을 분리시킨, 노동자-경영진의 공동결정권(codetermination)에 대한 독일식 시스템에 초점을 맞춰보면 좋겠다).

"긱 경제"는 모든 것을 변화시키는 것인가?

요새 "긱 경제(gig economy)"에 대한 글이 엄청나게 많이 쓰여지고 있다. 노동자들이 전통적인 형태로 일을 하는 것이 아니라, 단기적인 임시 업무를 하게 되는 경우를 의미한다. 이와 같은 상황에서 경제적 효율성이 높아지는 경우가 많이 있다. 노동자들의 역량과 업무를 더 잘 연결시켜줄 수 있고, 노동자들은 업무시간과 업무량을 정하는 데 있어서 더 많은 유연성을 가질 수도 있으며, 자신에게 매력적이지 않은 업무를 거절하고 더 행복하게 원하는 일을 할 가능성도 높아질 수 있다. 노동자들이 자본설비(capital equipment / 도구, 운송수단)를 사용해서 일을 할 경우, 자본설비를 고용주로부터 받을 때보다 자신이 보유하고 있을 때 그 설비를 더 소중히 여길 가능성이 높아진다(건설업계에서는 흔한 일인데, 전통적인 고용주는 구성원들에게 자신의 도구를 가져오라고 요구하기도 한다). 그리고 고용주-구성원의 관계와 고객-1인 도급업자 간의 관계에는 법적인 차이도 있고 세금문제에 대한 문제도 있는데, 그 차이점을 보면 후자의 관계가 더 매력적인 것으로 보여진다(사실, 주정부와 연방정부는 고객-1인 도급업자와의 관계들 중 일부 경우를 고용주-구성원 관계로 "재분류"하고 있다).

다양한 이유 때문에 긱 경제는 확장되고 있다. 그리고 긱(gigs)에 대한 정의를 보면, 4장에서 초점을 맞추었던 장기적인 고용–관계가 아니다. 긱 기반으로 고용한 1인 도급업자를 동기부여시키는 것은 동일하지는 않지만 장기적인 고용관계의 구성원을 동기부여하는 것과 유사한 부분이 있다. 다양한 "긱 시장"이 운영되는 방법의 세부 내용이 중요한 것이기 때문에, 어떤 차이점이 있다고 일반적으로 말하기는 어렵다.

관상동맥 우회로 이식술(bypass operation)을 하는 심장전문외과의사 — 이 또한 긱이라고 말할 수 있다 — 를 동기부여하는 것은, 소수의 일반 중개업자들로부터 일을 얻는 1인 도급업자를 동기부여하는 것과는 다른 일이고, 우버 운전사를 동기부여하는 것 또한 다른 일이다. 이 세 가지 모두는 업워크(Upwork)와 같은 웹사이트로부터 프로젝트를 얻고 싶은 1인 컴퓨터 프로그래머를 동기부여하는 것과도 다르다. 즉, 다음과 같은 사항들은 비교적 사실이라고 말할 수 있겠다.

1. 긱 경제가 제대로 기능을 잘하는 상황이라면, 긱 경제에서 일하는 1인 도급업자는 한 고용주에게 소속된 구성원과 같이 하나의 고객에게 매이지 않을 수 있다. 긱 경제가 기능을 잘하게 된다면, 전통적 고용상황과는 달리, 수요와 공급이 일치하는 세상에 조금 더 가까이 다가가게

될 수 있을 것이다.

2. 하지만, 수요와 공급이 일치하는 세상이 되려면 (적어도) 세 가지의 중요한 조건이 필요하다. (a) 수요자와 공급자가 매우 많아서, 건설적인 경쟁이 존재할 수 있어야 한다. (b) 구입하고 판매할 대상(이 사례에서는 서비스)은 상품(commodity)이어야 한다. (c) 시장이 형성되어, 어떤 개인이나 조직이 구매자와 판매자들을 모아주어야 한다.

   내가 "긱 경제가 제대로 기능을 잘하는 상황이라면"이라는 문구를 앞에서 두 번이나 사용한 이유가 바로 이 조건들이다. (a) 규모가 큰 도급업자를 위한 용역업체로 일하는 타일 기술자(tile setter)는 큰 규모의 도급업자와의 사이에서 구성원-고용주와 비슷한 관계를 경험하게 된다. 하지만 업워크(Upwork)를 위해 서비스를 제공하는 컴퓨터 프로그래머는 그와 다소 다른 상황일 수 있다. (b) 일을 얼마나 잘하는지를 평가하기 위한 품질 차원이 존재하고, 평판이 전달되는 메커니즘이 존재해야 한다(한걸음 더 나아가서, 어떤 일을 하게 될지에 대해서는 처음 계약시부터 명확하게 알려져야 한다. "유형 K의 특성이 강한 일"은 긱 경제에 그다지 맞지 않다). (c) 구매자와 공급자를 이어주고 평판을 전달시켜주는 일이 중요하다. (예를 들어보면, 우버(Uber)는 효과적인 중개인이기도 하고 — 시장에서 효율적으로 구매자와 공급자를 이어주기 위해 필요한 정보를 가지고 있다 —, 신뢰할만한 중개인이기도 하다 — 고객과 운전기사의 리뷰를 모두 수집한다. 몇 번의 나쁜 리뷰 평가를 받은 우버 기사는 일정 기간 동안 우버 기사 역할을 할 수 없게 된다.)

3. 공급자의 평판은 긱 경제에서 매우 결정적인 역할을 한다. 4장 초반에서 나는 고용주의 평판이 중요하다는 점을 강조했었다. 그렇다고 해서 구성원의 평판이 중요하지 않다는 것이 아니다. 의사결정권이 구성원에게 위임되는 경우, 조직에서는 구성원이 고용주의 이익을 방어하기 위해서라도, 각 구성원이 좋은 평판을 가지기를 기대한다. 긱 경제에서는 이와 같은 상황이 더 명확하게 나타난다. 사실 긱 경제에서는 구성원의 평판을 강조한다. 왜냐하면, 긱 경제에서는 더 많은 의사결정권이 구성원에게 맡겨지기 때문이다. 이 평판이 어떻게 형성되고 잠재 고객에게 어떻게 전달되는지가 점점 더 중요해지고 있다. 그리고 긱 경제가 제대로 잘 돌아가지 않을 때에는 제3자의 판결도 필요하다.

관계적 계약 : 묵시적? 비공식적? 구두계약?

4장에서 그리고 있는 "고용"이라는 것의 그림은 고용주와 구성원간의 조정이 가능한(open-ended) 관계 중 하나이다. 양쪽에서는 이와 같은 조정가능한 속성을 통해 이득을 얻을 수 있다. 왜냐하면, 양쪽에서는 예측 못한 사건들이 발생할 때 유연하게 대응할 수 있게 되기 때문이다. 양쪽에서는 일반적인 평판을 포함하여 위험에 처할 수 있는 자산을 모두 가지고 있다. 그렇기 때문에, 어느 정도까지는 상대방을 믿어야 한다. 양쪽이 모두 신뢰할만해야 관계가 기능하게 된다. 양쪽에서는 관계에 대한 가치를 인정하고, 가장 중요하게는 자신의 평판을 유지하기를 기대한다.

이와 같은 유형의 관계나 "계약"을 묘사할 때에는 다양한 형용사들을 사용할 수 있다. 내가 선호하는 형용사는 '관계에 가치를 두는(relational)'과 '평판을 중요시하는(reputational)'이다. 양쪽이 서로에게 신뢰할만한 태도를 취하도록 해주는 것은 지속적인 관계와 일반적인 평판에 대한 가치이기 때문이다.

'제퍼社는 밥과 같은 구성원과 다양한 묵시적 계약을 했다'와 같은 문장에서 쓰이는 것과 같이, '묵시적(implicit)'이라는 형용사를 들어보았을 것이다. '묵시적'이라는 형용사가 '내놓고 논의되지 않았다'라는 것을 의미하는 한, 이는 부정적인 뜻을 가진 형용사이고, 부정적인 아이디어이다. 제퍼社 (그리고 밥이) 앞으로 일어날 모든 상황에서 밥이 담당하게 될 업무가 무엇이 될지에 대해 명확하게 논의하는 것이 불가능했음에도 불구하고, 제퍼社는 앞으로 제퍼社에서 일을 하게 될 경우 마주하게 될 상황이 어떤 것이 있을 수도 있다는 사실과 일반적인 진행과정을 명확하게 밥이 이해할 수 있게 해주어야 한다. (물론 제퍼社 또한 그 상황과 과정을 잘 이해하고 있어야 한다). 밥이 혼자서 이러한 일들을 풀어나가려고 애쓰는 상황은 벌어지지 말아야 한다. 또한 예측하지 못했던 과정 변화에 대해서도 밥이 놀라지 않을 수 있도록 준비시켜 주어야 한다.

내가 밥의 채용에 대해 가상으로 만들어본 이야기에서, 나는 제퍼社에서 일하게 되는 동안 앞으로 어떤 상황을 예측할 수 있을지에 대해 밥에게 명확하게 설명해주지 않은 리크루터에게 좋지 않은 평가를 주었다. 리크루터가 앞으로 일어날 일에 대해 명확한 대답을 해주는 것이 불가능했고, 그럴만한 이유가 많다고 하더라도, 최소한 밥에게 앞으로의 결정을 내리는 것이 누구이며, 과거의 경우 있었던 사례들에 대해 설명해주었어야 한다. 초반의 고용 면접에서, 그리고 그 이후까지 오해가 커지는 것을 막고 싶다면, 제퍼社는 밥에게 중요하게 생각될 수 있는 일들에 대해 잘 이해할 수 있도록 최선을 다해 도와주었어야 했다.

'비공식적(informal)' 또는 '구두(oral)' 합의라는 것은 무엇일까? 공식적으로 이야기가 되거나 계약서상 보장되지 않는 것을 말한다. 예를 들어, 제퍼社에서 앞으로 엔지니어들을 어떤 지역으로 배정할 것인지에 대해 구두로 이야기를 한다면, 이 형용사들이 적절하게 사용될 수 있을 것이다. 하지만 밥과 제퍼社의 관계에서, 그리고 당신과 당신 조직의 구성원간의 관계가 더 좋아지려면, 당신이 할 수 있는 것과 이야기할 수 있는 것에 대해 명확하고 간결하게 설명하기 위해 더 많이 애를 써야 한다. 그리고 당신의 법률 자문이 이야기해주겠지만, 당신과 구성원이 법적 분쟁을 해야 하는 상황까지 간다면, 판사와 배심원들은 "합의"라는 단어에 집중하게 될 것이다. '비공식적'이거나 '구두'라는 말이 붙는다 하더라도 말이다.

5장

고용 관계의 심리학

고용 맥락에서의 경제학 vs. 심리학

4장에서 예를 들었던 밥과 제퍼社와의 관계에서 생긴 경제학 모델은 꽤 복잡하다. 평판(reputation)과 관리(governance)와 같은 추상적인 개념들이 포함되어 있기 때문이다. 하지만 밥의 입장에서 생각해보면 — 즉, 밥의 행동 모델은 — 비교적 간단하고 명확하다. 앞으로 6개월 동안 앨리스와 함께 일을 더 해야 한다는 불편한 지시를 받았을 때, 당연히 밥은 두 가지의 옵션 — 제퍼社에 남아 있거나, 퇴사하는 것 — 각각의 경우 예상되는 손실과 이득을 계산하고, 더 좋은 옵션을 고르게 된다. 일반적으로 경제학 모델에서, 구성원들은 결정을 내려야 할 때마다 이와 같은 계산을 하려고 한다. 경제학자들이 생각하기에, 조직 구성원들은 현재 가능한 옵션 중에서 어떤 행동을 하면 개인적인 이득을 최대할 수 있을지를 고려해보고, 그 행동을 하게 된다고 한다(사실, 이와 같은 경제학 모델에서 설명해주는 것보다 현실은 더 어렵기 마련이다. 밥이 제퍼社에 계속 남아있는 것의 이득을 계산해본다는 것은 앞으로 해야 할 결정이 가져다줄 결과를 생각해보는 것을 포함한다. 그렇기 때문에, 밥은 남아있는 경우 해야 할 모든 의사결정을 분석해보고, 퇴사하는 경우 하게 될 미래의 의사결정을 분석해봐야 한다).

가장 극단적으로 교조적인 경제학자라 해도 실제 업무현장에서 밥이 이와 같은 엄청난 계산을 하면서 의사결정을 할 수 있다고 믿지는 않는다. 실제 현장에서의 밥은 몇 가지 항목들에 대해 손익계산을 해볼 수도 있겠지만 — 그렇게까지 안 할 수도 있다 —, 경제학 모델에 기반하여 정교한 계산을 해보지 않을 가능성이 높다. 경제학 모델의 가치가 전제하는 것은, 사람들이 다양한 변인들을 고려하여 계산을 하고 그에 기반하여 행동을 할 것이라는 사실이다. 경제학 모델의 가치가 높아지려면, 실제 사람들이 그 모델에 맞는 이상적인 행동을 하는 경우가 많아져야 한다.

심리학, 그리고 이 맥락에서 유용하게 쓰일 수 있는 사회심리학은 이와 같은 상황에서 몇 가지 역할을 수행할 수 있다고 생각된다.

- 심리학을 통해 우리는 구성원들이 가치롭게 생각하는 것이 무엇인지, 그리고 그 이유는 무엇인지를 이해할 수 있게 된다. 경제학자들은 구성원이 가치있게 생각하는 것이 다양하지만, 그중에서도 가장 신경쓰는 것은 수입이라는 모델을 제시하는 경우가 많다.
- 심리학을 통해 우리는 구성원들이 자신의 상황을 어떻게 평가하고 있는지를 이해할 수 있다. 구성원들이 평가 작업을 할 때에는 어떤 과정을 거치고, 어떤 형식으로 하는 경우가 많은가? 구성원들이 가지기 쉬운 인지적 편견은 어떤 것이 있는가?
- 그리고 심리학은 구성원들이 때로는 경제학 모델에서 예측하는 대로 행동하지 않는다는 것을 이해할 수 있게 해준다.

간단하게 말해서, 심리학을 통해 우리는 더 심층적이고 세부적으로 구성원들의 행동방법과 그 이유를 이해할 수 있게 된다. 그 과정을 통해 고용주는 구성원과의 관계를 관리할 수 있는 도구들을 더 많이 얻게 될 수 있는 것이다.

인간의 행동에 대한 이 두 가지 시각들은 서로 상충되는 것이 아니라, 서로 보완해줄수 있는 부분이 많다는 것을 언급하는 것이 좋을 것 같다. 심리학은 우리에게 구성원들이 가치를 두는 다양한 항목 목록을 제공해줄 수 있기 때문에, 경제학자는 그 자료를 활용하여, 대부분의 경제학모델들이 간과하기 쉬운 구성원의 효용함수(utility function)를 더 정교하게 정리할 수 있을 것이다. 간단하게 이야기해보면, 경제학자들은 방법론적으로 사람들이 가치롭다고 생각하는 것에 대해 잘 알지 못한다. 경제학 방법론 학자가 좋아하는 라틴어 문구들 중 하나는 "취향에 관해서라면 논의해서는 안 된다"(de gustibus non est disputandum)라는 것이 있다. 실용적인 모델을 만들기 위해 경제학자들이 만든 구성원의 효용기능 목록은 대부분 내용이 그다지 풍부하지 않다. 이 부분에서 심리학은 경제학을 보완해줄 수 있다. 인간의 효용함수에 대해 더 많은 자료를 보충해줌으로써 경제학자들이 더 좋은 모델을 만들도록 지원해줄수 있는 것이다.

하지만 두 가지의 접근법이 통합되기 어려운 부분이 존재하긴 한다. (1) 정통 경제학에서는 각 개인의 취향은 고정되어 있고 불변적이라고 가정하지만, 심리학에서는 각 개인의 욕구는 변화가 가능하다는 생각을 더 유연하게 받아들인다. (2) 대부분의 경제학에서는 각 개인이 수집가능한 모든 정보를 고려하면서 판단을 내리는, 매우 명확한 과정진행 스킬을 가지고 있다고 생각한다. 하지만 심리학에서는 사람들이 가지고 있는 편견에 대해 주의해야 한다고 이야기해준다. 특히 본인의 주위 환경을 이해하기 위해 특정한 정보에 주목하게 될 수 있다는 점에 대해 유의해야 한다고 말이다.

두 가지 이론의 내용과 시각을 비교해보면, 다음과 같은 근본적인 차이점이 존재한다. 대부분의 경제학자들은 어떤 경우에도 적용할 수 있는 일반적인 행동 모델을 가지고 작업을 하는 반면, 심리학자들은 하나의 행동을 설명하는 데 있어서 해당 맥락에 따라 변화할 수 있는 다양한 이유들을 가지고 있다. 나의 심리학자 동료인 데일 밀러(Dale Miller)는 이러한 차이점을 멋지게 설명해주었다. "경제학자들은 겉으로 보기에 다르게 생각되는 것도 실제로는 동일하다는 것을 보여주고 싶어한다. 심리학자들은 겉으로 보기에 유사한 것도 실제 안을 들여다보면 다르다는 것을 보여주고 싶어한다."

따라서 심리학적 개념과 프레임워크를 적용하려고 한다면, 스스로 생각하기에 자신의 상황과 맥락에 가장 잘 맞는 것을 선택할 필요가 있다는 것을 전제로 하고, 이제부터는 고용 관계를 잘 이해하고 관리할 수 있게 도와주는 심리학 개념과 모델들을 몇 가지 살펴보도록 하겠다.

자기-지각과 일

한 구성원의 행동을 이해하고 예측하는 작업을 하고 싶을 때 가장 바람직한 시작점은 — 아마도 최고의 시작점일 것이다 — 구성원이 자기자신에 대해 어떻게 지각(perception)하고 있는지, 그리고 일을 하고 있는 곳에 대해 어떻게 지각하고 있는지를 알아보는 것이라고 생각된다.

자기-지각(self-perception)이란 정답이 있는 것이 아니다. "당신은 어떤 사람입니까?", "당신은 어떤 사람이 되고 싶습니까?", "그 목표에 도달하기까지 어느 정도 남았다고 생각합니까?"와 같은 질문에 한 개인이 어떻게 대답하는가에 대한 문제이다. "당신은 누구입니까?"라는 질문에 대해 나올 수 있는 대답은 몇 가지 차원으로 나눠볼 수 있다.

- **개인적 특질** : (예) "나는 야망있는 사람입니다", "나는 게으른 사람입니다", "나는 의존적인 사람입니다", "약속한 것을 잘 지키지 않아 신뢰를 얻지 못하는 사람입니다."
- **스킬과 능력** : 자기자신이 할 수 있다고 믿는 것. "나는 복잡한 문제를 풀 수 있습니다", "나는 운동신경이 좋습니다", "나는 의사소통을 하는 것에 매우 뛰어납니다"와 같이 조금 일반적인 대답도 가능하고, "프랑스어를 능숙하게 할 수 있습니다"(대답하는 사람의 모국어가 영어인 경우), "나는 R언어, 파이썬(Python), 자바(Java)를 사용해서 코딩을 매

우 잘합니다"와 같이 매우 세부적인 대답도 가능하다.

- **가치관** : 자신의 행동에 기반하고 있다고 믿고 있는 일반적인 원칙(그리고 다른 사람들도 아마 그럴 것이라고 생각하는 것). "나는 모든 사람은 공평하게 기회를 제공받아야 한다고 믿습니다", "필요에 따른 분배, 능력에 따른 생산", "어떤 사람이 더 많은 기여를 했다면, 더 많은 보상을 받는 것이 당연하다고 생각합니다."
- **사회적 정체성** : 사람들은 자신이 어떤 사회적 집단에 속해 있다고 생각할까? "나는 불교신자입니다", "나는 청소년 운동선수들을 코칭하는 사람입니다", "나는 경제학자입니다", "나는 골드만 삭스(Goldman Sachs)의 영업팀에서 일하고 있습니다".

"당신은 어떤 사람이 되고 싶습니까?"에 대한 대답 또한 유사한 차원으로 나눠볼 수 있을 것이다. 그리고 "그 목표에 도달하기까지 어느 정도 남았다고 생각합니까?"에 대한 대답도 "지금 내 모습이 내가 원하는 모습입니다"(특정한 부분에서)부터 "이러이러한 점이 부족합니다"까지 가능할 것이다.

물론, 조금 더 복합적인 대답을 할 수도 있다. "나는 선 하이드롤릭스(Sun Hydraulics)社에서 근무하는 야망있는 블루칼라 노동자입니다. 여가 시간에는 청소년들에게 축구코칭을 해줍니다. 축구를 갓 배우기 시작한 소년들을 꽤 잘 다루는 편입니다. 하지만 가장 중요한 것은 내가 아이들의 엄마이며 내 남편의 아내라는 사실입니다. 나에게 있어 가족은 모든 것이기 때문입니다."

우리의 자기-지각은 매우 중요한 것이다. 왜냐하면, 우리는 자기자신에 대한 지각에 따라 살아가며, 그 지각에 대해 만족감을 느끼지 못하는 만큼 목표를 향해 열심히 나아가는 사람들이기 때문이다. 우리는 스스로를 자랑스러워할 수 있는 역량을 개발하고 표현하고 싶어한다. 자신이 소속되어 있다고 생각하는 사회적 집단에 맞는 행동을 하기 위해 애쓴다. 우리의 가치에 일치하는 행동을 하는 사람들과 어울리고, 우리의 가치와 충돌하는 행동을 하는 사람들를 멀리하게 된다.

이 상황에서는 다음과 같은 피드백 고리(feedback loop)가 존재할 수 있다. 우리가 스스로를 지각하는 방법에 불일치하는 태도로 행동을 할 때, 우리는 그 행동의 중요성을 무시할 가능성이 있고("딱 한번 실수한 것뿐이야"), 상황적인 변명을 만들어낼 수도 있다("이거이거 때문에 그럴 수밖에 없었어"). 특히 이런 식의 행동을 반복하게 될 때에는 우리의 자기-지각(self-perception)을 아예 재구성할 가능성도 있다.

스스로에 대한 자기-지각이 가지는 여러 차원들은 특정 맥락에 놓여질 경우 다양한 행동들을 만들어낼 수 있다. 야망있는 선 하이드롤릭스社의 구성원이자 청소년 축구 코치, 동시에 어머니의 역할까지 하는 사람을 떠올려보자. 급한 주문을 처리하기 위해 야간근무를 하는 행동, 담당하고 있는 축구팀과 연습을 하는 행동, 집에서 몸이 아픈 아이를 돌보는 행동들에 대해 어떻게 시간을 배정할지를 선택해야 한다. 물론, 상황에 따라 어떤 선택을 할지가 결정될 것이다. 부코치가 대신 축구팀원들을 연습시켜줄 수 있다면, 또 다른 가족구성원이 아픈 아이를 대신 돌봐줄 수 있다면, 회사에 남아서 야근을 할 수 있을 것이다. 하지만 그녀의 자기-지각의 각 차원들이 가지는 중요성 또한 의미가 크다.

그녀에게 있어서 "가족이 가장 중요한 것"이라면, 아마 아픈 아이를 돌보는 것이 그녀가 할 가능성이 높은 선택일 수 있다.

꽤 명료한 이야기로 보인다. 하지만 특히 사회적 정체성에 대한 자기-지각이 미리 준비될 수 있는지는 명확하지가 않다. 특정한 집단과의 관계가 먼저 강조된다면, 한 개인의 행동은 그로부터 많은 영향을 받을 수 있다. 한 연구에서[1] 연구자들은 아시아 여성 학생 집단이 수학 시험을 보기 보기 전에 특정 자료를 제공하였다. 3분의 1에게는 아시아인으로서의 정체성을 강조하는 자료를 주었고, 다른 3분의 1에게는 성별을 강조하는 자료를 제시하였으며, 마지막 3분의 1에게는 인종과 성별에 있어서 중립적인 시각을 가진 자료를 제공하였다. '아시아인은 수학을 잘하고, 여성은 수학을 잘 못한다'라는 고정관념대로, 첫 번째 집단의 평균성적은 가장 좋았고, 두 번째 집단의 평균은 가장 낮았다(통계적으로 유의미한 차이). 두 번째 연구에서,[2] 한 집단의 학생들에게는 자기자신을 신진 학자로서 생각하도록 하는 자료를 주었고, 다른 집단에게는 스스로를 "모임을 좋아하는 대학생"이라고 생각하도록 하는 자료를 제공했다. 그 다음에는 두 가지 물건 중에서 어느 쪽을 더 좋아하는지에 대한 질문을 하였는데, 하나는 학자들이 더 많은 관심을 가질 것이었고, 또 하나는 모임을 좋아하는 대학생에게 더 매력적인 것이었다. 이들은 선택 행동은 미리 주어진 자료로부터 명확하게 영향을 받았다. 본인의 정체성을 바꾸어서 생각해보도록 했을 때, 먼저 선택한 물건에 대한 만족도는 확실히 줄어드는 것으로 나타났다.

물론, 구성원의 일, 함께 일하는 동료, 소속되어 있는 조직은 개인의 '자기'에 대한 지각에서 모두 중요한 역할을 담당하고 있다. 다르게 생각해보면, 자신의 일에 대한 구성원의 연계가 가지는 속성은 — 이때의 '일(job)'은 담당하는 업무, 동료, 조직을 모두 포함한 개념이다 — 전반적인 자기자신에 대한 지각, 그리고 그 지각 안에서 일이 차지하는 역할에 의해 영향을 받는다.

여기에서는 일에 대한 도구적 연결관계(instrumental connection / 일이란 기대하는 목표를 이룰 수 있게 해주는 도구)와 표현적 연결관계(expressive connection / 구성원에게 기본적인 가치를 제공하는 면)를 구분해 보는 것이 필요할 것 같다. 도구적 연결관계란 구성원이 "나는 돈을 벌기 위해 일해. 내가 현재 받고 있는 연봉보다 더 많은 돈을 준다면, 당장 지금 하고 있는 일을 그만두고 새로운 곳에서 일할 거야"라는 말을 하는 경우를 보면 쉽게 이해할 수 있을 것이다. 밥의 사례를 떠올려봐도 좋다. 이력서의 내용을 충실하게 만들기 위해, 돈을 벌기 위해, 아직 만나보지 못했던 세상을 보기 위해, 언젠가 학교에 돌아가서 MBA를 하기 위해 제퍼社에서 일을 하는 한, 일에 대한 밥의 연계는 도구적인 것이라고 말할 수 있다.

반대의 경우인 표현적 연결관계를 보자.

- **동료 구성원들** : 일에 대한 관계에 즐거운 사회적 상호작용이 포함되어 있는 경우.

- **구성원의 가치를 공유하는 조직** : "나는 '국경없는 의사회(Doctors without borders)'에서 일하고 있어. 왜냐하면 그 조직이 내 가치와 삶의 목표의식을 공유하고 있으니까"
- **구성원이 담당하는 업무** : 몇 가지 유형으로 나눠볼 수 있다. 밥은 엔지니어로서의 스킬을 활용하면서, 어려운 건설 프로젝트를 해결해나가는 데에서 즐거움을 찾을 수 있다. 또는 다양한 스킬들을 발전시켜나가는 것을 좋아할 수도 있다. (물론, 승진을 하거나 더 좋은 직장으로 옮기기 위해 스킬을 개발하고 싶어한다면, 또 동료들의 존경을 받기 위해 스킬을 활용하고 싶어한다면 이것은 좀더 도구적인 연결관계라고 말할 수 있을 것이다.) 또는 일이라는 것이 구성원의 "미션"이 되는 경우도 있다. 특정 유형의 암을 치료할 수 있는 약물을 찾고 있는 제약분야의 연구원이나, '국경없는 의사회'에서 일하는 의사, 제3세계의 경제를 부흥시키기 위해 일하는 장인 연합 구성원들 같이 말이다.

고용주로서 당신은 구성원들이 일과 어떤 연결관계를 맺고 있는지를 이해해야 한다. 왜냐하면 그 관계에 따라 당신이 그들에게 기대할 수 있는 것, 그리고 당신이 만들어내고자 하는 변화에 그들이 보일 반응, 그 변화를 진행시켜나가는 방법이 달라질 것이기 때문이다. 장인 연합의 사례가 여기에 딱 맞을 것 같다. 탐험가들은 공유된 미션을 기반으로 장인 연합에 대해 가지고 있는 애착이 매우 컸었다. 그와 같이 모든 사람들이 공통적인 미션을 가지고 있는 장인 연합의 분위기 때문에,

모든 구성원들은 조직의 미션을 개인적으로도 중요한 것으로 생각했다. 바로 그 때문에, 최고경영진에서 영업 전문직원들을 데려온 것에 대해 구성원들은 조직에 대한 애착이 줄어드는 느낌을 받게 된 것이고, 시장에서 받는 것보다 더 적은 보수를 받으면서 여기서 뭘 하고 있는 것인지에 대해 다시 생각하게 된 것이다.

튼튼한 (때로는 깨지기 쉬운) 연결관계를 가진 네 곳의 조직

조직에서 구성원들이 자신의 일과 어떻게 관계를 맺는지의 시각에서 볼 때, 조직의 유형은 네 가지로 나누어볼 수 있을 것 같다.

- **미션 기반의 조직** : 대부분의 구성원들과의 애착관계는 조직이 가지고 있는 미션을 기반으로 한다. 장인 연합의 이야기가 좋은 사례일 것이다. 1960년대, 10년이 지나기 전에 사람을 달에 보낸다는 미션을 가지고 있었던 미국항공우주국(NASA), 국경없는 의사회도 여기에 속한다.
- **가치관 기반의 조직** : 구성원과 경영진이 강한 가치관을 공유하는 곳이다. 대부분의 경우, 조직은 그 가치관에 따라 살아갈 수 있도록 구성원의 역량을 더 강화시켜주곤 한다. 아이스크림 제조업체인 벤앤제리(Ben & Jerry's)는 가치관 기반 조직의 전형으로서 창립되었고 운영되고 있다.

- **업무 기반의 조직** : 구성원들은 자신이 의미를 부여하는 일을 통해 주로 연결되어 있다. 휴렛패커드(Hewlett—Packard)가 상승가도를 달리던 시절, 이 조직은 구성원들이 개인적인 관심을 가지고 있는 일을 선택할 수 있도록 많은 재량권을 주었었는데, 이는 HP의 거대한 성공의 기반이 되어주었다.
- **가족 스타일의 조직** : 구성원들이 서로 친밀한 사회적 관계를 맺고 있는 경우. 각 구성원들은 자신이 "가족"의 한 사람이라고 생각하고, 다른 동료들에 대해 책임감을 가진다. 자신의 일을 완수하고 잘해내는 것은 '가족의 웰빙'을 위해서라는 다소 도구적인 생각을 하는 면도 있고, 각 구성원들이 '가족'을 돕기 위한 행동에 가치를 부여하는 표현적인 면도 있다. 진짜 가족 비즈니스를 하는 경우가 적절한 예가 되겠다(그 가족이 역기능적인 경우만 제외하고).

'심리적 계약(psychological contract)'이라는 용어는 때때로 이 유형들의 조직과 구성원간의 관계를 설명하는 데에 쓰인다. 어떤 구성원은 일에 대해 강한 표현적 연결관계를 가지고, 일은 스스로 지각하고 있는 자기의 중요한 부분이라고 생각한다. 또 다른 구성원은 미션을 가지고 강하게 믿고 있는 가치에 따라 살아가며, 자기자신을 일을 통해 표현하려고 하기도 한다. 어떤 경우에는 동료들과 강한 책임감이 포함된 연대를 형성하기도 한다.

사실, 이와 같은 연결관계들은 매우 강력할 수 있어서, 조직은 구성원을 '착취'할 수도 있다. 최소한 기본적인 심리적 계약이 유지되는 동안은 말이다. 하지만 이와 같은 강력한 연결관계는 심리적 계약이 깨어지거나 수정되어야 하는 상황에 마주하게 되면 어이없이 깨져버리기도 한다. 예를 들어, 미국항공우주국(NASA)은 아폴로(Apollo) 프로그램이 중단되면서 조직으로서의 매력을 잃어버렸다. 미션은 이미 충족되어버린 것이다. 생산라인의 원칙이 중요해지는 경쟁적 환경에서, 휴렛패커드(HP)는 엔지니어의 자율권을 제한하면서 마찬가지로 힘든 상황이 되었다. 벤앤제리(Ben & Jerry's)는 2000년에 유니레버(Unilever)에 합병되면서, 이 회사가 원래 가지고 있던 가치를 진정으로 유지할 수 있을 것인가에 대한 문제가 제기되었다. 단 하나의 정답을 내기가 좀 어려운 상황이기는 하다. 가치기반의 속성이 강한 회사를 들여와서 하나의 부문으로 기능하도록 하는 작업을 어떻게 성공적으로 하였는지에 대해서는 다양한 이야기가 많이 있다. 사실 벤앤제리 부문은 유니레버의 다른 내부 조직에게 히피 문화와 가치를 전파시키기도 했다. 반대로 벤앤제리가 원래 가지고 있었던 가치를 유니레버가 어떻게 깨부수었는지에 대한 이야기도 많이 존재한다.

그리고 가족 스타일의 조직은 구성원들을 하나로 묶어주는 사회적 관계라는 연대감이 적대감으로 바뀌는 순간 바로 추락 가능하다.

구성원들이 가장 큰 가치를 부여하는 것은 무엇일까?

물론 구성원들은 회사에서 받을 수 있는 임금을 중요하게 생각한다. 하지만 그들은 임금 외에도 많은 것에 대해 가치를 부여하고 있다. 아래 목록을 보면 조직구성원이 의미있다고 생각하는 것들을 볼 수 있다. 이 책을 읽는 독자들도 다른 항목들을 많이 생각해볼 수 있을 것이다. 중요한 문제는 이것이다. 특정 상황에서 일을 하는 특정 구성원에게 있어서, 이 중에서 가장 중요하거나 영향력이 큰 요인은 무엇인가?

조직 구성원들이 임금 외에 가치를 부여하는 것들
▪ 자율성(자신이 할 일을 결정할 수 있는 능력)
▪ 파워(다른 사람들이 해야 할 일을 결정할 수 있는 능력)
▪ 조직에서의 지위
▪ 자신의 스킬을 활용하면서 느끼는 개인적 만족
▪ 다른 사람들에게 자신의 역량을 보여주면서 느끼는 만족감
▪ 새로운 스킬을 배울 수 있는 기회
▪ 설정된 목표를 성취하면서 느끼는 만족감
▪ 사회적으로 가치있는 목표를 추구할 수 있는 기회
▪ 동료들의 존경과 칭찬
▪ 동료들과의 우정
▪ 예전에 나를 도와줬던 사람에게, 이번에는 도움을 제공하면서 느끼는 만족감
▪ 성공적으로 운영되는 팀에 소속되는 것
▪ 개인적인 가치를 공유할 수 있는 조직에서 일하는 것
▪ 사회적 관계에 대한 지역사회의 일반적인 규준에 맞는 관계를 업무현장에서 맺을 수 있는 것

"특정 상황에서"라는 것을 강조한 것에 관심을 둘 필요가 있다. 그리고 구성원마다 각각의 항목에 대해 다양한 가치의 가중치를 둘 수 있을 것이다. 각 개인이 가지는 자기-지각이 중요하고, 그 지각 안에서도 더 중요한 것과 덜 중요한 것이 나뉜다는 점을 기억해보면 좋겠다.

그리고 특정 구성원에게 있어서, 이 리스트의 항목들에 대해 중요성을 결정하도록 해주는 기준은, 현재 각 항목을 얼마나 가지고 있는지, 그리고 자신의 위치에 대해 어떻게 평가하고 있는지에 따라서도 달라질 것이다. 새로운 영업직원들이 들어오기 전에, 장인 연합의 탐색가들은 조직에서 받는 임금보다는 가치있는 사회적 목표를 추구할 수 있는 능력에 더 많은 가치를 두었을 것이다. 왜냐하면, 그 정도의 임금을 받아도 니즈를 충족시킬 수 있었고, 사회적 목표를 추구하는 것이 그들에게 매우 중요했기 때문이다. 하지만 장인 연합에서 영업 전문가들을 고용하고 매우 충분한 활동비와 높은 임금을 지불하게 되면서, 보상의 이슈는 탐색가들에게 아주 많이 중요한 것이 되어버렸다. 예를 들어 장인 연합의 최고경영진에서 탐색가들의 연봉을 20% 삭감하면서, 물가가 매우 싼 지역에서 대부분의 시간을 보내고 있기 때문이라고 설명했다고 상상해보자. 보상 이슈는 더욱 중요해질 것이고, 탐색가들은 가족부양이 어려워지게 될 것이다(예를 들어, 자녀를 좋은 학교에 보낸다는 것은 불가능해질 것이다).

앞에서 소개한 가치 항목들이 다양한 수준의 동기부여 파워를 가지고 있다는 것을 강조하고자, 스탠포드 임원 프로그램 참가자들과 MBA 학생들에 대한 설문조사를 했던 이야기로 다시 돌아가보도록 하겠다. 나는 각 집단에게 여덟 가지의 동기부여요인 카테고리에 대해 점수를 매겨보라는 요청을 하였다. 자기자신을 동기부여시킬 수 있는 효과성과, 자신의 부하직원(임원 프로그램 참가자) 또는 마지막 직장에서의 동료(MBA 학생들)를 동기부여시킬 수 있는 효과성에 대한 평가였다(이 설문지를 구성할 때, 특히 동기부여요인의 8가지 카테고리로 나눌 때 참고한 것은 칩 히스(Chip Heath)의 '동기이론은 외부 인센티브를 지나치게 강조하고 있다'(Organizational Behavior and Human Decision Process 78, 1999, 25-62)라는 논문이다. 히스는 연구 참가자들에게 8개의 카테고리에 대해 단순하게 평가를 하는 것이 아니라, 효과성을 기준으로 순위를 매겨보라고 요청하였다. 그 연구의 결과는 내가 그의 연구를 기본으로 다시 검증해본 연구결과와 일치하였다).

동기부여의 여덟 가지 카테고리는 (설문지에 제시한 순서대로) 복지, 자기자신에 대해 좋은 느낌을 가짐, 학습과 성장을 할 수 있는 능력, 물리적(금전적) 보상, 일을 잘했을 때 받는 칭찬, 일의 안정성, 스킬을 습득하고 실행할 수 있는 기회, 가치있는 일을 할 수 있는 기회였다.

조사결과를 표 5에 정리해보았다. 이 통계수치에서는 몇 가지 재미있는 이야기들을 볼 수 있다. 우리는 8가지 요인들을 두 분류로 나누어 보았다. 외부적인(타인이 제공해주는) 동기부여요인 4가지 — 복지, 일의 안정성, 금전적 보상, 칭찬 — , 그리고 내부적인(만족감이라는 내적 감정과 관련된 것) 동기부여요인 4가지 — 좋은 기분, 학습과 성장, 스킬의 획득과 실행, 가치있는 일의 기회. 이와 같은 분류를 해보면서 우리는 두 가지 핵심적인 요인을 발견할 수 있었다. 첫째, 스탠포드 임원 프로그램 참여자들은 자기자신을 동기부여할 때, 외부적 요인보다 내부적 요인에 대한 평가를 더 높게 한 반면, MBA 학생들은 '칭찬'만 내적 요인보다 더 높은 평가점수를 주었다. 둘째, 스탠포드 임원 프로그램 참여자들에게 있어서 자기자신에 대한 외부적 동기부여 요인 평균은 부하직원에 대한 동기부여를 할 때의 평균보다 낮았다. 내부적 동기부여요인에서는 반대의 상황으로 나타났다. MBA 학생들에게도 마찬가지였지만, '칭찬'의 경우는 예외였다 (이와 같은 차이는 통계적으로 유의미했을까? 대부분의 경우 그랬다. 많은 경우 통계적 유의미성은 꽤 높게 나타났다. 부록을 살펴보면 이 차이에 대한 핵심적인 p value를 볼 수 있다).

표 5. 동기부여요인의 여덟 가지 카테고리에 대한 평균 점수

		스탠포드 임원 프로그램 참가자		MBA 학생	
		자기자신을 동기부여시킬 때 효과성 평균	부하를 동기부여시킬 때 효과성 평균	자기자신을 동기부여시킬 때 효과성 평균	동료를 동기부여시킬 때 효과성 평균
외부적	복지	3.90	4.27	3.50	4.08
	물리적 보상	4.91	5.14	4.62	5.10
	칭찬	4.99	5.17	5.24	5.09
	일의 안정성	3.88	4.65	3.69	4.48
내부적	좋은 기분	5.45	5.08	5.39	4.94
	학습과 성장	5.55	5.04	5.66	4.98
	스킬의 획득과 실행	5.05	4.86	5.12	4.75
	가치있는 일의 기회	5.23	4.74	5.22	4.67

아무런 영향력이 없음 = 1 ; 영향력이 별로 없음 = 2 ; 약간의 영향력이 있음 = 3 ; 어느 정도 영향력이 있음 = 4 ; 꽤 큰 영향력이 있음 = 5 ; 매우 큰 영향력이 있음 = 6 ; 나(나의 부하직원 / 동료)는 이 동기부여요인에 따라 살아갈 것이고 죽을 것이다 = 7.

응답자들이 자기자신과 "다른 사람"에 대한 동기부여방법의 영향력을 다르게 평가했다는 것은, 자기자신에 대한 영향력을 평가할 때 더 정확해지는 것일까, 아니면 부하직원이나 동료에 대한 영향력을 평가할 때 더 명확해지는 것일까? 부하직원이나 동료에 대한 평가가 더 명확한 것이라면, 연봉과 칭찬이 가장 파워풀한 것으로 보인다. 자기자신에 대한 평가가 더 명확한 것이라면, 전반적으로 내부적 동기부여방법이 더 큰 영향력을 가지는 것 같다.

어떤 것이 맞는 것일까? 응답자들이 부하직원이나 동료에 대한 동기부여방법과, 자기자신에 대한 동기부여방법의 효과를 다르게 평가하는 이유는 무엇일까? 어쩌면 두 가지의 평가 모두 정확한 것이라고 말할 수도 있을 것이다. 이 응답자들은 스스로 자원한 집단이다. 스탠포드 임원 프로그램 참가자들은 6주 동안 임원 교육 프로그램을 수강하기로 선택한 사람들이고, MBA 학생들은 직장을 그만두고 학교로 돌아오는 것을 선택한 사람들이다.

이와 같은 상황에서, 이 응답자들은 조직에서 현재 일하고 있는 다른 부하직원이나 동료들과 다른 시각을 가지고 있을 수도 있다. 아니면 솔직하지 못한 대답을 했을 수도 있겠다. 결국, 대부분의 사람들은 돈, 인정과 다소 비겁해 보이는 욕구에 의해 움직이는 자기상보다는, 좋은 일을 하고 싶어하고, 학습과 성장을 원하는 "고귀한" 욕구를 강조하는 자기상을 더 선호하기 마련이니까 말이다. 세 번째의 가능성을 보자면, 응답자들은 부하직원과 동료들에 대해서는 잘못된 판단을 내렸을 수도 있다.

그들의 부하와 동료들은 유사한 동기부여요인에 의해 움직일 수도 있는데, "최악의 경우"를 상정했을 수도 있다.

이 중에서 어떤 것이 맞는지를 알아낼 방법은 없기 때문에, 사실 나는 이 세 가지 가설들 모두 어느 정도 진실을 보여주고 있다고 생각한다. 또, 대부분의 관리자들은 구성원과 동료(그리고 상사)가 내부적인 동기부여요인에 의해 움직인다는 사실을 간과할 때가 많다고도 믿고 있다. 따라서 "사람들을 동기부여하는 요인들"의 리스트를 볼 때, 역시 돈이 가장 중요한 것이라든가, 돈만 많이 주면 모든 문제가 해결된다는 성급한 결론은 내리지 않기를 바란다.

그렇기 때문에, 나는 표 5(물론 꽤 많은 사람들을 대상으로 8가지 동기부여방법에 대한 평가를 해본 것이지만)의 통계자료를 너무 확대해석하지는 않기를 부탁하고 싶다. 참가자들의 대답이 보여준 분산 정도는 꽤 컸다. 부록에 이 부분에 대한 유의점을 표시해두긴 했지만, 이번 임원 프로그램 참가자들과 MBA 학생들과는 달리 금전적인 보상이 가장 중요한 동기부여요인이라고 말하는 경우도 많다.

고용주들이 연봉의 중요성을 과대해석하는 이유들 중 하나는, 일의 "과정"이 구성원에게 얼마나 중요한지에 대해 간과하기 때문이다. 고용주들은 구성원들에게 일이란 표현적이기보다는 도구적인 것으로 생각하는 경향이 있다.

사람들을 움직이는 동기부여요인들의 리스트를 보면, 일의 과정이 얼마나 중요한지를 다시 한번 깨닫게 될 것이다. 상호호혜성의 일반적인 사회적 규범을 보면, 이와 같은 사실을 정확하게 알 수 있을 거라 생각한다.

선물 교환과 상호호혜성의 규범

상호호혜성의 규범(norm of reciprocity) — 사람들은 자신에게 좋은 일을 해주었던 상대방에게 좋은 일을 해줌으로써 화답해야 할 것 같은 의무감을 느낀다 — 은 제대로 사용할 수만 있다면, 특히 고용주에게 매우 파워풀한 도구가 될 수 있다.

HR부서의 질(Jill)로부터 '제퍼社는 당신이 현재 프로젝트에서 최소한 6개월을 더 일하기를 바란다'라는 나쁜 소식을 들었을 때, 밥이 첸나이와 앨리스로부터 벗어나서 다른 곳으로 갈 수 있도록 해달라고 요청했다고 해보자. 다음의 세 가지 보상 제안들은 각각 어느 정도의 효과가 있을 거라고 생각하는가?

- 질은 밥에게 제퍼社가 보상을 해주고 싶어한다고 이야기하고, 특별 보너스를 주고 싶은데 어느 정도가 적당할 거라 생각하느냐고 묻는다. 밥은 15,000달러를 제시했고, 어느 정도의 협상을 한 후, 질과 밥은 10,000달러의 보너스에 합의한다.
- 질은 밥에게 제퍼社가 '밥이 현재 상황에 대해 불편해할 수 있다'는 것을 이해한다고 이야기한다. 그리고 지금까지 밥이 해왔던 좋은 성과에 대한 보상으로서, 그리고 제퍼社를 위해 자신을 희생한 것에 대한 감사의 의미로서, 10,000달러의 보너스를 제공하겠다고 제안한다.
- 질은 밥에게 제퍼社가 '밥이 특히 첸나이의 기후 때문에

힘들어할 수 있다'는 것을 이해한다고 이야기한다. 그리고 보라보라(Bora—Bora)에서 럭셔리한 시간을 보낼 수 있는 모든 비용을 지원하는(일등석 항공권 포함) 10일간의 휴가를 보내주겠다고 제안한다. 이를 위해서는 제퍼社에서 10,000달러의 비용을 지불해야 하지만, 질은 그에 대해 언급하지 않는다.

경제학자가 세 가지의 옵션들에 대해 듣는다면, (a) 밥에게 있어서 첫 번째와 두 번째 시나리오는 아무런 차이가 없다 — 각 경우, 그는 모두 10,000달러를 받게 되므로 — 고 할 것이고, (b) 제퍼社가 10일의 휴가를 줄 생각만 있다면, 첫 번째와 두 번째 시나리오는 세 번째 시나리오보다 더 좋다고 말할 것이다. 휴가를 갈 수도 있고, 원하는 것은 무엇이든 살 수도 있고, 저금을 할 수도 있으니 말이다(물론, 세금에 대해서는 고려해볼 필요가 있다. 하지만 여기에서는 일단 그 문제는 접어두도록 하자).

사회 심리학자라면 경제학자만큼 확신에 차서 말하지는 않을 것 같다. 밥이 이 세 가지 옵션에 대해 어떻게 느낄지는 밥에게 달려 있다고 말할 것이다. 하지만 이 사례의 내용상 세 번째 시나리오가 제퍼社에게 가장 좋은 것이고, 그 다음이 두 번째, 마지막이 첫 번째이다. 세 번째 시나리오에서 제퍼社는 밥에게 개인적인 선물을 준다. 밥을 위해 특별히 계획된 것이고, 특히 밥이 첸나이의 기후에 대해 불만을 이야기한 것에 대한 반응인 것이다. 아마도 밥은 이것을 선물로 생각할 것 같기 때문에, 상호호혜성의 규범을 떠올릴 가능성이 많다. 하지만 첫 번째와 두 번째 시나리오에서 밥은 보너스에 대해 자신이 당연히 받아야 하는 보상으로 생각할 것이다. 그리고 첫 번째 시나리오를 두 번째 시나리오와 비교해볼 때, 보너스의 액수를 협상해야 하는 상황은, 그와 같은 당연함을 더 강화시키게 될 것으로 보여진다.

물론, 사회심리학자는 밥이 각 보상에 대해 어떻게 지각할지는 그에게 달려있기 때문에 이와 같은 가설은 다 틀릴 수 있다고 말할 것이다. 밥이 대학에서 경제학을 전공했다면 세 번째 시나리오에서 "그냥 돈으로 주세요"라고 말할 가능성이 높다.

하지만 여기에서 내가 말하고 싶은 것은, 상호호혜성의 규범은 당연한 것을 받는 상황에서 작동되는 것이 아니라, 자신이 받은 "친절"이 호의나 선물로서 지각될 때라는 것이다. 사회 심리학자는 이와 같은 사실을 인식하고 있기 때문에, 상호호혜성 규범을 선물 교환의 프로세스에 비교하곤 한다. 당신이 나한테 선물을 주었으니까, 나도 그 답례로 선물을 주어야 할 의무감을 느끼고 있으며, 그 행동을 했을 때 기분이 좋아진다.

그렇기 때문에 받는 사람의 특별한 상황에 대한 맞춤형 선물일 경우가 많아진다고 심리학자들은 생각한다. 보라보라에서의 휴가는 밥의 개인적인 상황을 고려한 것이었다. 밥이 첸나이의 기후에 대해 불평을 한 것을 들었으니까. 물론, 제퍼社가 밥에게 보너스나 휴가를 제공하지 않는다 해도(선례를 남기고 싶지 않기 때문에), 질은 밥이 가지고 있는 경력 열망(career aspiration)에 대해 관심을 보이면서 밥의 기분을 더 좋게 만들어줄 수도 있다. "언젠가 학교로 돌아가고 싶은 마음이 있다고 들었어요"라고 말하면서, 지금도 그런 생각을 가지고 있는지 물어보고, 그렇다면 관련 정보를 제공해주겠다고 이야기하는 것이다. 이와 같이 밥에 대해, 그리고 밥이 이 회사에서 보내게 될 미래에 대해 개인적인 관심을 표현하는 행동만 하더라도 상호호혜성의 규범을 떠올리게 하는 데에 도움이 된다.

호의로 인한 선물인가, 아니면 당연히 받아야 할 것인가에 대한 지각을 결정하는 데에 영향을 줄 수 있는 또 하나의 요인은, 제공되는 자원을 어떻게 부르느냐의 문제이다. 맨스웨어하우스(Men's Wearhouse) — 남성 의류 점포 체인으로서, 창립자 조지 짐머(George Zimmer)가 "제가 보장합니다(I guarantee it)"라고 부르짖는 광고를 오랫동안 사용하고 있음 — 는 인적자원관리 정책으로서, 영업직원들을 샌프란시스코의 남쪽 바닷가에 있는 점포로 데리고 간다.

이 프로그램에서 영업 사원들은 하룻밤 샌프란시스코에서 즐길 수 있는 시간이 주어지는데, 이 때에는 "짐머가 주는 용돈(Zimmer Bucks)"이라고 불리는 특별 상여금이 제공된다. 설마 조지 짐머가 직접 자신의 지갑을 열어서 직원들에게 용돈을 주었을까 싶고, 직원들도 그 돈이 어디에서 나왔는지를 조사해서 "물론, 조지 짐머씨가 개인적으로 준 거예요"라고 이야기하지는 않을 것 같다. 하지만 심리학적으로 보았을 때, 이 특별 상여금의 이름 덕분에 선물로서의 효과성이 매우 높아졌다. 조지 짐머가 개인적으로 준 용돈이 아니라는 것을 영업직원들이 알고 있다 하더라도, 그들은 이와 같은 특별 상여금을 받을 수 있었던 것은 짐머의 덕분이라고 생각할 것이다.[3]

지각과 평가

행동을 이끌어내는 요인은 '각 개인은 무엇을 바라고 있는가', 그리고 '전반적인 자신의 상황에 대해 어떻게 지각하는가'의 이슈이다. 개인이 자기자신에 대해 어떻게 지각하느냐에 따라 행동이 영향을 받는 점화효과(priming) 현상, 그리고 상호호혜성 규범이 작동되어야 하는지를 결정하는 데 있어서 자신이 받은 것이 당연한 것인지 선물인지를 지각하는 선물 교환 프로세스를 보면 명확하게 알 수 있다.

그리고 고용의 맥락에서, 지각(perception)과 평가(evaluation)은 행동을 이끌어내는 핵심적인 요인이다. "나에게 기대되는 것이 뭐지? 내가 주어진 과제를 해결하면 얻을 수 있는 것이 뭐지? 나는 조직에서 어느 정도 대우를 잘 받고 있지? 내 고용주는 나와 동일한 가치를 공유하고 있나?" 구성원이 자문하고 대답하는 이 많은 질문들은, 그 구성원이 행동하는 데에 중요한 영향을 미친다.

그래서, 여기쯤에서 이 질문을 해보는 것은 재미있을 것 같다. "구성원의 지각과 인지적 프로세스를 이끌어내는 것은 무엇인지에 대해 심리학은 어떤 이야기를 하고 있는가?"

간단하게 대답하자면, "매우 많은 이야기를 하고 있다". 여기서 요약하기에는 너무 많을 정도이다. 하지만 고용관계의 시각에서 보았을 때, 다음과 같은 이야기들이 특히 중요할 것 같다.

- **심리학적 편향**(psychological biases) : 구성원들은 지각적·인지적 편견을 가질 수 있다. 더 최근에 일어난 일을 잘 기억하고(최신 편향), 자신에게 특히 중요하거나 쉽게 떠올릴 수 있는 자료를 활용하며(가용성 편향), 이전에 가지고 있던 신념 강화에 도움이 되는 자료를 선택할(확증 편향) 수 있다.
- **앵커링 효과**(anchoring) : 구성원들은 판단을 해야 할 때 다른 사람들의 의견과 기대를 기준으로 삼곤 한다. 특정 차원에 대한 기대가 자신에게 많이 주어진다고 지각하면, 자기자신뿐 아니라 동료들에게도 그 기대를 더 많이 하고 더 많이 표현하는 경향이 있다. 예를 들어 보자. "신뢰를 받고 있는" 구성원은 (항상 그런 것은 아니겠지만) 신뢰할 수 있는 사람이 됨으로써, 상대방에게 보상을 하고자 하는 경향이 많다. 짜증나는 모니터링의 대상이 되는 구성원들은 — (예) 직장에 출퇴근을 할 때마다 매일매일 몸수색을 당해야 하는 사람들 — 자신이 할 수 있는 일이라면 뭐든지 해도 된다고 생각할 가능성이 높다(나는 사회심리학 분야에서 훈련받은 동료 몇 명에게 다음과 같은 질문을 해보았다. 누군가 직접 말로 표현한 것은 아니지만 특정 구성원이 자신이 신뢰받고 있거나 신뢰받지 못하는 집단에 소속되어 있다는 느낌을 받았을 때, 이 상황은 점화효과라는 개념을 사용해서 설명이 가능한 것일까? 아니면 고용주가 신뢰라는 선물을 주고, 구성원이 신뢰할만한 사람이 됨으로써 보답을 하는 선물 교환 프로세스의 한 사례로 봐야 하는 것일까? 내가 이 비공식적인 설문조사에서 얻은 네 가지의 패턴은 앞에서 언급했었던 데일 밀러(Dale Miller)의 실험 결과와 동일한 것이었다).

- **사회적 비교**(social comparison) : 직장에서 일을 하면서 구성원들은 현재 자신이 얼마나 일을 잘하고 있다고 느끼는지, 그리고 얼마나 좋은 대우를 받고 있다고 생각되는지에 대해 평가를 해보게 된다. 그리고 이때 구성원들은 절대적인 측정치보다는, 동료의 평가결과에 비교해서 본인에 대해 생각해보는 경향이 있다. 월급으로 10,000달러를 받는 구성원은 동료가 9,500달러를 받는다는 것을 알게 되었을 때 기분이 더 좋을 것이다. 자신은 10,500달러를 받는데, 동료는 11,000달러를 받는다면 당연히 기분이 좋지 않을 것이다. 이와 같은 상황을 설명할 수 있는 기술적인 용어를 "사회적 비교"라고 한다. 대부분의 구성원들은 자신의 동료(인구학적, 문화적으로 유사한 특성을 가진)에 대해 지각한 결과와 항상 사회적인 비교를 한다는 사실을 인정하는 것은 중요한 일이다. 조직들은 이와 같은 현상을 긍정적으로 활용할 수 있다. 두 집단의 구성원들을 차별적으로 대우하고 싶다면, 의도적으로 집단간의 사회적 구분선을 명확히 하면 된다. 두 집단 구성원들의 접촉을 제한시킴으로써 가용성 편향을 강화시키는 것이다. 6장에서 장인 연합의 이야기를 다시 다루게 될텐데, 사회적 비교라는 문제를 해결하기 위해 영업직원과 다른 구성원들 사이에 사회적 구분을 하는 아이디어에 대해 가장 먼저 논해보도록 하겠다.
- **귀인 이론**(attribution theory) : 타인의 행동을 이해하려고 할 때, 우리는 그의 행동을 개인적인 특성에 귀인시키고, 앞

으로도 그 특성에 맞는 행동을 할 것이라고 예측한다. 이것이 바로 심리학자들이 '귀인 이론'이라고 부르는 것이다. 여기서 예를 한번 들어보자. 장인 연합의 어떤 구성원은 최고 경영진이 영업전문가를 고용하는 것을 보고, "최고 경영진은 조직의 미션을 정말 중요하게 생각하기 때문에, 외부의 도움을 얻어서 문제를 해결하려고 한다"라고 생각할 수 있다. 하지만 또 다른 구성원은 "최고 경영진이 그 사람들을 고용한 이유는 금전적인 성과를 크게 올리고 싶기 때문이지"라고 생각할 것이다. 물론 최고 경영진이 이 행동을 한 것은 두 번째보다는 첫 번째 이유일 것이다. 하지만 안타깝게도 그들의 좋은 의도는 명확히 전달되지 못했다.

- **정서적 반응**(emotional reactions) : 발생된 사건에 대해 정서적 반응을 하는 것은 인간이 가지고 있는 일반적 속성이다. 정서에 대해 지나치게 심각한 해석을 할 필요는 없지만, 어떤 의미를 가지고 있는지에 대해서는 이해할 필요가 있다. (1) 정서적 폭발(대부분의 경우, 곧바로 후회하긴 하지만)이 동료들에게 미칠 수 있는 장기적인 영향력을 간과하면 안 된다. 당신이 보스(또는 수퍼바이저)라면 혼란스러운 상황을 정리할 책임을 가지고 있다. (2) "어떤 사람이 편집증을 가지고 있다 해도, 사람들이 항상 그 사람을 잡으러 오는 것은 아니다"라는 속담을 기억해보자. 근거가 없는 정서적 반응과, 사실에 기반을 둔 정서적 반응을 구분할 필요가 있다. 후자의 경우, 정서적 폭발이 일

어난 이유를 파악하고 문제를 해결하려 노력해야 한다.

자기-지각 이론

밥(Bob)의 동료 한명이 — 그 사람의 이름을 빌(Bill)이라고 하자 — 앨리스가 지시한 과제를 제대로 하지 못하고 있다고 생각해보자. 밥의 생각에 빌은 "괜찮은 녀석"이고, 빌을 도와줄 수 있는 스킬을 자신이 가지고 있기 때문에, 야근을 해서 빌을 도와주었고 결국 빌의 과제는 무사히 완결될 수 있었다.

밥이 자신의 자유시간 중 많은 부분을 이 일을 하는 데에 썼다고 해보자.

자기-지각 이론(self-perception theory)에서는, 밥이 별다른 의도 없이 빌을 도와주었다고 한다면, 밥은 귀인 이론을 자신에게 적용해서, 나중에 스스로에게 "내가 왜 그랬더라?"라고 물어볼 거라고 주장한다. 몇 가지 설명이 가능할 것이다.

- "내가 좋아하는 문제풀이를 해볼 수 있는 과제였기 때문에 그 일을 했지."
- "빌이 정말 좋은 친구니까 그 일을 해준 거야. 빌이 앨리스와의 사이에서 문제가 생기는 것을 보고 싶지 않았거든."
- "내가 이번에 이 일을 해주면, 앞으로 내가 도움을 필요로 할 때 빌이 나를 도와줘야 한다는 의무감을 느낄 것 같았거든."

- "내가 이번에 이 일을 해주면 앨리스가 그걸 알아채고 나한테 더 좋은 평가를 해줘서, 연말에 더 많은 보너스를 받을 수 있을 것 같았어."

그 외에도 이 행동을 설명할 수 있는 방법은 여러가지 있을 것이다. 자기-지각 이론에 따르면, 핵심은 밥이 스스로에게 어떤 설명을 하든지 간에, 그 설명에 관련하여 자기자신에 대해 지각하는 바가 더 강해져서 추후의 행동에 영향을 미치게 된다는 것이다. 밥이 "빌이 정말 좋은 친구니까 그 일을 해준 거야. 빌이 앨리스와의 사이에서 문제가 생기는 것을 보고 싶지 않았거든"이라는 설명을 한다면, (스스로 지각하기에) 정말 좋은 친구를 돕기 위해 추후에도 자신의 시간과 에너지를 투자하게 될 것이다. 그게 아니라 밥이 "내가 이번에 이 일을 해주면 앨리스가 그걸 알아채고 나한테 더 좋은 평가를 해줘서, 연말에 더 많은 보너스를 받을 수 있을 것 같았어"라는 설명을 스스로에게 한다면, 더 많은 보너스를 받기 위해 앨리스에게 좋은 인상을 줄 수 있는 기회를 계속해서 찾게 될 가능성이 높아진다.

이제 다음 6장에서는 고용주로서의 당신이 자기-지각이라는 개념을 활용해서 구성원의 성과를 개선하는 과정을 살펴보고 자신이 사용하는 동기부여 전략에 대해 유의하지 않으면 자기-지각은 오히려 구성원들이 다른 방향으로 엇나가게 할 수 있다는 점에 대해 검토해보도록 하자.

6장

동기부여에 대한 심리학 이론들[1]

경제학자에게 "경제학 분야에서 구성원 동기부여에 대해 설명하는 이론은 어떤 것이 있습니까?"라는 질문을 한다면, 대부분의 경우 들을 수 있는 대답은 2장에서 설명했던 인센티브 이론일 것이다. 그리고 좋은 성과에 대한 보상은 금전만 있는 것은 아니지만 — 경제학을 기반으로 하는 많은 모델에서는 좋은 성과에 대한 보상으로서 승진에 초점을 맞추고 있다 —, 대부분의 사람들은 좋은 성과를 내면 돈을 더 많이 받을 수 있다는 생각을 많이 한다.

그 대신에 사회심리학자에게 동일한 질문을 해본다면, 구성원이 어떻게 생각하고, 무엇을 생각하고, 어떤 것에 대해 가치를 부여하는지에 대해 다양한 심리학적 설명을 해줄 수 있는 여러가지 이론들에 대한 답을 듣게 될 것이다. 6장에서는 다양한 이론들 중에서 한 가지를 골라 설명해보려고 한다. 하지만 우선 이 이론을 적용해볼 수 있는 이야기를 하나 해보도록 하자.

베스 이스라엘 병원과 전담간호

보스턴에 있는 베스 이스라엘 병원 — Beth Israel Hospital / BI : 베스 이스라엘은 1996년에 데콘네스(Deaconness) 병원과 합병을 해서, 베스 이스라엘 데콘네스 메디컬 센터(Beth Israel Deaconness Medical Center)가 되었다. 하지만 본문에서는 보다 간단하게 설명하기 위해, 합병전이나 합병후의 상황을 설명할 때 모두 "베스 이스라엘"이라는 이름을 사용하도록 하겠다 — 은 1970년대 중반부터 최근까지 전담간호(primary nursing)를 계속해서 해오고 있다. 전담간호제도는 1969년 미네소타 대학병원에서 소개되었고, 1975년 전후로 해서 일리노이(Illinois)의 에반스톤(Evanston) 병원과 베스 이스라엘 병원에서 전반적으로 활용되었다.[2]

베스 이스라엘에서 전담간호제를 실행하게 된 것은 이 병원의 CEO였던 미첼 랍킨(Mitchell Rabkin)의 결정 때문이었다. 그는 베스 이스라엘이 다른 병원들과, 특히 매사추세츠(Massachusetts) 종합병원과 차별화될 수 있는 방법을 찾고 있었다. 랍킨은 베스 이스라엘에서의 의학 연구를 업그레이드했지만, 그가 가져온 가장 규모가 크고 성공적이었던 변화는 전담간호제를 시작한 것이었다. 베스 이스라엘은 "환자-중심" 병원이라는 이미지를 갖게 되었기 때문이다. 랍킨은 조이스 클리포드(Joyce Clifford)를 고용해서 간호 행정가의 역할을 맡겼고, 간호사들이 의사를 위해 일하는 것이 아니라 의사와 동등한 동료관계에서 일할 수 있는 시스템을 개발할 수 있도록 모든 지원을 아끼지 않았다. 몇 년 후의 인터뷰에서 랍킨은 "인턴십 첫날, 간호사들이 특정 케이스에 대해서는 의사보다 더 많은 것을 알고 있다는 것을 깨달았습니다. 환자를 의사보다 훨씬 더 많이 보고 있으니까요."라고 말했고, 그 간호사들이 알고 있는 정보를 활용하고 싶다는 생각을 했다는 것을 언급했다.[3] 그리고 클리포드는 이와 같은 랍킨의 목표를 인식하고 그 계획을 실행하기 위한 도구로서 전담간호제가 적절하다고 생각했다.

전담간호라는 것에 대한 기본적인 아이디어는 간단하다. 병원의 모든 환자들은 자신을 전담으로 해주는 정규간호사(registered nurse/RN)을 배정받게 된다.

전담간호를 할 수 있을만큼 충분한 경력을 가진 시니어 간호사는 3명이나 4명의 환자에 대한 전담간호사가 된다. 전담간호사는 자신의(her : 나는 성차별주의자는 아니지만, 베스 이스라엘의 사례를 이야기할 때, 간호사에 대해서는 she/her를, 의사에 대해서는 he/his/him, 환자에 대해서는 he/she를 사용할 것이라는 양해를 구한다. 실제로 6장에서 다루는 대부분의 조직구성원들은 여성이라 she를 사용할 것이다) 환자에 대한 정보를 수집하고, 주도적으로 환자간호를 하며, 의사와의 소통을 조력하고, (환자가 궁금한 것이 있거나 위급상황이 발생했을 때) 항상(하루 24시간, 1주 7일 내내) 환자의 호출에 응하게 된다. 교대제가 운영되는 경우, 그리고 모든 간호 기능이 집중되어야 하지 않는 경우에는, 한 환자에 대한 전담간호사 역할을 여러 명이 맡을 수 있다. 메인 전담 간호사는 본인의 근무시간이 아닐 때 해야 할 일을 보조 간호사에게 알려주고, 그동안 있었던 일을 전달받을 수 있다. 환자의 동의를 받아야 할 부분에 대해 설명을 해야 할 때, 환자는 전담간호사와의 미팅을 가지게 될 것이다. 수술을 앞둔 환자가 외과의사, 마취과의사를 만나는 것과 마찬가지로 말이다. 예전에 한번 베스 이스라엘에 입원했던 환자가 다시 돌아오게 될때, 병원은 가능한 한 예전의 전담 간호사에게 배정받게 해주려 노력할 것이다.

기능적 간호 및 팀간호와 같은 시스템들을 한번 비교해보도록 하자. 기능적 간호(functional nursing)는 가장 전통적이고 계층적인 시스템이다. 각 층에는 수간호사(chief nurse)나 간호 관리자가 있어서 각 간호사들에게 과제를 부여해주고, 어떻게 간호를 할 것인지에 대한 결정(간호사가 판단을 하는 한도 내에서)의 책임을 지며, 의사에게 보고하는 일도 담당한다. 팀 간호 또한 계층적이라서, 각 팀에는 "팀리더 간호사"가 존재한다. 팀리더는 동료들과의 논의를 통해 결정을 내리며, 의사에게 정보를 제공하는 일도 담당한다.

(내가 이해하기에) 가장 큰 차이점이란, 기능적 간호에서는 한두 명의 간호사가 해당층에 있는 모든 환자들의 목욕을 담당하지만, 팀 간호에서는 한 층에 몇 개의 팀이 있고, 환자 1명에게는 한 팀이 배정되기 때문에, 팀 리더는 팀구성원들에게 담당 환자들을 위한 과제를 부여할 수 있게 되는 것인 듯하다.

베스 이스라엘에서 전담간호제가 처음 시작했을 때, 이 제도는 의사들의 반대에 부딪혔다. 의사들은 전담간호제가 (a) 간호사들에 대한 자신의 권위를 약화시킨다고 느꼈다. 특히 전담간호사가 자신에게 주도적으로 다가와서 제안을 할 때 말이다. (b) 그리고 전담간호제는 환자에 대한 정보를 얻는 과정을 복잡하게 만든다고 생각했다. 한 층을 담당하는 간호관리자와 이야기를 하거나, 몇 명의 팀리더들과 이야기하는 것까지는 괜찮지만, 각각의 환자를 담당하는 전담간호사와 모두 이야기를 해야 했으니까 말이다.

하지만 전담간호제의 성과는 매우 긍정적이어서 결국 베스 이스라엘의 의사들도 수용하게 되었다.

- 환자에 대한 정보를 얻기 위해 의사는 더 많은 간호사들과 이야기를 해야 했기 때문에, 정보의 질이 예전보다 훨씬 높아지게 되었다.
- 환자의 회복에 대한 성과도 좋아졌다. 환자에 대해 수집된 정보의 질이 올라가게 되었고, 간호사들도 자신이 제공하는 간호의 수준을 높이려는 동기수준이 높아졌기 때문이었다.
- 병원이 지출해야 하는 비용도 어느 정도 감소되었다. 간호과정에서 노력과 행동들이 중복되는 경우가 줄었기 때문이었다.
- 환자의 만족도도 매우 높았다. '서비스 엣지(The Service Ege)'에서 론 젬케(Ron Zemke)는 다음과 같은 표현을 하였다. "베스 이스라엘은 환자의 간호와 서비스에 흔하지 않은 초점을 맞추고 있다는 점에서 좋은 평판을 얻었다."

그리고 간호사들의 이직률도 낮아졌다. 많은 병원들에서 간호사의 부족 문제를 겪고 있던 시기에, 베스 이스라엘은 다른 병원으로부터 옮겨오고 싶다고 하는 간호사들의 신청을 받고 있었다. 또한 간호사들의 직무 만족도도 전반적으로 매우 많이 높아졌다. 랍킨은 환자에 대해 간호사가 얻게 되는 정보를 잘 활용하자는 생각으로 전담간호제를 시작하였다. 그는 이 목표를 달성하는 동시에, 베스 이스라엘의 시니어 정규간호사들의 동기수준을 높여서 특별한 인센티브 보상이 없더라도 업무 만족도를 느끼면서 진심을 다해 환자를 위한 노력을 하게 만들었다.

사실 인센티브에 대한 경제학 이론을 가지고 이와 같은 동기부여 효과를 설명하기란 쉽지 않다. 간호는 전형적인 유형 K의 일이다. 인센티브에 대한 경제학 이론에서는 간호기능이 멀티태스킹을 해야 하는 것이기 때문에 다양한 과제들 사이에서 균형을 잡아야 하는 수간호사들에게 인센티브를 제공하는 것은 쉽지 않다고 주장할 것이다. 경제학자들 중에서는 한 명의 간호사가 더 적은 과제를 일관적으로 수행할 수 있는 기능적 간호가 더 바람직하다고 주장할 수도 있을 것이다. 따라서, 동기부여 면에서 전담간호가 효과를 거둔 이유를 설명하려면, 인지심리학과 사회심리학에 기반을 둔 동기부여 이론을 검토해서 또 다른 설명을 찾을 수 있을지를 보는 것이 좋겠다.

경제학의 인센티브 이론과 비교했을 때, 심리학은 다양한 동기부여 이론들을 제공하고 있다는 사실부터 다시 한번 기억하고 가도록 하자. 6장에서는 그중에서 가장 우수하고 실용적인 몇 가지 이론들에 대해 간단한 설명을 제공하고자 한다.

여기에서 소개하는 동기부여 이론이 모든 것을 설명해주는 것은 아니고, 사회심리학 이론에서도 다양한 방법으로 동기부여의 원리에 대해 제시하고 있다. 한 가지의 상황을 설명하는 데 있어서 단 하나의 이론만 가능한 것이 아니라는 사실을 기억하는 것도 중요한 일이다. 하나의 특정한 상황에 적용할 수 있는 이론은 적어도 한 가지 이상이 될 수 있다(베스 이스라엘 병원과 전담간호제에서 보겠지만, 동기부여 면에서 성공을 거둘 수 있었던 이유를 이해할 수 있게 해줄 이론은 적어도 두 가지 이상이 될 것이다).

한 가지 이상의 이론을 적용할 때, 그 이론들은 서로 상호보완이 되는 경우가 많다. 사람들이 행동을 하는 방법과 이유에 대해 각각 다양한 설명을 하고 있고, 그 사람들에 대해 어떤 적절한 "심리학적 조력"을 할 것인지에 대해 다양한 제안을 하고 있기 때문이다. 하지만 그 이론들이 지향하는 방향은 동일하다. 한 이론이 제시하는 방법은 다른 이론이 제시하는 방법의 영향력을 더 강화시켜 줄 것이다(베스 이스라엘 사례에서도 마찬가지이다). 물론 어떤 때에는 각 이론이 전혀 겹치는 내용이 없기도 하고, 서로 논쟁을 할만한 설명을 제시하거나, 아예 상충되는 방법을 제안하기도 한다.

이와 같이 동기부여 이론이 다양하게 존재한다는 것은(2장과 4장에서 제시했던 경제학 이론까지 합치면 더 많아지겠지만), 현장 실무자로서의 당신이 그중에서 적절한 조력도구를 찾아내야 하는 어려운 작업을 해야 한다는 것을 의미한다. 결코 쉽지는 않을 것이다. 하지만 (내가 하나의 특정한 상황에 적용할 수 있는 프레임워크를 다양하게 제시했을 때 MBA 학생들에게 이야기했듯이), 당신이 높은 연봉을 받는 이유가 바로 그것이다.

기대유인가 이론

기대유인가 이론(expectancy theory)에서는 구성원이 자신의 행동을 결정할 때 세 가지 차원을 의식적으로 고려한다고 주장한다.

- **기대**(expectancy) : 특정한 행동이 관리자가 원한다고 생각하는 성과를 만들어낼 가능성은 어느 정도인가
- **도구성**(instrumentality) : 자신이 지각한 관리자의 기대를 충족시킬 때, 스스로에 대한 보상이 주어질 가능성은 어느 정도인가
- **유인가**(valence) : 자기자신은 그 보상에 대해 어느 정도의 가치를 두고 있는가

이 이론은 다음과 같은 예측을 한다. 구성원은 가장 큰 가치를 두고 있는 보상을 받을 가능성을 극대화시켜주는 행동을 선택하게 될 거라고 말이다. 기대 이론의 어떤 버전에서는, 두 가지 가능성의 결과를 — 관리자가 기대하는 성과를 만들어낼 가능성 × 그 행동에 대해 관리자가 보상을 해줄 가능성 —, 보상에 대한 가치와 곱하게 되면 동기수준을 알 수 있다고 더 명확하게 이야기하기도 한다. 하지만 그렇게까지 공식적이거나 엄격하게 이야기할 필요는 없을 것 같다. 이 이론이 핵심적으로 주장하는 점은, 구성원은 관리자가 기대한다고 지각한 것을 만들어낼 가능성이 높은 행동을 하고, 보상받을 가능성이 높다고 믿는 행동을 하며, 스스로에게 더 높은 가치가 있는 보상을 받을 가능성이 높은 행동을 한다는 것이다.

여기에서 관리자가 얻을 수 있는 교훈은 무엇일까?

- 나는 이 설명을 하는 데 있어서 의도적으로 "구성원이 지각한 것", "구성원이 믿는 것", "구성원에게 가치있는 것"

이라는 표현을 사용하였다. 관리자의 입장에서 명료한 메시지를 전달하는 것이 얼마나 중요한가를 강조하기 위해서이다. 관리자가 기대하는 것은 어떤 것인가, 관리자가 구성원의 성과를 어떻게 판단할 것인가, 구성원이 좋은 성과를 낼 때 구성원이 받게 될 보상은 무엇이 될 것인가에 대해 명확하고 투명하게 전달하게 되면, 기대와 도구성의 수준을 높여주게 되며, 결국 관리자가 바라는 행동에 대한 동기수준을 높아질 수밖에 없다.

- 물론, 이 전제에서 구성원은 자신이 관리자가 기대하는 성과를 달성할 능력이 있다고 믿어야 한다. 특정 행동을 할 수 있는 능력을 갖춰야 한다는 것을 의미하기도 한다.
- 그리고 제공되는 보상은 반드시 구성원이 가치를 두고 있는 것이어야 한다. 따라서 관리자는 구성원이 가치를 두고 있는 것이 무엇인지를 파악해야 한다. (대부분의 경우) 구성원들은 공정성이나 사회적 비교를 중요시하기 때문에, 관리자는 이와 같은 사실을 잘 숙지하고 그에 따라 보상의 형태를 효과적으로 구성할 필요가 있다.

트레이시 키더(Tracy Kidder)의 고전적인 책, 『새로운 기계의 영혼』(*The soul of a new machine*)에서는 기대유인가 이론의 실례를 보여주고 있다. 경영에 대해 관심이 있는 사람이라면 누구든지 읽어봐야 할 이 책에서는 더 이상 존재하지 않는 회사, 데이터 제너럴(Data General)의 몇몇 엔지니어들이 새로운 미니컴퓨터를 개발하는 문제에 대해 다루었다. 새로운 컴퓨터를 설계하는 작업 — 하드웨어와 운영체제인 마이크로 코드를 모두 설계 — 을 담당했던 젊은 엔지니어들은 때로는 에어컨이 고장나기도 하는 매사추세츠(Massachusetts)에 있는 사무실에서 여름내내 항상 저녁 늦게까지 일을 했었다. 이렇게 어려운 상황에서도 열심히 일을 했던 이유는, 조금만 있으면 시장에 내놓을 기계가 완성될 거라고 믿었기 때문이었다(기대). 바로 그것이 경영진이 원하는 것이라는 확신도 있었다. 성공하기만 한다면 또 다른 새로운 기계를 담당하게 될 거라는 믿음도 있었다(도구성). 키더는 이를 "핀볼 효과(pinball effects)"라고 불렀다. 그리고 엔지니어들은 새로운 기계 과제를 담당하게 될 기회를 가지게 되는 것에 대해 가치를 두고 있었다(유인가).

마지막 단계를 제외하고는 모든 것이 말이 된다. 이 엔지니어들은 자발적으로 매일 아주 늦은 시간까지 비슷한 환경에서 일을 하고 있었다. 그러한 일에 대해 엔지니어들이 가치를 둔 이유는 무엇이었을까? 답을 찾기 위해서는 6장의 뒷부분에서 논의될 상호보완성 이론(complementary theory) — 자기-지각 이론 — 이 도움이 될 것이다.

기대유인가 이론은 다양한 심리학 이론들 중에서 인센티브에 대한 경제학 이론에 가장 가까울 것이다. 구성원은 의식적으로 경영진의 목표와, 경영진이 관찰가능한 성과라고 생각되는 것이 무엇인지를 고려하는 동시에, 성공적으로 성과를 내었을 때 자신이 받게 될 보상의 가치에 대해서도 생각한다. 인센티브 이론의 설명에 따르면, 구성원은 이와 같은 "계산작업"을 하게 된다고 한다. 하지만 인센티브 이론에서는, 구성원이 경영진과의 “협상” 내용에 대해 완벽하게 이해하고 있다는 전제를 하고 있으며, 효율적인 위험공유와 동기부여 간의 트레이드-오프에 주로 초점을 맞춘다. 대신에 기대유인가 이론은 구성원이 자신이 처한 상황에 대해 이해하고 있는지의 여부, 그리고 그 이해의 정도, 고용주가 구성원의 지각과 가치에 대해 얼마나 잘 이해하고 있는지에 대해 더 많은 관심을 가지고 있다.

목표설정 이론

목표설정 이론(goal-setting theory)에 따르면, 구성원은 자신을 위해 설정된(경영진이나 자기자신에 의해) 목표를 달성하고자 하는 동기가 있다고 한다. 기대유인가 이론의 용어를 사용해본다면 “목표를 달성하는 것 자체가 보상이다”라고 말할 수 있겠다.

목표설정 이론은 효과적인 목표의 조건은 다음과 같아야 한다고 주장한다.

- **구체성**(specific) : 모호하면 안 된다.
- **측정가능성**(measurable) : 구성원은 자신이 목표를 달성했을 때 바로 알 수 있어야 하며, 목표에 도달하기 위해 거쳐왔던 발전과정들을 측정할 수 있어야 한다.
- **달성가능성**(achievable) : 구성원은 자신이 그 목표를 성취할 수 있을 거라는 지각을 해야 한다.

- **적절성과 타당성**(relevant and legitimate) : 구성원은 목표가 달성할 만한 중요성을 가지고 있다는 지각을 해야 한다.
- **기간의 명확성**(time—bound) : 구성원은 일을 시작할 때 "터널의 가장 마지막 부분에 있는 빛"을 볼 수 있어야 한다(제한기간을 명확히 알 수 있어야 한다).

문헌자료들에서는 이 조건들의 첫글자를 따서 SMART(Specific, Measurable, Achievable, Relevant, Time-bound)라고 부른다. 목표설정은 목표가 SMART할때(오직 그때에만) 효과적인 동기부여 도구가 될 수 있다.

그리고 목표는 다소 도전적인 성격을 가지고 있어야 한다. 달성가능성은 SMART 조건의 한 요소이다. 하지만 반대로 생각해보았을 때, 거의 노력이 필요없는 목표라고 하면 달성했을 때 성취감이나 만족감을 주기가 힘들고, 동기수준도 높아지기가 어렵다.

유형 K의 일에서 SMART하며 도전적인 목표를 설정하게 되면 동기부여의 가능성이 높아지긴 하겠지만, 성과급 제도에서 살펴보았던 많은 문제점들이 다시 나타나게 된다. 구성원의 일에 다양한 과제들이 포함되어 있다면, 모든 과제를 포괄하는 하나의 목표를 설정할 것인가, 아니면 한 과제당 하나의 목표를 세워 목표세트를 구성할 것인가? 구성원은 다양한 과제들에 대해 자신의 시간을 어떻게 배정할 것인가? 각 과제마다 다른 목표를 설정한다고 생각해보자. 성취감이나 만족감이 보상으로 설정되어 있다면, 구성원은 가장 신속하게 성공을 거둘 가능성이 높은 목표들에 대부분의 시간을 쓰지 않을까? 또는 어느 하나의 목표도 실패를 하지 않도록 유의하는 데에 동기수준이 더 높아지지 않을까? 다른 과제들보다 특정 과제에서 성공을 거두는 것이 특정 구성원에게 내면적 만족감을 더 많이 준다면 어떨까? 그래서, 어쩌면 다양한 과제들의 측정가능한 성과들을 섞어서 단일 목표를 수립하는 것이 더 나을지도 모른다. 하지만 성과급제도에서의 멀티태스킹에 대해 논의해보았듯이, 어떤 과제의 성과는 쉽게 측정가능한 반면, 다른 과제의 성과는 측정이 어렵다면 어떡할까? 그리고 유형 K 일에서의 성공은 창의성을 요구하는 경우가 많은데, 과제가 완료될 때를 명확하게 파악하기가 애매하다면 구체적인 목표를 어떻게 수립할 것인가?

두 가지 전혀 다른 과제를 함께 해야 하는 상황을 상상해보자. 한 유형의 과제에서, 조직은 구성원이 실패의 위험을 감수하고서라도 성공을 향해 나아가기를 기대한다. 왜냐하면, 실패를 하게 되더라도 조직은 그다지 신경쓰지 않고 개인구성원이 멋진 성공을 거두는 것에 더 의미를 두기 때문이다. 이와 같은 과제를 스타 과제(star tasks)라고 부른다. 예를 들어 제약회사에서 일하는 연구자를 한번 생각해보자. 새로운 약을 찾아내지 못하는 것은 큰 그림으로 보았을 때 조직에게 그다지 큰 금전적 손해를 미치지 않지만, 대단한 약을 한번 만들어내게 되면 조직에게 엄청나게 큰 이득을 안겨주게 된다. 또 다른 유형의 과제가 가지는 목표는 실수나 실패를 피하는 것이다. 왜냐하면, 실패를 하게 되면 조직에게 엄청난 수준의 금전적 손해를 입히기 때문이다.

이와 같은 과제를 가디언 과제(guardian tasks)라고 부른다. 원유(crude oil)를 실어나르는 대형 선박의 선장을 떠올려보자. 창고에 도착하기까지의 시간을 줄이게 되면 회사에 이득이 되기는 하겠지만, 재난수준의 원유 유출이 생길 경우 회사에 미칠 손해의 정도는 어마어마해진다. 조직의 시각에서 보았을 때, 도착시간을 빠르게 하기 위해 원유유출과 같은 위험을 감수하는 것은 매우 좋지 않은 도박인 것이다.

여기에서 중요한 문제는, "두 가지 유형의 과제를 모두 수행해야 하는 구성원을 위해 당신은 어떻게 목표를 설정해줄 것인가?"이다. 대단한 성공을 거두는 것을 목표로 삼을 때, 거기에서 오는 만족감을 얻게 하는 것은 매우 좋은 동기부여방법이 될 것이다. 의미있는 성공에서 오는 심리적 만족감은, 표면적인 부분만을 강조하는 목표가 없을 때 생길 수 있다. SMART 조건 중 '달성가능성' 요소는 이런 상황에서는 충족시키기가 쉽지 않다. 그리고 실패를 피하는 것이 가능하더라도, 심리적 만족감의 정도는 더 낮아질 수 있다. 스타 과제와 가디언 과제가 섞여 있는 과제의 경우, 목표 수립은 매우 어려워 질 것이다.

목표 수립은 SMART의 조건을 맞출 수 있다면 매우 바람직하고 파워풀한 동기부여 도구가 될 수 있다. 물론 도전과제가 있지만 말이다. 하지만 유형 K의 일에 대해서는 그다지 적절하지 않다고 말하고 싶다.

공정성 이론

공정성 이론(equity theory)에서는, 모든 사람들은 — 특히 조직구성원들 — 모든 일들이 공정하게 진행되는 것을 보고 싶은 욕구를 선천적으로 가지고 있다는 것을 전제로 한다. 조직구성원들의 상황에 대해 이 이론에서는 이렇게 설명을 한다. 구성원은 자신이 조직에 대해 어떤 기여를 했고, 어떤 보상을 받았는지를 관찰하고, 조직내 다른 사람이 자신과 동일한 성과를 냈을 때 동일한 보상을 받았는지에 대해 비교해본다. 특히, 자연스럽게 사회적 비교를 해보게 되는 동료들에게 말이다.

자신의 기여에 대한 보상의 정도가 동료가 받은 것에 비해 눈에 띄게 적다고 느끼게 된다면, 당연히 사기가 저하될 것이다. 또 기여한 바에 비해 자신이 보상받은 것이 다른 사람보다 월등하게 높다고 생각이 되어도 역시 동기수준은 낮아지게 된다(또는 재구조화가 시작될 수도 있다. 이후에 다시 설명하도록 하겠다). 공정성 이론에서는, 사람들은 자신의 기여에 비해 보상을 받는 정도가 불공정하다고 생각되는 때(자신이 아니라 다른 사람의 경우를 포함해서) 언제나 사기저하가 된다고 이야기한다.

일터에 공정성 이론을 적용할 수 있는 교과서적인 사례(앞으로 발간될 교과서들에는 반드시 실릴 거라 확신한다)로는 시애틀(Seattle)의 그래비티 페이먼츠(Gravity Payments)를 들 수 있을 것이다. 이 회사의 창립자이자 CEO, 최대 주주인 댄 프라이스(Dan Price)는 2015년 4월, 회사의 모든 구성원의 최저임금 수준을 (3년 이내에)

70,000달러까지 올리겠다는 발표를 하였다. 뉴욕타임스(New York Times)[4]의 기사에 따르면, 이 발표에 대한 반응은 전반적으로 긍정적이었지만, 가장 생산성이 높은 구성원들의 대부분은 그다지 열정적인 반응을 하지 않았다. 타임스의 기사 문구는 다음과 같았다. "프라이스씨가 가장 아끼던 구성원 두 명이 퇴사하였다. 가장 오랫동안 일했던 스탭은 거의 연봉인상이 없거나 아주 적은 수준의 연봉인상을 받게 되는 반면, 신입직원들의 연봉은 거의 2배가 된다는 것은 불공정하다는 이유 때문이었다." 메이시 맥매스터(Maisey McMaster) 직원은 이렇게 말하기도 했다. "프라이스씨는 기술도 가장 부족하고 일을 할 준비도 가장 적게 되어 있는 사람들에게 연봉을 인상시켜주었고, 가장 일을 많이 하고 있는 사람들에게는 정말 적은 혜택만 주었다." 이와 같이 이야기를 하면서 이기적이라고 비난을 받기도 했고, 이미 많이 지쳐 있는 상태였기 때문에 그녀는 조직을 떠났다. 이와 같은 불만이 고연봉자들에게만 나타난 것은 아니었다. 뉴욕타임스 기사에서는 낮은 연봉을 받고 있는 다른 구성원의 이야기도 언급했다. "이제 사람들은 별 생각 없이 출근하고 퇴근하는 행동을 반복해요. 물론 나도 그렇구요…. 이번 일 때문에 고성과자들도 동기수준이 낮은 일반 팀구성원이 되어 버렸어요."

마지막 말은 다음과 같았다. "내가 일을 잘할 필요가 있을까요? … 그럴 필요는 없다고 생각해요."(그래비티 페이먼츠에 대한 내용을 쓰고 있는 중에, 프라이스 사장이 왜 최저임금수준을 70,000달러로 올렸는지에 대한 혐의가 제기되었다. 토드 비숍(Todd Bishop)은 "그래비티 페이먼츠는 현재 금융사기에 대한 새로운 고발에 대해 대응하고 있다"는 기사를 썼다(Geekwire, 2016.

02. 01). 지금 진행이 되는 이야기이기 때문에, 어떻게 될지는 끝까지 봐야 알 것 같다. 독자들이 인터넷을 통해 진행과정을 확인하기 바란다.)

공정성 이론에서, 중요한 것은 자신의 기여에 대한 보상의 비율에 대해 각 개인이 어떻게 지각하는가의 문제이다. 사람들은 보상과 기여를 정의하고 측정하는 데 있어서 나름대로의 기준을 가지고 있다. 이와 같은 다양성 때문에, 불공정성에 대한 지각이 사람마다 다르게 되는 것이다. 예를 들어보자. 학교의 회계사이면서 교수직을 함께 하는 경우에는 경제학이나 마케팅 교수들보다 꽤 좋은 보수를 받는다. 하지만 그 교수들과 마찬가지로, 학생들을 가르치고 연구를 하는 거의 동일한 일을 한다. 경제학 교수와 마케팅 담당 교수들은 이 상황에 대해 어느 정도 불편해할 것이다. 하지만 회계사가 수업을 병행하는 것은 가치가 있는 일인 동시에 매우 부담스럽고 힘든 일이라는 생각을 교수들도 하고 있다. 회계학 교수들의 기여에 대한 인식이 높기 때문에, 그들의 기여에 대한 보상 비율이 높다고 해도 수용이 되는 것이다.

구성원들이 불공정한 상황을 인식하게 되면, 단순히 의욕이 꺾이는 것을 넘어서서 부정적인 쪽으로 의욕수준이 올라간다. 공금을 조금씩 빼돌리거나 경비계산을 설렁설렁 하게 되는 쪽으로 말이다. 불공정한 수준에서 제대로 보상받지 못한다고 지각하는 경우, 사기저하가 되어 자신의 기여도를 감소시키거나, 불법적인 수단으로 자신의 보상수준을 올리려고 하게 되는 것이다.

중요한 것은 각 개인이 어떻게 지각하느냐의 문제이고, 그 지각은 매우 주관적이기 때문에, 이와 같은 개인 지각이 불공정성에 대한 느낌을 누그러뜨리기보다는 강화시키는 경우를 고용주들은 종종 보게 된다. 어떤 조직에서 교육, 근무연수, 다른 사회적 특성이 유사한 구성원들이 각자 다른 과제를 담당하는 경우를 상상해보자. 예를 들어서, 제퍼社의 밥(Bob)이 실제 건설 작업을 하는 현지인 팀을 관리할 주 책임을 가지고 있는데, 밥과 동일한 시기에 입사를 한 칼(Carl)은 고객만족도를 유지하기 위한 일을 하도록 앨리스의 지시를 받은 것 같이 말이다. 칼은 현장팀을 지휘하는 것은 누구든지 할 수 있지만, 고객만족도를 관리하는 데에는 섬세한 정치적 스킬이 필요하다고 생각한다. 이제 앨리스는 밥과 칼의 "기여도"에 기반하여 연말 보너스 액수를 결정해야 하는 시기가 되었다. 앨리스가 어떤 판단을 내리든 간에, 밥이나 칼 둘 중의 한 명은 상대방이 받은 보상보다 자신이 적게 받는다고 생각하게 될 것이다. 동일한 액수의 보너스를 받더라도 마찬가지이다.

노력과 성취간의 차이에 대한 현상을 또 다른 사례를 통해 이해해보도록 하자. 앤(Ann)은 빌(Bill)보다 더 높은 수준의 스킬을 가지고 있기 때문에 (성과물의 양과 질을 평가해보면) 적은 노력만 해도(조직구성원의 경우, 업무에 들이는 시간) 더 많은 기여를 할 수 있다. 앤과 빌에게 동일한 보상을 한다면, 앤은 자신의 기여도가 빌보다 높다고 생각하기 때문에 제대로 된 보상을 받지 못했다고 느낄 것이다. 그리고 마찬가지로 빌도 매우 많은 노력을 하고 있다고 생각하기 때문에 충분한 보상을 받지 못한다고 느낀다. 어떻게 하면 이 문제를 해결할 수 있을까?

그래비티 페이먼츠 사례로 돌아가서 생각해보면, CEO가 최저임금수준 인상을 발표했을 때 구성원들로부터 전반적으로 긍정적인 반응('손해보다는 이익이다'라고 생각)이 나왔던 이유는, 보상 피라미드의 하위층에 위치한 구성원들은 더 좋은 보상을 받고 있는 구성원들만큼 열심히 일하고 있다고 생각했기 때문일 것이다. 이 발표 때문에 그들은 조직에 대한 기여도를 높이고 싶다는 동기부여가 되었을 수 있다. 신문기사에서 언급한 불공정성에 대한 느낌은, 노력이 아니라 성취에 대한 자신의 지각에 초점을 맞춘 구성원들에서 나왔을 것이다.

앤과 빌이 모두 영업직원이라고 해보자. 특정 기간 동안 두 사람이 일했던 시간은 동일하지만, 앤이 빌보다 더 좋은 영업실적을 올렸다고 말이다. 앤은 자신의 스킬이 좋아서 그렇게 된 것이라고 생각하겠지만, 빌은 앤이 운좋게도 좋은 고객을 배정받았다고 생각할 가능성이 높다.

마지막으로, 이 주제에 대해 너무 세부적인 이야기까지 하고 있는 기분은 들지만, 성과급제도를 기본으로 하여 기본급을 올려주는 시스템을 한번 생각해보자. 1년 동안 뛰어나게 우수한 성과를 만들어낸 구성원의 기본급이 10% 인상되고, 그 다음으로 우수한 구성원이 6% 인상을, 평균 구성원은 3% 인상을 받고, 저성과자는(해고되지 않는다면) 1% 인상을 받는다. 여기에서의 문제는 다음 해의 인상 때의 기본급이 이때 결정된다는 것이다. 자, 이제 앤과 빌이 동일한 시기에 동일한 업무를 하는 역할에 고용되었다고 생각해보자. 처음에는 동일한 수준의 성과를 올렸지만 2년째가 되자 앤의 실적이 빌의 실적 수준을 넘어서기 시작했다. 첫해에는 동일한 수준으로 기본급이 인상되었지만, 2년째에는 앤이 받게 되는 금액이 빌보다 높아졌다(사실 그 차이는 크지 않았다). 빌은 자신의 기여도에 비해 받은 보상의 정도가 적절한지 생각해보고, 또 앤의 경우도 비교해보면서, 매우 불공정한 상황이 벌어졌다고 느끼게 되었다. 빌은 조직을 위해 충분히 일을 열심히 했고 좋은 결과를 만들어냈는데, 앤은 2년째가 되면서부터 자신보다 더 많은 돈을 벌게 된 것이다(스탠포드 경영대학원은 성과급 제도에 기반하여 연봉 인상을 하고 있다. 시니어 부학장이 되면서부터(교수들이 연봉에 대해 불평하는 것을 들어줘야 하는 일이 포함됨), 나는 앤과 빌의 이야기가 그냥 꾸며낸 사례가 아니라는 것을 확신하게 되었다. 성과급 제도가 가져온 불이익에 대해서는 다음의 자료를 참고하기 바란다(Baron & Kreps, *Strategic Human Resources : Frameworks for General Managers*, New York : Wiley, 1999, pp. 258-61).

모두에게 어려운 상황이다. 구성원들은 불공정하다는 생각을 하게 되면서 의욕이 꺾이고, 고용주인 당신은 중요한 의미를 가진 구성원의 마음을 알게 되면서 상황을 올바르게 만들기 위해 힘든 상황을 견뎌내야 한다. 도대체 어떻게 하는 것이 좋을까?

심리학에서는 세 가지 방법을 제안하고 있다. 첫 번째 방법은 분배공정성(distributional fairness)과 절차공정성(procedural fairness) 간의 차이에 기반하고 있다. 지금까지 우리가 논의해왔던 것은 핵심적으로는 분배공정성이다. 구성원은 자신의 보상이 어떻게 결정되었는지에 대해서는 그다지 관심이 없고, 자신의 기여도에 대해 보상이 충분한지에 초점을 맞추고, 자신의 보상율과 동료의 보상율을 비교한다. 절차공정성이란 보상액이 결정되는 과정에 대한 것이다. 구성원이 보기에 그 절차는 기본적으로 공정하고 적법한가? (가끔씩은 분배상 불공정한 결과를 낳더라도) 구성원들에게 공정하고 적법하다고 인식될 수 있을만한 보상결정절차를 만들어낼 수 있다면, 결과 자체가 아니라 과정에 대해 구성원이 관심을 가질 수 있도록 할 수 있다면, 분배상 불공정하다는 느낌을 완화시킬 수 있을 것이다. 만약 당신의 조직이 이직률이 낮고 장기근속직원이 가치있게 대우받는 곳이라면, (그 방법이 적법하다고 인정되는 한) 종신재직권(tenure)이라는 보상을 주는 것은 효과적일 수 있다. (이 방법을 사용한다면, 종신재직권의 적법성을 상징적으로 강화하는 것이 좋을 것이다. 예를 들어, 종신재직권을 얻게 된 사실에 대해 공식적으로 발표하고, 이 사업의 성공에 있어서 "선구자"가 얼마나 중요한 역할을 했는지에 대한 이야기를 하는 것도 도움이 될 것이다.)

절차공정성에 대한 느낌을 가질 수 있게 해주는(또는 가질 수 없게 해주는) 한 가지 중요한 요소는, 보상이 결정되는 과정에 대한 투명성이다. 연말 보너스를 줄 때, 자신이 얼마나 받는지에 대해 동료들과 이야기하지 말라고 주의를 주는 조직이 있다고 해보자. 이와 같은 주의행동은 그다지 효과적이지 않다. 혹 효과가 있다 하더라도, 구성원들은 이렇게 자문해볼 것이다. "회사에서는 도대체 뭘 숨기려고 하는 거지?" 그렇다고 해서 각 구성원이 어느 정도의 보너스를 받는지 반드시 공표해야 한다는 것은 아니다. 연말 보너스를 줄 때, 구성원들은 당연히 보상의 분배에 대해 관심을 갖게 된다. 하지만 (당신이 생각하기에, 그리고 구성원들도 같은 생각을 해줄 거라 믿고 있는) 적법하고 공정한 프로세스를 가지고 있다면, 그 프로세스가 얼마나 좋은지에 대해 공식적으로 설명하고("우리 회사에서는 일이 어떻게 처리되고 있는지에 대해 항상 솔직하게 우리에게 이야기를 해주지") 분배액 자체가 아니라 프로세스에 대해 구성원들이 관심을 가지도록 해줄 수 있다.

둘째, 공정성을 평가하기 위해서는, 동료들이 활용하는 비교세트(comparison set)에 영향력을 미치기 위한 시도를 해볼 수 있다. 다양한 구성원들에게 다양한 보상을 하게 되는 상황이라면, (실제이든 상징적이든) 한 종류의 보상을 받는 대상과 또 다른 종류의 보상을 받는 대상그룹을 구분하기 위한 과정을 만드는 것이 효과적일 때가 있다. (장인 연합의 사례에 대해 나중에 이야기를 할 때, 어떻게 할 수 있을지에 대해 설명하도록 하겠다.)

셋째, 보상이라는 것은 기본적으로 금전적인 것이지만, 조직이 제공할 수 있는 다른 "좋은 것들"까지 확장 가능하다. 5장에서 제시했던 설문조사 결과를 떠올려보도록 하자.

자기-결정 이론

지금까지 살펴봤던 이론들에서, 동기는 '외부적' 자극에 연결되어 있는 경우가 많았다. 기대유인가 이론에서, 구성원은 조직이 기대한다고 (스스로 생각하는) 행동을 의식적으로 선택하고, 자신이 가치를 두고 있는 보상을 조직에서 받게 된다. 목표-설정 이론에서, 각 개인은 자기자신의 목표를 스스로 설정할 수 있지만, 내가 생각하는 고용-맥락에서는, 경영진이 구성원을 위한 목표를 설정하게 된다. 공정성 이론에서, 각 개인 구성원은 조직이 제공하는 보상에 대해 반응해서, 조직에 대해 기여하는 모습을 보인다.

하지만 자기-결정 이론(self-deterination theory)에서는, 각 개인의 내면에 있는 동기에 관심을 가진다. 외부적인 보상이나 자극이 없을 때에도, 자신이 하고 싶다면 특정한 방향으로 행동을 하게 된다. 이 이론의 주장에 따르면, 구성원은 다음의 변인들이 커질 경우, 스스로 동기부여를 더 많이 하게 된다고 한다.

1. 자기자신의 행동을 통제할 수 있는 자율성(autonomy)
2. 결과를 통제하고 현재 업무에 숙달될 수 있는 유능성(competence)을 얻고 행사할 수 있는 기회
3. 주위 사람들과 상호작용하고, 연계성을 강화하고, 서로 도움을 주고받는 관계성(relatedness)을 높일 수 있는 능력
4. 중요성과 가치가 높은 과제를 수행하고 있다는 생각을 가지는 목적성(purpose)

따라서 경영진이 내재적 동기를 강화함으로써 성과수준을 높이려면, 구성원의 자율성을 증진하고, 구성원이 스킬을 갈고 닦아서 유능성을 표현할 수 있는 기회를 더 많이 주어야 한다. 같은 집단에 “소속되어 있고” 서로를 “도와줄 수 있다”는 느낌을 강화하고, 누군가 일을 잘했을 때에는 주위에 널리 알려주어야 한다. 또, 규모가 더 크고 사회적으로 적절한 목표에 대해 각 구성원이 노력을 기울일 수 있도록 조력해주어야 한다.

그리고 가능한 범위내에서, 고용주는 이 동기부여 변인들을 방해하지 않을 수 있는 방법을 찾아야 한다. 구성원이 유능성을 획득하고 표현하도록 하기 위해 자율성을 감소시키거나 기회를 줄이지 말아야 한다. 구성원에게 동기부여를 할 수 있는 가장 효과적인 방법은, 대부분의 경우 사기저하를 시키는 변인을 없애서, 내재적 동기가 제대로 기능하도록 해주는 것이다.

멀티태스킹의 상황에서 생기는 인센티브 시스템의 문제점, 그리고 인센티브에 대한 외부 환경적 문제를 생각해보면 내재적 동기는 제대로 활용만 가능하다면 만능 열쇠인 것같이 보일 수도 있다. 조직구성원은 자기 혼자서도 옳은 일을 제대로 할 수 있는 것이다.

물론, 이렇게 말한 것 같이 모든 상황이 간단하지는 않다. 1장에서 논의했던 내용을 떠올려보면, 동기에는 구성원의 관심을 고용주의 관심과 일치시켜서, 어떤 행동을 할지에 대해 가장 최적의 판단을 내리는 과정이 포함된다. 이는 고용주가 구성원에게 자율성을 부여해야 한다는 자기-결정 이론의 내용과 일치한다.

하지만 모든 상황이 이론과 일치하는 것은 아니다. 내재적으로 동기부여가 된 구성원은 자신이 내면적 동기를 많이 가지고 있는 일을 하는 데 있어서 — 이것이 바로 동의어 반복이다 — 동기수준이 높다. 그것이 조직이 자신에게 기대하는 것이든 아니든 말이다. 구성원의 내재적 동기가 조직의 기대와 일치하는 상황이 가장 최적의 맥락이다.

하지만 그건 우리의 희망사항이다. 내재적 동기수준을 높이는 핵심적인 방법은, 조직이 가치를 두는 행동과 구성원의 내재적 동기에 기반한 행동이 일치되는 경우를 만들어낼 방법과 도구를 찾아내는 것이다.

그리고, 자기-결정 이론에서 언급했던, 목적성을 통해 유능성을 강화하는 것을 잊으면 안 된다. 구성원이 일에 대해 최고 많은 에너지를 투입하고자 하는 자기-동기부여수준을 높이는 데에 긍정적인 영향력을 줄 수 있는 것은 "일"의 속성인 것이다.

자기-지각 이론

5장에서 설명했던 자기-지각 이론(self-perception theory)을 기억해보자. 다시 한번 정리해보면, 앞으로 우리가 할 행동을 이끌어내는 것은 회고적 타당화(retrospective justification) 과정이다. 사람들은 명료하게 목표를 정리하지 않은 상태에서도 행동을 하는 경우가 많다. 행동을 한 후에, 사람들은 왜 자신이 그렇게 행동을 했는지를 설명해 줄 수 있는 "이야기"를 찾게 되고, 그때 선택한 이야기는 미래의 행동에 영향을 미치게 된다. 예를 들어서, 자신이 관심을 가지고 있는 사회적 목표를 위해 일을 했다는 이야기를 타당화하기 위해 노력하고 있는 사람이라면, 그 사람의 미래 행동은 사회적 목표에 대한 관심을 높이는 쪽으로 갈 수 있다.

트레이시 키더(Tracy Kidder)의 책 『새로운 기계의 영혼』(*The soul of a new machine*)에 나왔던, 새로운 미니컴퓨터를 위한 하드

웨어와 코드를 설계하는 젊은 엔지니어를 떠올려보자. 처음에 엔지니어들이 매일매일 늦게까지 일을 했던 이유는 새로운 기계를 만든다는 열정과 즐거움 때문이었다. 하지만 스트레스가 가득한 환경에서 소진이 될 때까지 일을 하다보면, 그들이 처음에 가지고 있었던 열정과 즐거움이 감소될 것은 누구나 예측 가능할 것이다. 이 엔지니어들은 자신의 행동을 타당화하기 위해 어떻게 했을까?

이들이 지속적으로 일을 할 수 있었던 이유는 무엇일까? 금전적 보상이 약속되어 있던 것이 아니었다. 성공을 한다 해도 큰 보너스를 받을 수 있는 상황이 아니었다. 키더가 설명한 바에 의하면, 엔지니어들은 자신이 소속되어 있는 회사에 대해 그다지 많은 애정을 가지고 있지는 않았다(하지만 같이 일하는 동료와 팀 리더에 대해서는 애정이 있었기 때문에, 동료 압력이 제대로 기능하고 있었다). 그렇다고 어떤 사회적 미션을 가지고 있었던 것도 아니었다. 엔지니어들이 계속해서 일에 대해 시간과 에너지를 투입할 수 있었던 이유는, 일 자체가 지속적으로 재미있고 흥미로웠고 즐거웠기 때문이었다. 사람들이 그와 같은 즐거움 때문에 자신이 일을 한 것이라고 지각했다면, 그것은 자신의 "정체성"을 구성하는 한 요소가 된다. 일은 즐거운 것이라고 지각하게 되면, 지속적으로 일을 할 수 있는 기회를 가지고 싶어한다. 이와 같은 프로세스 때문에 일단 현재 컴퓨터가 설계되게 되면, 지속적으로 유사한 일을 하고 싶다는 마음을 가지게 된다. (스트레스가 많은 힘든 상황에서도) 재미있고 신나게 일을 할 수 있었던 것에 대해 받은 보상은 일을 계속 해나갈 수 있는 능력인 것이다(키더의 표현에 따르면, 핀볼 효과라고 할 수 있다). 이는 기대유인가 이론이 설명하지 못하는 구멍난 조각 부분을 채워줄 수 있는 설명이다.

어떤 구성원들은 자신이 왜 그런 행동을 했는지에 대해 어떤 타당화를 할 것인지에 대해 선택을 할 수 있다. 그 선택에 따라 우리는 다양한 가치를 얻게 되고, 다양한 행동을 하게 된다. 특정 "이야기"의 속성은 특정한 이유를 선택할 가능성을 높여준다. 경영진이 목표달성을 위해 자기-지각 이론을 적용하고자 한다면, 구성원이 선택하고자 하는 이야기가 어떤 것인지를 결정해야 하고, 그 이야기를 만들어갈 수 있는 환경을 조성해주어야 한다.

예를 들어보자. 책 『새로운 기계의 영혼』(*The soul of a new machine*)에서 키더는 젊은 엔지니어들이 진땀흘리며 일하는 사무실의 에어컨이 자주 고장났기 때문에, 업무 환경이 더 형편없어졌다는 이야기를 했었다. 팀의 시니어 구성원들과 이야기를 해보니, 아마 팀 리더가 조직에 대한 저항의 표시로 의도적으로 에어컨을 망가뜨렸을 거라는 말까지 나왔다. 업무 환경이 더 안 좋아질수록, 팀 구성원들은 우리끼리 똘똘 뭉쳐야 한다는 마음으로 단합했다. 지금과 같이 형편없는 상황에서도 일을 하고 있는 유일한 이유는, 그 일 자체가 재미있고 흥미롭고 도전적이기 때문이라는 생각을 했다는 것이다.

조직에서 구성원이 조직의 성공이라는 목표를 내재화시키기를 원한다는 것은(구성원이 조직의 성공을 돕기 위해 어느 정도의 자기희생을 자발적으로 감수하기), 조직은 구성원이 "나는 내 자신이 가치를 두고 있는 조직을 위해 이 일을 했다"는 이야기(물론, 그 이야기 자체는 말이 되어야 한다)를 수용하기를 바라는 것을 의미한다. 조직의 문화가 가족 같아서, 실제로 존재하고 있는 사회적 구분선을 없애고, 개별 구성원의 니즈에 대해 관심을 가지며 그 니즈를 충족시켜줄수 있는 방법을 고려한다면, 자기-지각에 대한 프로세스를 더 강화시킬 수 있을 것이다.

구성원이 더 큰 사회적 선(good)을 위해 자기자신을 기꺼이 희생하고자 한다는 믿음을 가지기를 조직이 기대하는 상황이라면, 그 사회적 선을 달성할 가능성이 높은 맥락을 만들어서 (예 : 구성원과의 소통을 통해, 구성원의 노력을 통해 구해진 생명들과 치료된 환자들이 얼마나 많은지를 강조하지만, 비용 절감에 대해서는 그다지 강조하지 않는 병원), 각 구성원이 그 맥락을 자신의 이야기로 수용하도록 해야 한다.

귀인, 사회적 비교, 동기부여

자기-지각 이론은 앞서 5장에서 설명한 귀인(attribution)에 대한 더 일반적인 심리학 이론에 속해 있는 하위 이론이다. 캐시(Cathy)가 돈(Don)의 행동을 보고 이런 궁금증을 가지는 상황을 떠올려보자. “돈은 왜 그런 행동을 했을까?” 캐시가 스스로에게 말해주는 이야기를 보면 그녀가 어디에 귀인을 하고있는지를 알 수 있다. 돈의 행동이 일어나게 된 원인을 추론하면서, 캐시는 앞으로 돈에게 동기부여를 어떻게 해야겠구나 라는 생각을 하게 될 것이다. 캐시가 자기자신의 행동을 보면서 “나는 왜 이런 행동을 했지?”라고 자문해볼 때 자기-지각 이론을 적용할 수 있다.

사람들은 사회적 비교를 할 때, 다른 사람들에게 동기부여할 수 있는 방법이라고 생각하는 귀인작업을 하게 되고, 제3자에 대해서도 그와 유사한 동기부여를 하게 된다. 그리고 결국 자기자신에게도 유사한 동기부여작업을 한다. 이 과정을 쭉 따라가면서 한번 관찰해보자. 캐시가 돈의 행동을 보았을 때, 돈의 행동에 기반하고 있는 원인은 이것이라고 생각했다. “돈은 자신이 속한 팀의 성공을 기대하면서 그런 행동을 한 거야.” 그래서 캐시는 다음에 팀의 성공에 대해 돈에게 동기부여를 해야겠다는 생각을 한다. “돈이 팀의 성공을 도와줄 수 있는 다른 방법이 있지. 솔직히 돈의 개인적인 희생이 좀 필요하긴 하지만. 아마 돈도 내 조언을 좋아할 거야.”

캐시는 돈을 동기부여시킬 수 있는 유사한 방법으로 에블린(Evelyn)도 동기부여할 수 있다고 생각했다고 해보자. 돈은 팀의 성공을 보고자 하는 마음으로 행동을 했다고 생각했기 때문에, 캐시는 팀의 성공이라는 것이 에블린에게도 동기부여요인이 될 거라고 예측할 것이다. 현재 이 회사에서 일하고 있는 동료들은 자기희생을 감수하고 팀의 성공을 조력하려고 하는 경우가 많다고 캐시가 지각한다면, 아마도 대부분의 구성원들에 대해 동기부여하는 방법으로 팀의 성공에 대한 기여를 언급하는 것이 효과적일 거라고 생각하게 될 가능성은 매우 높다.

다시 한번 정리를 해보자. 캐시는 이 회사에 소속되어 일하고 있다. 특정 요인에 의해 동기부여되는 동료들과 자신도 비슷하다고 생각하게 된다면, 자기자신에게도 그 요인은 동기부여를 해줄 것이라고 추론하게 될 것이다. 그리고 어느 정도는 실제적으로 동기부여가 되는 효과도 보게 될 거라 생각된다.

조직구성원이 이와 같은 종류의 욕구(또는 사회적인 목표를 달성하고 싶은 욕구, 좋은 동료관계를 만들고자 하는 욕구)에 의해 동기부여되기를 원한다면, 특정 욕구에 의해 동기부여되는 것으로 보여지는 사회적인 동료들을 그 구성원 주위에 배치하는 것이 도움이 될 것이다. 이와 같은 유형의 동기부여요인이 포함된 조직문화를 일관적으로 유지하는 것이야말로 파워풀한 동기부여 도구가 될 수 있다.

사기저하 : 외재적 보상은 내재적 보상의 효과를 약화시키는가?

혈액은행에 혈액을 기증하거나 헌혈캠페인에 참가하는 행동은 이타적인 사회적 행동의 전형으로 생각되는 경우가 많다. 헌혈자는 혈액을 기증하는 대가로 차 한잔이나 쿠키, 비스킷 정도를 대접받는 것 외에는 그 어떤 대가도 받는 것이 없다(어떤 경우에는, 자신이 수혈을 필요로 할 때 혈액은행을 이용할 수 있는 권한을 얻기도 한다). 혈액은행은 헌혈자에게 "인증"을 해주면서 이와 같은 과정을 운영하고 있다. 헌혈을 하게 되면 자신의 이타주의를 보여줄 수 있는 작은 핀이나 스티커를 얻게 된다. 일터에서의 헌혈 캠페인은 헌혈이라는 사회적인 행동을 위해 시간을 투자하고 교통편을 이용하는 비용을 감소시켜주기 위한 목적도 있지만, 헌혈자가 동료 구성원들에게 자신의 이타주의를 보여줄 수 있는 기회를 제공하기 위함이기도 하다. 헌혈캠페인이 직장에서 진행되거나 일반적인 공공장소에서 진행되든지 간에, 참가자 수가 많은 팀이 얻을 수 있는 심리적 보상이 존재한다. 다양한 내부 조직마다의 헌혈 참가자 수, 또는 특정 회사나 사업장의 헌혈 참가자 수는 비교가 되고, 가장 많이 참가한 곳은 어디인지, 그 다음 많은 곳은 어디인지에 대한 인정작업이 이루어진다.

이와 같이 다양한 프로그램들을 많이 운영하고 있지만, 혈액은행에서 안전하다고 생각될만큼 충분한 혈청(serum)과 혈장(plasma)을 보유하고 있는 경우는 거의 없다. 그래서 영국의 국민건강보험(National Health Service)에서는 헌혈을 할 경우 상품권을 제공해주어, 헌혈에 대한 인센티브를 증가시켜야 할 것인가에 대해 논쟁이 일어난 적이 있다.

대표적인 사회참여지식인인 리차드 티트머스(Richard Titmuss)는 그와 같은 일은 비효과적이며 비생산적이라고 주장했다(투자하는 비용에 비해 헌혈량의 증가는 그다지 많지 않을 것이다). 그리고 기부량이 전반적으로 감소하지는 않는다 해도, 금전적인 인센티브를 주게 되면 낮은 품질의 혈액을 가지고 있는 사람들보다 좋은 품질의 혈액을 가지고 있는 사람들의 기부동기(제공되는 금전적 보상에 의해 더 많이 동기부여되는 경우)를 약화시켜서, 결과적으로는 전체적으로 기증되는 혈액의 품질을 낮추게 될 것이라는 주장도 있었다. 티트머스의 주장은 설득적이라는 평가를 받아서 — 저명한 경제학자 케네스 애로우(Kenneth Arrow)와 로버트 솔로우(Robert Solow)의 반대도 있었지만 —, 금전적인 인센티브는 제공하지 않기로 결정이 되었다. 티트머스와 같은 주장을 기반으로 해서, 세계보건기구(World Health Organization)는 정책상 혈액은행이 대가를 제공하지 않고 혈액을 기증받도록 하고 있다.

사실 티트머스의 가설은 과거에도 그랬고, 현재에도 논란이 많다(티트머스가 자신의 주장에 대한 근거를 충분히 내놓지 못했던 데에도 일부 원인이 있다. 비교적 최근 연구에서는 티트머스의 예측을 뒷받침해 줄 수 있는 자료들을 제시해주었다. 흥미롭게도 기증행동에 대해 보상이 제공되자, 여성들의 헌혈이 눈에 띄게 줄어들었고, 제공받은 보상액을 기부할 수 있도록 하자 기증행동은 감소되지 않았다는 결과가 나왔다. C. Mellstrom and M. Johannesson, "Crowding Out in Blood Donation : Was Titmuss Right?", *Journal of the European Economic Association*, Vol. 4, 2008, 845-63).

하지만 티트머스의 가설이 맞다고 한다면, 그 이유는 무엇인 것일까? 현재까지는 세 가지 정도로 설명이 가능할 것 같다.

첫째, 헌혈자가 혈액기증을 하는 이유가 동료들에게 자신의 이타심을 보여주기 위한 경우라면, 금전적 보상이 주어지는 것이 그와 같은 행동을 약화시키게 될 것이다. 동료들은 그 헌혈행동이 고귀한 이타심에 의해 이루어진 것인지, 아니면 작은 돈이라도 벌고자 하는 (더 비겁한) 행동에 의해 이루어진 것인지 알 수가 없기 때문이다.

둘째, 보상이 주어지기 전에는, 헌혈행동은 순수한 사회적 거래였다. 금전적 보상이 끼어들면서, 이 과정은 상업적인 거래가 되어버렸다. 외부적인 신호효과(signaling effect)가 없더라도, 사람들은 순수한 사회적 거래행동을 할 때와 상업적인 거래행동을 할 때, 각각 다른 행동을 보인다. 즉, 금전적 보상이 더해

지면서, 사회적인 선(good)을 위해 행동한다는 헌혈자의 사기를 저하시키게 되는 것이다.

셋째(두 번째 설명과 매우 밀접한 관계가 있음), 금전적 보상은(상품권 제공이라 하더라도) 자기자신을 도덕적이라고 생각하지 못하도록 할 수 있다. 일터에서 진행된 헌혈캠페인에 처음으로 참가해서 헌혈을 한 구성원을 상상해보자. 물론 동료들이 모두 참가하니까 따라간 것일 수도 있다. 하지만 헌혈을 한 뒤에 그 구성원은 자신이 왜 그 행동을 했는지를 생각해볼 것이다. 대부분의 동료들이 했기 때문이라고 스스로에게 말한 다음에, 동료들의 선의에 대해 가치를 부여할 것이다. 자기지각 이론에 따르면, 이 구성원이 스스로에게 그 이야기를 한 이후, 앞으로 하게 될 행동에서는 동료들이 가지고 있는 선의에 대해 더 많은 초점을 맞추게 될 것이라고 한다. 또 이 구성원은 고귀한 사회적 행동이기 때문에 스스로 헌혈을 한 것이고, 혈액은행의 혈액을 필요로 하는 (자신이 알지 못하는) 모든 사람들의 복지에 관심이 있다고 스스로에게 이야기할 수도 있다.

자기자신에게 그렇게 이야기를 하는 경우, 자기-지각 이론에서는 앞으로 그 구성원이 헌혈행동을 할 가능성은 더 커질 것이라고 예측한다. 일터에서 헌혈캠페인을 열지 않더라도 말이다. 왜냐하면, 그 구성원은 주위 사람들의 복지에 대해 더 많은 관심을 가지게 될 것이기 때문이다. 두 번째 설명을 기반으로 생각해볼 때, 그 구성원이 일터 밖에서도 헌혈 행동을 하게 된다면, 선순환을 촉진하게 될 것이다. 일터 밖에서도 헌혈 행동을 한다는 것은 (동료들이 보지 않을 때) "동료들에게 좋은 평가를 받는 것"에 대한 고려가 빠지게 되면서, "도움을 필요로 하는 일반 사람들에 대한 관심" 때문에 자신이 헌혈행동을 했다고 스스로에게 설명하게 될 테니 말이다. 이런 식으로 그 구성원이 더 많은 헌혈행동을 하게 될수록, "도움이 필요한 일반 사람들에 대한 관심"을 가지고 있다고 스스로에게 더 설명을 하게 될 것이다. (이론에 의하면) 결국 그 구성원은 도움을 필요로 하는 주위 사람들에게 더 많은 관심을 주는 행동을 하게 될 것이고, 혈액 은행에 대한 방문도 점점 더 많이 하게 될 것이다.

이 상황에 금전적 보상을 한번 더해보자. 그 구성원이 지금까지 매달 해왔듯이 헌혈을 하러 갔더니, 갑자기 상품권을 받게 되어 놀랐을 것이다. 자, 이제는 스스로에게 할 수 있는 또 다른 설명이 필요하게 되었다. 아무리 소액이라도 금전적인 보상을 받게 되었으니, 그 구성원은 이와 같은 작은 금액을 받고 혈액을 팔 필요는 없다고 생각하고, 매월 혈액은행을 방문하던 것을 그만둘 수 있는 것이다. 즉, 헌혈행동을 촉진하기 위해 상품권을 제공한 것이 오히려 어떤 헌혈자들에게는 헌혈행동 자체의 내재적 동기를 훼손시킬 수 있다. 좀더 정확하게 이야기하자면, 자신이 왜 헌혈을 하는지에 대해 스스로에게 설명하는 이유를 훼손시켜서 내재적 동기를 낮추는 것이다. 그래서 결국 헌혈행동도 줄어들게 만드는 결과를 낳는다.

심리학자들은 현장 연구("실생활"에서의 자료 수집)와 통제된 실험실에서의 연구를 통해 다양한 상황들을 검증해보았고, 이 세 가지 설명에 대한 근거자료를 다수 찾을 수 있었다. 하지만 실제 일터의 상황을 연구한 경우는 많지 않았기 때문에, 일터에서의 동기부여에 이 자료들을 실제적으로 적용해볼 수 있을지에 대해서는 논쟁이 될 수 있다.

하지만 관리자들에게 도움이 될 만한 내용들은 정리되었기 때문에, 몇 가지 제시해보도록 하겠다.

1. 내재적 동기수준이 높은 구성원에게, 실적 결과에 대해 명확한 금전적 보상을 하는 것은 역효과가 날 수 있다. 도덕적인 자기존재에 대한 지각을 훼손하는 일이 될 수도 있기 때문이다. 구성원으로 하여금 "그래, 나는 결국 돈 때문에 이 일을 하고 있지"라는 생각을 하게 만드는 것보다는, "내가 재미있기 때문에 이 일을 하고 있어", "나에게 있어서 이 조직이 성공하는 것은 매우 중요한 것이기 때문에 이 일을 하고 있어", (특히 비영리기관에서는) "우리 조직의 미션이 나에게 중요하기 때문에 나는 이 일을 하고 있어"라고 생각하도록 하는 것이 훨씬 더 바람직하다. 이것은 자기-결정의 문제가 될 수 있다. 조직구성원은 금전적인 보상을 함으로써 자율성의 범위가 줄어들고 자신의 행동이 통제의 대상이 되는 것인가 라는 생각을 할 수도 있다. 그리고 보상에 대한 의사결정과정이 모호할 경우, 불공정성에 대한 느낌이 들 가능성도 존재한다.
2. 구성원의 내재적 동기수준이 높고 유형 K의 일을 하고 있는 경우, 일시적인 보상을 하는 것은 오히려 전체적인 성과수준을 낮추게 될 수도 있다. 완료한 성과의 품질에는 상관없이 일을 끝냈다는 것만으로 보상을 받을 경우,

좀더 좋은 수준까지 일의 품질을 끌어올리는 것에 대한 동기는 없어져서 그냥 일을 끝내는 데에만 집중하게 될 것이다. 보상액의 규모를 정할 때 누군가 주관적으로 일이 얼마나 잘 되었는가를 결정하게 된다면, 그 판단과정에서의 주관성 때문에, 충분히 좋은 평가를 받지 못한 사람들이 불공정감을 느끼게 되고, 결국 사기가 저하되게 될 것이다.

3. 앞의 두 가지 설명에서는 모두 "구성원의 내재적 동기가 높은 경우"라는 말로 시작을 하고 있다. 구성원의 내재적 동기수준이 낮다면, 특히 업무성과가 객관적으로 평가가 가능하다면, 금전적 보상은 효과가 매우 클 수 있다. 세이프라이트社의 경우를 떠올려보면 될 것이다. 하지만 내재적 보상수준이 낮은 경우, 우리는 금전적 인센티브를 제공할 수도 있지만, 내재적 동기수준을 높이기 위한 작업을 할 수도 있고, 두 가지 방법을 동시에 사용할 수도 있다. 두 가지 방법을 모두 선택하게 될 경우, 금전적 보상을 제공하는 것은 내재적 동기를 높이려는 당신의 노력을 어느 정도는 좌절시킬 수도 있다는 것을 알아두는 것이 좋겠다.

어떤 상황에서는, 금전적인 보상을 제공하는 것이 도덕적인 행동을 아주 크게 강화시킬 수도 있다. 경제학자 롤랜드 프라이어(Roland Fryer)와 동료들의 흥미로운 연구(일터 외의 상황을 다룬)를 한번 살펴보자. 연구자들은 도심 학교에 다니는 학생들의 학습능력을 강화하기 위한 동기부여를 하는 실험을 진행하였는데, 학생들이 실험에서 설정해놓은 목표를 달성하게 되는 경우 금전적인 보상을 받게 되는 실험이었다.[5] 어떤 학생들은 성적이 상승되었을 때 보상을 받았고, 또 다른 학생들은 중간고사를 잘 보았을 때 보상을 받았지만, 독서를 한 학생들이 보상을 받은 경우도 있었다. 각각의 개입방법에서는 통계적으로 유의미할 정도의 성과 상승은 나타나지 않았다. 하지만 독서를 했을 때 보상을 받은 집단은 확실히 더 좋은 성적을 받게 되었다. 연구자들은 이와 같은 상황을 설명하기 위해 몇 가지 가설을 제시하였는데, 그중에서 핵심적인 가설은 기대유인가 이론의 도구성 부분을 사용한 것이었다.

성적과 직접적인 관련이 있을 경우 보상을 해주었던 것은, 독서에 대한 보상을 한 경우보다 정작 성적을 상승시키는 것에는 효과가 좋지 않았다. 왜냐하면 성적을 올리기 위해 무엇을 해야 하는지 학생들은 잘 몰랐기 때문이다.

프라이어와 동료들의 연구에는 '사기약화'라는 개념이 등장한다. 독서를 한 경우 보상을 받은 집단은, 더 이상 보상을 해주지 않을 경우 어떻게 행동하게 될까? 독서를 하게 되면 좋은 성적을 받을 수 있다는 것을 알게 되었기 때문에, 동기부여가 되어 계속해서 독서를 할 것이라는 가능성도 존재한다. 하지만 반대로 생각해보았을 때, 독서를 하게 되면 금전적인 보상을 받게 된다는 것을 알게 되었기 때문에 책을 읽는 즐거움이나 성적을 올리고자 하는 동기부여는 더 이상 되지 않을 수도 있다. 즉, 더 이상 보상이 주어지지 않는다면 이 집단의 독서행동은 이전의 수준으로 줄어들 가능성도 있는 것이다.

실제로는 어떤 현상이 발생했을까? 프라이어의 보고에 따르면, 독서행동에 대한 금전적 보상이 중단된 후, 독서로 인해 인센티브를 받았던 집단 학생들은 통제집단보다 표준화 테스트에서 지속적으로 좋은 성적을 보였지만, 인센티브가 주어졌을 때 만큼은 아니었다고 한다.[6] '평균으로의 회귀' 현상일 수도 있고, 독서행동에 대한 인센티브를 받은 학생들이 어떻게 공부를 하면 될지에 대해 배운 것일 수도 있다. 안타깝게도 그 이후 학생들의 독서수준에 대해 이 실험이 어떤 영향을 미쳤는지에 대해서는 자료가 수집되지 않았다.

베스 이스라엘 병원 사례에 대해 다시 이야기해보자

전담간호사 제도는 그 역할을 담당했던 시니어 정규간호사들에게 어떻게 동기부여를 했던 것일까? 이 사례에 적용하기에 가장 적절해보이는 이론은 자기-결정 이론이다. 전담 간호사 제도는 시니어 정규간호사들에게 더 많은 자율성과 권한을 제공했고, (자기 자신과 다른 사람들에게) 자신의 유능성을 보여줄 수 있는 기회를 증가시켰으며, 사회적 관계성 수준도 높여주었고, 목적성에 대한 지각수준도 상승시켜주었다.

자기-지각 이론도 적용 가능할 것이다. 깊은 잠을 자다가 일어나서 담당 환자에게 생긴 문제를 해결해야 하고, 보통 시니어 간호사들은 하지 않지만 담당간호사이기 때문에 해야 하는 서비스를 해야 하는 시니어 간호사는 자신이 그 행동을 해야 하는 이유를 찾으려 할 것이다. 돈을 더 많이 받는 것이 아니기 때문에 그 이유를 갖다댈 수는 없다. 그러면 어떻게 할 수 있을까? 방금 제시한 두 가지 상황에 대해 적용 가능한 설명은, "나는 내가 담당하고 있는 환자의 웰빙을 진심으로 바라고 있다"가 될 것이다. 또 첫 번째 상황에서는, "나는 자문을 해주는 것을 즐기는 편이고, 환자의 상태에 대해 누구보다 잘 알고 있는 나만의 지식을 활용하고 싶다"라고 생각할 수도 있겠다. 물론 이 간호사는 자신의 행동에 대한 이유를 다양하게 찾을 수 있고, 그 모두는 업무에 투자하는 노력의 수준을 강화하는 데에 활용될 것이다.

베스 이스라엘 병원과 전담 간호제의 이야기는 안타깝게도 해피엔딩이 되지 못했다. 하버드 비즈니스 스쿨 케이스 스터디 "베스 이스라엘 데코네스 메디컬 센터 : 환자 케어의 코디네이팅"에서는 1999년 이 이야기를 다루었다.[7] 베스 이스라엘 병원은 재정적인 압박 때문에 데코네스(Deaconness) 병원과 합병을 해서 베스 이스라엘 데코네스 메디컬 센터(BIDMC)가 되었다

그때의 재정적 문제는 다소 심각했다. 정부 — 메디케어(Medicare / 노년층을 위한 공공보험)와 메디케이드(Medicaid / 저소득층을 위한 공공보험)를 통해 — 와 주요 보험 회사들은 특정 환자에게 특별한 서비스를 제공하는(진료별 지불 / fee-for-service) 병원에 대해서는 지원을 해주지 않고, 환자의 진단에 기반하여 고정적인 수준의 지원을 해주기 시작했다(포괄수가제도 / diagnosis-related group_DRG). 더 악화된 상황으로는 매년 한 명의 환자에게 고정

된 금액만 지원하는 인두제(capitation)까지 실시하기도 했다. 전담 간호사 제도는 발전되면서 각각의 전담 간호사들이 "최고의 간호"에 전념할 수 있도록 동기부여를 해주는 제도였지만, 정작 베스 이스라엘 병원은 시간이 지나갈수록 "최고의 간호"가 아니라 "적절한 간호"를 하는 것으로 대체하고 각 환자에게 쓰는 시간을 통제할 수밖에 없게 되었다. 즉, 전담 간호사 제도가 가지고 있던 동기부여 효과는 더 이상 유지되지 못했다. 이전에 전담 간호사 제도를 통해 촉진했던 행동들은, 이제 비용 절감을 해야 하는 병원의 방향과는 맞지 않게 된 것이다.

하버스 비즈니스 스쿨의 케이스 스터디에서는 베스 이스라엘의 새로운 CEO 데이비드 돌린스(David Dolins)가 이 상황을 어떻게 타개했는지에 대해 소개하였다. 나는 독자분들이 이 케이스 연구를 꼭 읽어보았으면 좋겠다. 돌린스는 정규간호사들에게 권한을 주는 프로그램부터, 권한을 통제하는 프로그램까지 다양한 선택이 있다는 것을 인식했다. 결국, 그는 더 통제를 많이 하는 정책을 선택했고, — 그때 병원의 수익을 올려야 하는 상황에서 다른 선택은 불가능했다고 생각한다 — 바람직하지 않지만 예측가능한 결과가 도출되었다. 그의 결정으로 인해 베스 이스라엘이 시니어 정규간호사들과 맺어왔던 튼튼한 심리적 계약은 깨졌고, 엄청난 실망과 좌절이 뒤를 따르게 되었다.

전담 간호사제는 과연 살아남았을까? 베스 이스라엘 데코네스 메디컬 센터의 웹사이트를 방문해 보면('전문 간호사"에 대해 강조하는), 대답은 "아니오"라는 것을 금방 알 수 있을 것이다.

홈페이지의 내용상, 간호팀 기반의 접근법이 주로 사용되고 있는 것으로 보여진다. 하지만 이 병원에서는 여전히 환자-중심의 병원이라는 것을 특별히 강조하고 있다. 100% 보장할 수는 없지만, 보스턴에 있는 동안 입원할 일이 있다면, 아마 베스 이스라엘 데코네스 메디컬 센터는 여전히 좋은 선택일 거라 생각된다.

장인 연합에 대해 다시 이야기해보자

동기부여에 대한 심리학적 이론은 장인 연합 사례에 대해 두세 가지 설명을 제공해줄 수 있다.

1. 공정성 이론을 적용해보면 이 사례를 쉽게 이해할 수 있다. 충분한 보상을 받지 못한 탐험가(explorer)들은 자신의 기여에 비해 받은 보상의 비율과, 영업 직원들의 보상 비율을 비교해보고 명확한 결론에 도달하게 된다. 이건 공정하지 않은 거잖아! 이와 같은 지각을 하게 되면서 탐험가들은 사기저하가 되거나(영업직원들이 받은 보상비율과 유사한 상태를 만들기 위해, 자신의 기여도 수준을 낮추게 됨), 미션의 달성에 대해 더 큰 가치를 부여함으로써 공정성에 대해 스스로를 설득하려 하게 된다. 지금까지 내가 관찰해보았던 유사한 상황들을 떠올려보면, 이 경우 구성원들은 사기저하의 길을 걷게 될 가능성이 더 높은 것 같다.

2. 모든 사람들이 충분한 보상을 받지 못하고, "미션"의 달성에 부여되어 있는 가치가 너무나 명확한 상황에서는, 귀인 이론('모든 사람들은 미션에 대해 큰 가치를 부여하는 것 같다. 나도 다른 사람들과 다를 바 없지. 그렇다면 나도 동일한 생각을 해야 할 것 같아')을 적용하는 것이 효과적이다. 영업직원들이 탐험가들을 만났을 때 자신이 받는 많은 연봉에 대해 지나치게 자주 이야기를 하고, 조직의 공금을 너무나 아무렇지 않게 마구 쓰는 모습을 보여줌으로써, 귀인의 선순환은 망가지게 된 것이다.
3. 최고 경영진이 대규모 소매상에 대해 장인 연합을 대표할 수 있는 "영업전문가"를 고용하겠다는 의사결정을 할 때에는, 그 전문가들에게 어떤 식으로 보상을 할 것인가도 함께 결정되었을 것이다. 그러한 상황에서 탐험가들은 최고경영진의 의도(동기)는 무엇이었는지를 생각해보면서 불공정성에 대한 생각이 들게 된다(다시 한번 공정성 이론의 적용). 고귀한 사회적인 목표도 아닌 과제를 수행하기 위해 최고 경영진에 의해 자신들이 착취당하고 있다는 생각이 들게 되는 것은 당연할 것이다.

장인 연합의 최고 경영진은 이제 어떻게 해야 할까? 이들에게 타임머신을 탈 수 있는 기회가 생긴다면, 다시 과거로 돌아가서 상업적인 시장의 기준보다 더 낮은 수준의 보상을 받으면서 의미있는 미션을 수행할 생각이 있는 영업 직원을 고용할 것을 제안하고 싶다. 이와 같은 타임머신이 없다면(실제 상황이라면),

사회적인 비교의 고리를 끊기 위해 부단한 노력을 해야 한다는 이야기를 하고 싶다. 너무 늦지 않았다면, 제3의 회사와 계약을 맺은 후, 장인 연합을 대리해서 대규모 소매상들과의 거래를 하는 것이 더 나을 것이다. 그러면 제3의 회사가 영업직원을 고용하면 된다. 또는 탐험가들에게 '당신은 영업전문가와는 다른 의미로 소중한 존재이다'라는 의미를 전달할 수 있는 보상 방법을 찾을 필요가 있다.

예를 들어, 탐험가들에게 장인 연합의 주식이나 스톡옵션을 제공하면서, 이러한 혜택은 조직의 "진정한" 구성원(최고 경영진과 동일한 방법으로 금전적인 보상을 받게 될)에게만 공유하는 것이고, 계약직인 영업직원에게는 주지 않는 것이라는 사실을 명확하게 강조해볼 수도 있겠다.

동기부여 도구로서의 스톡옵션에 대해 다시 생각해보기

방금 이야기했던 제안 — 탐험가들에게 스톡옵션을 제공하기(또는 직접 주식을 주기) — 은 2장의 마지막 부분에서 스톡옵션에 대해 이야기했던 것과는 반대되는 내용으로 보일 수 있다. 하지만 인센티브 이론의 시각에서는 같은 이야기이다. 대부분의 탐험가들은 장인 연합의 주식 가격에 대해서는 그 어떤 영향도 미치지 못한다(장인 연합이 성공적으로 주식 시장에 진입할 경우). 따라서 인센티브와 리스크 예방간의 트레이드오프는 말이 되지 않는 것으로 보일 것이다. 하지만 인센티브 이론의 시각에서 보면 트레이드오프가 이루어질 수 있다.

그리고 이 방법은 동기부여 도구로서도 심리학적인 의미를 가질 수 있다. 결국 좋지 않은 결과를 가져오게 된 영업전문가를 고용하기 이전에, 장인 연합은 구성원들에게 "미션"을 통해 동기부여를 했었다. 새로운 탐험가를 고용하는 과정은 처음부터 후진국에게 도움을 주고자 하는 미션과 밀접하게 관련되어 있었다. 모든 사람들이 미션을 위해 개인적인 희생을 감수하는 조직의 분위기를 보게 되면, 각 구성원들은 조직의 미션이 개인적인 희생을 할 만한 가치가 있다는 생각을 점점 더 많이 하게 되었다.

이때, 최고 경영진은 중심을 잡고 탐험가들에게 이런 말을 했었어야 했다. "우리 조직이 지금까지 추구해온 미션을 달성하는 것은 여전히 우리에게 매우 중요한 일입니다. 하지만 지금은 그 미션을 달성하기 위해 우리 조직이 좀더 큰 성과를 만들어야 할 때입니다. 어떻게 하면 장인 연합이 사업에서의 성공을 거둘 수 있을지에 대해 고민하고 함께 뛰어봅시다."

효과적으로 설득하기 쉬운 이야기는 아니다. 장인 연합의 사업이 성공을 거둔다 해도, 실제로 후진국에 살고 있는 사람들에게 어느 정도의 영향을 미치게 될지에 대해서는 확실하게 이야기를 할 수 없기 때문이다. 이와 같은 독특한 상황에서, 장인 연합이 탐험가 및 고객(장인)들과 함께 수익을 공유할 생각을 한다면, 그 메시지 전달 작업은 보다 좋은 반응을 이끌어낼 수 있을 것이다.

이 사례를 심리학적으로 풀어보면 비교적 간단하게 이야기할 수 있겠다. 탐험가들에게 확신시켜야 할 내용은, 그들이 장인 연합의 단순한 구성원 이상의 존재라는 사실이다. 탐험가들은 장인 연합의 진정한 주인이고, 장인 연합의 금전적인 성공과 사회적 성취를 모두 공유할 수 있다는 것을 알려주어야 한다. 그렇게 되면, 탐험가들은 영업전문가라는 용병들을 "필요악"으로서 조금 더 수월하게 받아들일 수 있을 것이다.

이 사례에서, 탐험가들에게 수익을 공유하는 것은(그리고 영업전문가들에게는 그와 같은 보상을 하지 않는 것) 집단간의 사회적 비교 효과를 감소시키게 된다. "우리 탐험가들이 장인 연합의 진정한 주인이야. 영업전문가들은 고용된 용병이고." 이는 매우 효과적인 방법이 될 수 있다.

하지만 이와 같은 사회적 비교 효과가 없는 상황에서도, 스톡옵션을 동기부여 도구로 쓰게 되면 심리학적 재구성(reframing)을 해줄 수 있다. 사람들의 자기자신의 존재에 대한 지각을 고용된 구성원이 아니라 조직의 주인이라고 하게 함으로써, 긍정적인 방향으로 귀인하는 데에 영향을 미칠 수 있는 것이다. 어려운 상황에 놓여 있는 구성원들에게 스톡옵션이 동기부여 도구가 되어 줄 수 있다는 공통적 의견이 존재한다면, 아마도 실제로도 효과가 있을 거라 생각한다.

요약정리 : 동기부여에 대한 심리학적 이론

- **기대유인가 이론(Expectancy theory)** : 동기수준이 증가하게 되는 경우는 세 가지 요소가 강하게 존재할 때이다. 첫째, 기대(expectancy). 특정 행동을 하게 되면 경영진이 기대하는 바를 충족시킬 수 있을 가능성. 둘째, 도구성(instrumentality). 경영진의 기대를 충족시키면 보상을 받을 수 있을 가능성. 셋째, 유인가(valence). 그 보상이 구성원에게 실제로 가치있는 것으로 지각될 가능성. 기대유인가 이론에서 경영진과 관리자가 얻을 교훈은 다음과 같다. 명확한 목표를 수립해야 하며, 그 목표를 성취할 수 있는 명확한 경로를 설명해줘야 한다. 그리고 목표를 달성했을 경우 확실히 보상을 받을 수 있다는 것을 약속해줘야 하며, 그 보상은 구성원에게 가치있는 것이어야 할 것이다.
- **목표설정 이론(goal-setting theory)** : 설정된 목표를 달성하는 것 자체가 동기부여 요인이 된다. 목표설정 이론에서 경영진이 얻을 교훈은 다음과 같다. SMART 원칙(구체적이고, 측정 가능하고, 달성가능하며, 적절하고, 마감기한이 분명한)을 따르며, 거기에 더하여 도전적인 요소를 갖춘 목표를 설정하자.
- **공정성 이론(equity theory)** : 불공정한 대우를 받고 있다는 지각이 될 때 구성원들의 사기는 저하된다. 공정성 이론에서 경영진이 얻을 교훈은 다음과 같다. 구성원들에게 모든 것이 공정하게 배분이 되고 있다는 느낌을 주기란 사실 쉬운 일이 아니다. 목표로 할 것은 과정적인 공정성이다(특히, 결과가 공정하지 못하다는 느낌을 줄 수 있는 상황이라면, 과정의 투명성을 강조하는 것이 좋다). 불편감을 줄 수 있는 사회적 비교를 통제하기 위한 노력을 하자. 그리고, 경영진이 제공할 수 있는 보상의 종류를 다양화하자.
- **자기-결정 이론(self-determination theory)** : 구성원을 동기부여시켜주는 요인은 자율성, 스킬을 배우고 활용할 수 있는 능력, 사회적 연대감, 그리고 사회적으로 가치가 있는 목표를 가진 일을 하고 있다는 느낌이다. 자기-결정 이론에서 관리자가 배울 수 있는 교훈은 다음과 같다. 과제와 업무를 통해 이와 같은 동기부여요인들을 얻을 수 있는 환경을 만들고, 사기저하를 시킬 수 있는 장애물을 제거하자. (1장에서 소개했던 로버트 배스(Robert Bass)의 경영원칙을 다시 한번 떠올려보아도 좋겠다.)

- **자기-지각 이론**(self-perception theory) : 구성원들은 자신이 했던 행동의 원인을 찾으려고 하는 경향이 있다. 그렇게 찾은 설명을 기반으로 하여 미래 행동에 대한 동기를 강화하게 되는 것이다. 자기-지각 이론에서 관리자가 얻을 수 있는 교훈은 다음과 같다. 할 수 있는 만큼 열심히 노력해서, 구성원의 행동 원인의 방향을 경영진·관리자가 기대하는 방향에 일치시키도록 애쓸 필요가 있다.
- **귀인, 사회적 비교, 동기부여**(attribution, social comparison, and motivation) : 캐시(Cathy)에게 동기부여를 한 것은 돈(Don)의 행동이었다. 돈이 에블린(Evelyn)과 사회적으로 유사한 존재라면, 캐시는 에블린의 행동에 대해서도 유사한 귀인을 했을 것이다. 그리고 캐시가 돈과 에블린과 사회적으로 유사한 존재라면, 자기자신에게도 비슷한 귀인을 해서 미래의 행동을 만들어낼 가능성이 높다. 이 이론에서 관리자가 얻을 수 있는 교훈은 다음과 같다. 구성원들이 유사한 방향으로 동기부여될 수 있는 조직 문화를 구축한다면, 선순환의 고리는 만들어질 것이다.
- **사기저하**(undermining) : 다양한 이론들에서 소개한 여러가지 이유로 인해, 외재적인 보상을 주면 내재적 동기수준을 낮추게 될 때가 있다. 여기에서 경영진·관리자가 얻을 수 있는 교훈은 특히 높은 내재적 동기수준을 가진 구성원에게는 외재적 보상을 제공할 때 보다 신중하게 다양한 변인들을 고려해볼 필요가 있다는 것이다.

7장

동기부여와 팀

지금까지 우리가 했던 논의는 대부분 개인 구성원의 동기부여에 초점을 맞추어 왔다. 그렇다면 각 개인 구성원들이 팀 내에서 일을 할 때, 우리가 이야기했던 모든 내용들은 어떻게 적용될 수 있을까?

팀이 하는 일은 무엇인가? 팀이라는 것은 어떤 과정을 통해 기능하는 것일까?

"팀 기반의 생산"이라는 개념에는 다양한 방법을 통해 진행되는 매우 넓은 범위의 활동들이 포함될 수 있다. 여기서 다시 한번 강조되는 것은, 세부적인 내용이 중요하다는 사실이다. '팀이라는 것이 과연 무엇인가'라는 문제는, 어떻게 하면 팀을 효과적으로 동기부여할 수 있을까를 파악해야만 이해가능한 것이다. 여기에서 팀기반의 활동 종류들을 모두 완벽하게 나열하는 것은 비현실적인 일이므로 여기에서는 세 가지 정도의 매우 독특한 사례들을 통해 팀이 실제로 하는 일과 진행 방법이 왜 중요한지에 대해 설명해보려고 한다.

사례 1. **개인 과제와 팀기반의 성과**

제퍼社의 밥(Bob)과 동료 칼(Carl), 도로시(Dorothy)가 모두 참여하는 어떤 프로젝트를 상상해보자. 세 명은 각자 독자적인 담당 업무를 가지고 있다(겹치는 부분은 없음). 자신이 과제를 어떻게 할지, 어느 정도의 강도로 업무를 진행할지에 대해서는 각자 알아서 선택하도록 되어 있는 상황이다. 하지만 상사인 앨리스(Alice)는 그들이 어떤 식으로 일을 하고자 하는지를 볼 수 없고, 각각의 선택에 의해 만들어진 통합 성과만 관찰 가능한데, 이는 사실 개인 구성원이 통제 불가능한 부분이다.

사례 2. **개인 과제와 협력 과제가 혼합된 경우**

밥, 칼, 도로시가 독자적인 업무를 가지고 있지만, 첫 번째 사례와는 달리 상사 앨리스가 각 구성원의 성과를 개별적으로 볼 수 있는 상황이 해당될 것이다. 하지만 세 명의 구성원은 개별적인 과제 이외에, 동료를 도와줄 수 있는 기회를 가지고 있다. 즉, 밥은 칼의 개인 과제를 도와줄 수 있고, 도로시는 밥을 도와줄 수 있는 것이다.

사례 3. **정보 공유 : 집단 브레인스토밍**

밥, 칼, 도로시가 특정 과제를 진행하는 방법에 대해 앨리스와 함께 논의해야 하거나, 프로젝트를 완결하기 위해 해야 할 과제를 파악하고 업무 계획을 설계하는 일을 앨리스와 함께 하는 상황을 생각해보자. 각자 배정받은 일을 개인적으로 하는 것이거나, 가끔씩 서로를 도와주는 정도가 아니라, 지금의 상황에서는 세 명의 구성원이 모두 회의실에 모여서 합의점을 만들어 앨리스에게 보고해야 한다.

각각의 사례는 모두 팀-기반의 "생산"에 포함될 수 있는 실례들이다. 이 사례들을 통해 우리는 동기부여에 대해 흥미로운 통찰을 할 수 있을 것이고, 좀더 크게 보면 팀 및 팀구성원의 관리에 대한 교훈도 얻을 수 있을 것이다. 다만 각 사례에서 얻을 수 있는 교훈은 약간씩 다른 특성을 가지고 있을 것 같다. 그리고 이 세 가지의 사례들은 효과적인 팀워크가 가지는 다양한 차원에 초점을 맞추기 위해 구성되었다. 실제 조직생활에서의 "팀"은 이 세 가지 사례가 다양한 방법으로 혼합된 경우가 대부분이기 때문에, 이 사례들에서 얻은 교훈을 실제 일터에 적용해보려면 특정 상황에 적합하도록 수정보완할 필요가 있어 보인다.

사례 1: 무임승차자(free-rider) 문제와 동료로부터의 압력

첫 번째 사례부터 이야기를 시작해보자. 밥, 칼, 도로시는 각자 진행해야 하는 독자적인 과제 목록을 가지고 있는 상황이다. 상사인 앨리스는 각 구성원들이 개인 과제를 잘 해낼 수 있도록 동기부여를 하고 싶어한다. 일단 금전적인 인센티브를 생각해보자. 각 개인별 성과를 관찰해보고, 개인별로 보너스를 지급하는 방법이다. 간단하게 이야기해보면, 측정가능한 성과라는 것은 과제를 완료하는 데 들인 시간의 길이이다. 더 빨리 끝낼수록 더 좋은 것이기 때문에, 보너스를 받으려면 업무완수에 들이는 시간의 길이를 줄여야만 한다. 조금 더 많이 노력하고 조금 더 열심히 일하면, 이 세 명의 구성원은 과제 완료까지 걸리는 시간을 줄일 수 있는 것은 분명하다. 하지만 그들이 통제할 수 없는 변인도 존재하기 마련이다.

이는 개인 구성원을 위한 인센티브에 대해 논하는 경제학 이론에서 제시하는 기본적인 사례 그 자체이다. 각 구성원은 열심히 일할수록 더 좋은 보상을 받게 된다는 내용 말이다.

그리고 이제 앨리스는 3장에서 언급했었던 근본적인 트레이드 오프 상황을 마주하게 된다. 상사는 구성원이 받을 수 있는 보너스의 범위(scale)를 늘림으로써(그리고 이 세 사람의 보상에서 고정수입이 차지하는 정도를 감소시키고), 보다 열심히 일하고자 하는 개인적 동기수준이 높아지기를 기대한다. 하지만 이와 같은 정책은 구성원 소득 중 더 많은 부분이 그들이 통제할 수 없는 변인이 되는 것(예 : 날씨와 같은 "환경적" 요소 및 자신의 동료가 얼마나 열심히 일할지 알 수 없는 모호성과 같은 변인이 포함됨)에 따른 거부감을 불러일으킬 수 있다.

3장에서 이야기했던 이와 같은 복잡한 요소들은 일터에서의 상황에 영향을 미칠 수 있다. 현재의 맥락에서는 특히 '멀티태스킹(multitasking)' 이슈가 제기될 가능성이 커 보인다. 앨리스는 모든 과제가 신속하게 완료되기를 기대하기 때문에, 세 명의 구성원이 일을 대충대충 하지 않는지에 대해 관심을 가질 것이고, 일을 빨리 마무리하기 위한 방향으로 예산을 집행할 것이다. 하지만 지금은 이 이슈들은 잠깐 제쳐두자. 앨리스는 세 명의 구성원이 신속하게 일을 마무리할 수 있도록 동기부여하는 것에 관심을 가지고 있는 상황이다.

바로 지금쯤 고전적인 무임승차자 문제가 슬금슬금 머리를 내밀 때가 됐다. 밥은 일을 하는 데에 더 많은 노력을 기울여서,

업무기간을 많이 단축시키고 더 많은 보너스를 받을 수 있다. 그렇게 되면 칼과 도로시가 받게 되는 보너스 액수도 올라가게 된다. 즉, 밥이 더 많은 노력을 할수록, 세 명의 구성원은 모두 더 많은 보상을 받게 되는 것이다. 하지만 밥이 신경쓰는 것은 자기자신의 보상뿐이라면, 팀을 위해 "사회적으로 적절한" 수준의 노력을 하기보다는 점점 더 노력을 덜 하게 될 것이다. 칼과 도로시의 노력에 숟가락을 얹고 싶어 하기 때문이다. 이것은 칼과 도로시도 마찬가지이다.

물론, 밥이 업무에 대해 어느 정도의 노력을 쏟을 것인지는 그의 선택에 달린 문제이다. 그리고 앨리스는 인센티브 계획을 짜는 데 있어서 어느 정도는 이와 같은 상황을 예방할 수 있다.

업무완료까지 걸리는 시간을 조절할 수 있는 변인은 세 명의 구성원만이 선택할 수 있는 노력밖에 없다고 해보자. 즉, 모호하거나 통제불가능한 환경적 요인은 없다는 것이다. 그리고 앨리스는 (a) 세 명의 구성원에게 자신이 기대하는 노력의 수준을 알고 있고, (b) 세 명의 구성원이 자신이 기대하는 수준의 노력을 기울이기로 할 경우 프로젝트 완결까지 걸릴 시간(예 : 78일)을 파악하고 있다고 가정해 보자. 그러면 앨리스는 세 명의 구성원에게 이와 같은 이야기를 하면서 (금전적인 부분에서) 동기부여를 해볼 수 있다. "프로젝트가 78일 내에 끝나게 되면 여러분은 이 회사에서 계속 일을 할 수 있겠지만, 그보다 늦어지게 되면 곧바로 해고될 겁니다."

업무를 할 때 상사가 기대하는 수준으로 노력을 투자하게 되면 해고도 당하지 않고 계속해서 이 회사에서 일을 할 수 있기 때문에, 이 구성원들은 상사의 기대에 부응하는 것이 사실 가장 바람직하다. 또한, 불명확한 환경적 요소가 없는 이 사례에서도 — 구성원 세 명의 노력 수준만 조절하면 업무완료시기를 통제할 수 있는 상황 —, "약속된 시간까지 일을 못 마치면 너희 모두 해고야"라는 인센티브 전략은 부작용을 가져올 수 있다는 사실을 이해할 필요가 있다. 도로시가 열심히 노력하게 되면 밥과 칼에게도 긍정적인 영향을 미칠 수 있다고 가정해보자. 즉, 도로시가 더 많은 일을 하면, 밥과 칼은 좀 게으름을 부리면서도 앨리스가 제시한 데드라인을 맞추게 되는 상황 말이다. 밥과 칼이 정말 나쁜 놈이라면 도로시에게 이런 말을 할 수도 있다. "우리는 그렇게까지 열심히 일할 생각이 없어. 그러니까 우리가 제 시간에 일을 끝내려면 네가 더 일을 많이 해야 돼. 그러지 않으면 우리랑 같이 너도 해고당할 테니까 말이야."

앨리스가 원하는 만큼 열심히 일하는 사람들은 내쉬 균형 (역주: Nash equilibrium. 게임이론의 개념. 각 참여자가 상대방의 전략을 주어진 것으로 보고 자신에게 최적인 전략을 선택할 때 그 결과가 균형을 이루는 최적 전략의 집합. 출처: 네이버 경제학사전)의 한 축을 담당하고 있다. 하지만 이 상황에서는 많은 경우의 내쉬 균형 중 하나의 경우만 존재한다. 각 참여자들이 어느 정도 요구를 할 것인지를 결정해야 하는 고전적인 협상 게임의 특성을 보이는 상황이다. 그들의 요구 총합이 특정 금액보다 적다면 모든 사람들은 자신이 요구한 만큼 받게 되지만, 요구 총합이 특정 금액을 넘어서면 아무것도 받지 못하게 된다. 이론과 실제적인 경험을 통해 볼 때, 이와 같은 상황에서는 (다수가 소수를 괴롭히는 경우를 포함해서) 많은 경우의 수가 존재하게 될 것이다. 무임승차자 문제는 여전히 남아 있다. 왜냐하면 밥이 노력을 하게 되면 자신뿐 아니라 칼과 도로시도 해고되지 않을 수 있기 때문이다. 하지만 앨리스가 인센티브 전략을 잘 설계하게 되면 이와 같은 무임승차자 문제를 해결할 수도 있다(행동에 대한 경제학적 모델에 따를 경우). 사실 명확하지 않고 통제가 어려운 요소들이 존재하더라도, 앨리스가 각각의 구성원에게 어떤 상황에서 최악의 결과가 생길 수 있는지에 대해 협박성 발언을 할 수 있는 상황도 가능하다. 인센티브에 대한 경제학 이론을 다룬 고전적 논문을 보면 이 이슈를 잘 다루고 있다(Bengt Holmstrom, "Moral Hazard in Teams", *The Bell Journal of Economics 13*, 1982, 324-340).

안타깝게도, 이와 같은 상황은 그다지 현실적이지 않다. 물론 업무진행기간이 매우 길어서, 누군가 자신이 담당한 업무를 제때 못 끝낼 가능성이 100%인 경우에는 앨리스가 구성원을 협박하는 것이 가능할 것이다. 이때에는 세 명의 구성원이 퇴사를 할 수 있는 상황도 아니어야 하고, 세 명이 열심히 한다 해도 달성 불가능한 목표가 있어야 한다. 이는 실제 업무 현장의 조건과 많이 다르다. 사실 실제 상황에서는 팀의 규모가 더 클수록 무임승차자 문제가 더 많이 일어난다. 팀원들은 개인적인 노력을 통해 얻은 보상을 동료들과 함께 공유해야 하기 때문이다. 전체 회사 규모가 일반적인 팀 하나 정도일 때라면, 2장에서 언급했듯이 스톡옵션을 동기부여 도구로 사용하는 것이 그다지 의미가 없는 것의 이유를 알 수 있을 것이다.

하지만 동료로부터 받는 압력(peer pressure)이 효과가 있는 경우들이 있다. 밥과 칼, 도로시의 사례로 돌아가서, 앨리스가 각 구성원들의 업무 진행을 관찰하기 어렵다고 가정해보자. 세 명의 성과를 총합한 것만을 기반으로 보상을 제공할 수 있다고 말이다. 하지만 밥과 칼, 도로시는 같이 일하고 있기 때문에 "아마도" 옆에 있는 동료들이 얼마나 열심히 일하는지에 대해 잘 알 수 있을 것이다. 여기에서 나는 "아마도"라는 표현을 강조했다. 꼭 그렇지 않을 수도 있기 때문이다. 하지만 대부분의 경우 팀구성원들은 서로에 대해 이와 같은 정보를 파악하고 있다. 만약에 그렇다면, 그리고 세 명의 구성원이 사회적인 자원을 교환한다면 — 여가시간을 같이 보내고, 어울리는 것을 좋아하고, 동료들에 대한 인정과 존중을 하는 것을 가치있게 여긴다면 — 각자 해야 하는 책임을 다해야 한다고 합의할 가능성도 충분히 존재한다.

누구 한 명이 게으름을 피우게 되면 다른 두 명도 동료애를 갖지 않고 당연히 게으름을 피우게 될 거라는 협박도 이 경우에는 먹힐 것이다. 그렇게 되면 서로의 존재에 대해 가치를 부여하게 될 것이니까 말이다. 동료애에 대한 가치평가가 개인적으로 게으름을 피우면서 얻을 수 있는 이득에 대한 평가보다 더 높게 될 때, 각각의 팀원들은 순수하게 개인적인 시각을 가지고서도 팀에서 합의된 수준으로 노력을 기울여서 모든 사람들이 보상을 받을 수 있도록 노력하게 될 것이다.

동료 압력 문제에 있어서는 팀의 규모와 사회적 구성, 특히 사회적인 동질성 수준이 중요한 요소가 된다. 팀구성원들의 사회적 교환 수준, 그리고 성과기대를 맞추지 못하는 동료에게는 이와 같은 자본 교환을 거부하자는 합의는 규모가 더 작고 사회적 동질성이 더 큰 팀일 경우 더 커지기 마련이다. 그렇다고 해서 사회적으로 다양한 구성의 팀을 만드는 것이 나쁜 생각이라는 말이 아니다. 사회적 다양성이 높은 경우에는 동료압력 외에도 더 적절한 방법들이 존재한다. 이에 대해서는 조금 후에 다루어보도록 하겠다. 팀내에서 일정한 성과수준을 달성하도록 하기 위해 동료 압력을 활용하고 있는 조직의 경우, 인구학적으로 다양한 구성의 팀에 있어서는 팀-연대감을 강화하는 활동이 효과적이다.

하지만 동료압력이라는 것이 항상 효과적인 것은 아니라는 사실을 기억할 필요가 있다. 어느 산업 분야에서는 오히려 노력 수준을 높이지 않도록 하기 위해 동료압력이 사용되기도 한다. 동료들보다 더 좋은 성과를 거두는 구성원의 실례를 들어 경영진이 전체를 비판하는 경우가 생기기 때문에, 고성과자에 대해서는 동료들로부터의 비판이 가해지게 되는 것이다.

팀의 분위기상, 이 소규모 집단의 이익이 회사 전체의 이익과 동일한 방향이어야 한다고 생각하는 경우라면, 동료압력은 조직에게 이득이 되는 좋은 것이다. 하지만 팀이 전체 회사에 대해 적대적인 생각을 가지고 있다면 동료압력은 부정적인 요소로 기능할 수밖에 없다.

그리고 매우 연대감이 강하며 조직에 대해 적대감을 가지고 있는 팀은 서로에 대한 의리를 강조하면서 저성과자를 보호할 수도 있다. 특히 한 구성원의 좋지 못한 성과가 회사 전체에 대해 매우 심각한 결과를 가져올 수 있는 경우 — 기름 유출을 예방하기 위한 다양한 역할들을 담당하고 있는 유조선 선원을 생각해보자. 기름 유출 사고가 일단 일어나게 되면 어느 누구가 실수를 했다 하더라도 원래대로 되돌릴 수는 없다 —, 전체 회사에 대해서는 엄청나게 나쁜 영향을 미치게 될 것이다.

동료압력이라는 것을 활용하게 될 때 생길 수 있는 문제점은 생각보다 다양하게 존재한다. 독자들도 7장의 첫부분을 읽으면서 어느 정도 눈치챘을 것이다. 팀 내에 파벌이 존재하는 상황을 생각해보자. 이전 사례를 사용해보면, 밥과 도로시는 여러 개의 프로젝트를 같이 해왔지만, 칼만 신입직원인 경우를 상상해볼 수 있겠다. 이와 같은 경우 밥과 도로시가 뭉쳐서, 칼에게 더 많은 일을 시키고, 혜택을 같이 받을 수도 있을 것이다. 물론 나중에 칼이 조직에서 인정받는 사람이 되었을 때, 그때 동료들의 행동은 "통과의례"였다고 회고할 수도 있다. 하지만 사회적으로, 민족적으로, 인종적으로 다양한 구성원들이 있는 팀을 구성할 경우, 누군가가 아웃사이더로 남아 있게 될 가능성을 인식하고 민감하게 관찰할 필요가 있다고 생각된다.

동기부여와 무임승차자 문제에 대한 심리학 이론

"심리적 상품(psychological goods)"이 조직과 구성원의 이익 방향을 일치시키는 데 사용되는 메커니즘이라면 무임승차자 문제는 최소화시킬 수 있다. 예를 들어, 목표 달성을 하는 것 자체가 동기부여를 할 수 있는 보상(목표가 SMART 기준을 충족시킬 경우)이 되는 목표설정이론을 생각해보자. 한 팀원이 목표달성을 통해 얻을 수 있는 만족감은, 다른 동료들이 그 만족감을 공유한다고 해서 확실히 줄어들지는 않는다. 사실 이는 그 팀의 심리적 분위기에 따라 달라지는 문제이다. 사이가 긴밀하고 응집력이 좋은 팀이라면, 팀원들은 팀 전체가 달성한 성과에 대해 더 많은 만족감을 느끼겠지만, 임시로 꾸려진 팀이라면 그 반대의 경우가 맞을 것이다("내가 그렇게 애써서 만든 성과를, 같은 팀이라는 이유만으로 이 멍청이들과 공유해야 하다니!").

마찬가지로 흥미있고 재미있는 팀 프로젝트를 완료했을 때 얻을 수 있는 내재적 즐거움은 그 흥미로움과 재미를 다른 동료들과 공유한다고 해서 곧바로 줄어들지는 않는다. 그리고 회사의 성공을 돕는 데에서 느껴지는 만족감 또한 그다지 감소하지 않을 것이다. 하나의 팀으로 일하고 있는 한, 팀 구성원들은 동료들이 제공해주는 사회적 연대감에서 이득을 얻게 되고(자기-결정 이론에 따르면), 다른 동료들의 복지에 관심을 가지게 된다(자기-지각 이론에 따르면). 그렇게 되면, 물질적인 인센티브를 동료들과 나눠야 한다고 해도 무임승차자 문제는 감소될 수 있다.

다른 관점에서 볼 때, 팀기반의 보상과 일에 대해 공정성 이론을 적용하게 되면 동기부여적으로 문제가 발생할 수 있다. 팀 구성원들이 보상을 나누어갖게 되는 것이 예상될 경우(물질적인 보상이든, 심리적인 보상이든), 그리고 일부 팀원들이 동료의 불공정한 보상에 대해 불만을 가진다면, 분배의 불공정을 느끼는 사람들은 곧바로 사기저하가 될 것이다.

즉 상황마다 다를 수 있지만, 금전적인 보상보다 심리학적인 기반을 가진 동기부여 도구는 개인기반의 업무보다는 팀기반의 업무일 때 더 효과가 있는 듯하다. 물질적 인센티브가 개인 구성원을 동기부여하는 데에 더 적절한 맥락이라면, 심리학적 동기부여 방법은 팀이 더 효과적으로 가능하도록 동기부여할 때에 더 적절한 방법이 될 것이다. 그리고 심리학적 기반의 동기부여 방법이 개인에게 더 효과적인 맥락에서는, 잘 구성된 팀에게도 더 큰 효과를 거둘 수 있을 것이다.

사례 2 : 도움행동을 동기부여하기

사례 2를 다시 한번 떠올려보자. 각 구성원의 업무에 자기자신이 담당한 일과, 다른 사람들을 도와줄 수 있는 기회가 포함되어 있는 경우 말이다. 이는 멀티태스킹에 대한 이슈이고, 이때 우리가 던져봐야 할 큰 질문은 다음과 같다. "고용주는 구성원들의 동료 조력 행동을 동기부여하기 위해 명확한 인센티브를 제공해야 하는가? 동료들을 돕고자 하는 동기를 감소시키지 않기 위해 각 개인의 과제에 대한 인센티브를 줄이는 것이 맞을까?"

이제 우리 모두 알고 있듯이, 멀티태스킹 업무를 해야 하는 상황에서 발생되는 문제는 공식적인(formula-based) 금전적 인센티브와 적절한 균형을 잡기 어렵다는 것이다. 하지만 이 사례에서의 멀티태스킹에는 자기자신의 업무를 하는 것과 함께, 가능할 때 동료들을 돕는 것까지 포함되어 있기 때문에, 새로운 도구가 필요한 상황이다. 바로 상호적 협력(reciprocal cooperation)이다. (소규모이고 응집력이 강한) 팀원들이 서로를 돕기 위해 노력을 하는 경우를 상상해보자.

각각의 팀원들이 자기자신의 목표를 달성하는 것과 동료를 돕는 것에 대해 모두 동기부여된다면, 필요할 때 다른 사람들의 도움을 받을 수 있다고 기대하게 될 것이다. 밥, 칼, 도로시가 가끔씩 서로를 도울 수 있는 기회가 생기는 이와 같은 상황에 놓여 있다고 해보자. 그렇게 되면 각자는 개인적인 이득에 관심을 가지는 시각에서, 자신도 도움을 받을 수 있도록 하기 위해 다른 사람을 도와주게 되는 논리로 상황을 바라보게 될 것이다.

이쯤에서 상호성을 기반으로 한 "새로운" 협력에 관한 두 가지 조건을 살펴보는 것이 도움이 될 것 같다. 칼이 (a) 도움 받은 것에 대해 화답할 수 있는 기회를 가지게 될 것이고, (b) 그 기회를 활용할 것이라는 기대를 밥이 하게 되면, 상호성의 원리에 기반하여 밥은 칼을 도와줄 것이다.

- 칼이 밥을 도울 수 있는 기회가 거의 없다면, 첫 번째 조건은 충족되지 못할 것이다. 이상적으로 보았을 때, 동료들을 도와주는 행동이 중요하다면 조력 기회가 자주 생길 수 있도록 팀의 크기를 줄이는 것이 필요하다. 그렇게 하기가 불가능하다면 어떻게 해야 할까? 예를 들어, 팀의 규모가 크지만 팀원들이 서로 도와줄수 있는 기회가 존재하는 경우라면, 쌍방 협력(밥이 칼을 도울 수 있고, 얼마 지나지 않아 칼이 밥을 도와줄 수 있는)의 기회는 자주 일어나지 않을 것이다. 이와 같은 상황에서는 우선, 밥이 칼을 조력할 때,

정확하게 칼을 도와준다기보다 전체적인 팀을 도와준다는 느낌을 가질 수 있는 문화를 만들어야 한다. 둘째, 밥이 칼을 도와준다면, 칼은 이 사실에 대해 사람들에게 이야기해서, 팀의 전체 구성원들이 상호적인 도움을 주고받을 수 있는 기회가 될 때 밥이 좋은 파트너가 될 것이라는 것을 느낄 수 있도록 한다. 예를 들어 생각해보자. 축구에서 득점을 한 선수들은 그 목표를 달성하기까지 누구의 행동이 도움이 되었는지에 대해 동료들에게 이야기한다. 물론, 이와 같은 영광의 공유 행동은 도움을 주었던 동료들이 앞으로도 조력을 해줄수 있도록 동기부여해준다. 하지만 어떤 사람들은 이렇게 생각할 수도 있다. "그 동료가 나를 도와준 것은 고맙긴 한데, 내가 똑같은 행동을 할 것인지에 대해서는 스스로 결정할 문제지."

- 보다 경험이 많은 구성원들이 '경험이 적은 동료들이 일을 배우고 업무속도를 높이는 것을 도와주라'는 요구를 받는 상황에서는, 도움을 주고자 하는 노력이 중요하게 여겨진다. 이 경우, 하나의 팀에는 새로 온 구성원을 도와주는 데에 시간을 투자해야 하는 선임 구성원이 있을 수 있다. 즉, 알렉스라는 선임직원은 신입직원인 바바라를 도와줄 수 있는 기회가 많은 반면, 바바라가 알렉스를 도와줄 기회는 거의 없다. 즉, 상호성을 계산해보고 알렉스가 바바라를 도와줘봤자 돌아오는 것은 없다는 것이다. 따라서 관리자는 알렉스의 조력행동에 대해 보상을 해줄 수 있는 또 다른 방법을 찾아내야 한다. 그리고 알

렉스의 담당 업무에 대해 성과급 보상을 해주는 상황에서는, 알렉스의 고유 업무에 대한 인센티브 수준을 낮추어서, 동료들을 도와주는 노력에 대해 더 많은 보상을 해주도록 해야 한다.

과제 배분

지금까지 우리는 개인 구성원이 담당한 과제들이 모여서 단일의 팀성과가 만들어지는 팀에 대해 생각해보았었다. 그것이 바로 밥, 칼, 도로시가 각자 진행할 수 있는 차별화된 과제를 가지는 상황이다. 밥은 일부 기본시설의 설계와 관리를 할 수 있지만, 도로시는 자재 구입을 담당하고 있고, 칼은 고객 관리 업무를 맡고 있다. 이 팀이 어떤 일을 하는지는 비교적 분명하다. 팀의 각 구성원들이 업무를 나눠맡고 있어서, 자신의 독자적인 업무를 완성하면 되는 것이다. 물론 동료들로부터 도움을 받을 수는 있겠지만, 각 개인의 과제의 완결에 대한 도움을 받게 된다.

팀의 운영 방법에 대해 생각해볼 때 자연스럽게 하게 되는 질문은 "각자에게 차별적인 업무를 어떻게 배분할 것인가"이다. 각자 독특한 전문분야를 가진 전문가로 구성된 팀이라면, 그들의 스킬과 전문분야에 따라 일을 배분하면 된다. 수술을 하기 위해 구성된 팀을 상상해보자. 마취과 의사는 환자의 마취를 담당할뿐, 절개작업에 대해서는 개입하지 않는다.

하지만 각 구성원들이 다양한 성격의 과제들을 맡아야 하는 팀이라면, 그 구성원들이 전문가가 아닌 일반인들이라면 어떨까? 밥, 도로시, 칼이 모두 젊은 토목 기사라면? 칼이 고객 관리에 대해 특별히 많은 재능을 가지고 있다고 해서 이 분야를 꼭 담당해야 하는 것일까? 이렇게 업무배분을 할 경우, 그의 커리어에 어떤 영향을 미치게 될까? 밥에게 고객 관리를 맡긴다면, (a) 이 일을 하면서 뭔가를 배울 수 있을까? (b) 고객관리에서의 스킬은 조직으로부터 제대로 평가를 받을 수 있을까?

모든 팀 구성원들이 모여서 논의를 하고, 팀 내에서 결정해서 업무를 나누도록 하는 것이 좋은 걸까? 아니면 앨리스와 같은 관리자가 팀구성원들에게 어떻게 업무를 나눌 것인지를 이야기해주는 것이 더 나은 것일까? 동기부여면에서 생각해보았을 때, 팀 구성원들이 스스로 업무를 배분하도록 하면 자율성을 강화하는 데에 도움이 될 것이다. 물론, 팀의 응집력이 충분해서 다수파가 권리를 남용하지 않아야 하고, 팀의 결정이 가져올 수 있는 단기적, 장기적 결과에 대해 균형잡힌 시각을 가져야 하는 전제조건이 있어야 하겠지만 말이다. 실제 일터에서는 그다지 이상적이지 않은 상황이 많이 일어날 수 있다. 밥은 장기적인 자신의 스킬 개발에 대해 앨리스보다 더 많이 생각하고 있지만, 앨리스는 어떻게 하면 최대한 신속하게 일을 완료하는 것에 모든 관심을 쏟고 있는 것 같이 말이다.

어떤 것이 필수 조건인 것일까? 이 책에서 항상 이야기하듯이, 모든 것은 상황에 따라 달라질 것이다. 팀에서의 업무 배분을 스스로 하든지, 관리자가 지시를 해주든지 간에, 모든 경우에는 장단점이 함께 존재하기 때문에, 당신의 상황에서 더 바람직한 경우가 어느 것인지를 결정해야 하는 사람은 당신 자신이다. 이와 같은 결정을 내릴 때, 다음과 같은 두 가지에 대해 특히 세심하게 살펴보기를 권하고 싶다. 첫째, 프로세스 진행의 일관성을 유지하는 것은 매우 중요한 일이다. 어떤 경우에는 팀구성원들이 스스로 업무배분을 하고, 어떤 사람들에게는 관리자가 직접 업무를 부여하고, 특정 경우나 특정 이슈에 따라 업무배분 방법이 달라지게 되면 불공정하다는 생각이 들기 쉽다. 둘째, 관리자가 업무배분을 하거나, 팀내에서 스스로 업무배분을 하거나 간에, 팀 구성원들의 스킬 개발이 장기적으로 이루어지도록 해야 한다는 사실을 잊지 말아야 한다. 경영진이 업무배분을 하는 경우, 또 앨리스와 같은 관리자가 업무배분을 하는 경우라면, 업무를 신속하고 효율적으로 완료하는 것을 팀구성원에게 스킬을 개발할 수 있는 기회를 주는 것보다 우선시할 수 있다. 그리고 팀내에서 스스로 업무분장을 하게 할 경우에는, 오늘 잘한 일에 대해 제대로 평가를 받는 것이 더 중요하다고 생각할 수도 있고, 지금 당장 편한 쪽으로 일을 배정받기를 원할 수도 있기 때문에, 역시 장기적인 스킬 개발보다는 단기적인 편리함을 추구하게 될 수도 있다는 점을 기억할 필요가 있다.

사례 3 : 브레인스토밍을 하는 팀

팀구성원들이 해야 하는 일 중에 보다 많은 협력을 요하는 활동이 포함되어 있다면 어떨까? 예를 들어, 특정 문제에 대한 해결책에 대해 브레인스토밍을 하기 위해, 또는 문제를 파악하고 기회를 포착하기 위해 팀이 구성된 상황을 들어볼 수 있다.

이와 같은 경우는 다양한 유형의 사람들로 팀을 구성하는 것이 바람직한 상황이다. 배경, 경험, 재능 면에서 다양한 사람들로 구성된 집단은, 특성과 훈련 경험에서 유사성이 높은 집단보다 좋은 아이디어를 도출하며 약점을 파악할 가능성이 높다는 이야기가 많다.

하지만 이와 같이 다양성이 높은 팀에서는, 대인간 역동이 핵심적이다. 발생하고 있는 문제를 이해하고 동기부여에 관련된 이슈를 파악하는 데 있어서 말이다. 팀이 "해결책"을 도출했을 때, 상사는 "누가 이 아이디어를 냈나요?"라고 묻는 경우가 많다. (여기에서 상사는 팀에서 제시한 해결책을 잘 수용한 상황이라고 가정하도록 하자. "누가 이 아이디어를 냈나요?"라는 질문은 다양한 어조로 주어질 수 있고, 그에 의한 동기부여 반응 또한 다양할 수 있기 때문이다.) 물론, 상사는 어떤 팀원이 창의적이고 좋은 아이디어를 냈는지에 대해 알고 싶어할 수 있다. 하지만 상사가 그러한 질문을 할 경우, 팀구성원들은 다른 동료가 더 좋은 답을 가지고 있다는 것을 알고 있어도, 자신이 인정받고 싶어서 동료의 아이디어에 대해 비판을 할 가능성이 있다는 것을 기억할 필요가 있다.

게다가 집단에서 만들어낸 좋은 아이디어라는 것은 한 개인이 최종 "정답"을 낸 것이 아니다. 회의 초반에 특정 팀원이 최종 결과가 도출될 수 있도록 핵심적인 질문을 했다고 말할 수는 있을 것 같다(너무 뻔한 이야기지만 회의 진행에 대해 두 가지 제안을 하고 싶다. (1) "누가 이 아이디어를 냈나요?"라고 묻지 말자. 그 대신에, "이 팀은 그 해답을 어떻게 도출할 수 있었는지 궁금합니다"라고 묻는 것이 더 낫다. (2) 명예를 공유하는 축구계의 관행을 따르도록하자. 예를 들어 앤(Ann)이 그 아이디어를 처음 낸 사람이라고 한다면, 그녀가 아이디어를 생각해내는 데에 영감을 준 사람들을 언급하는 문화를 강화하도록 하자.)

그리고 팀의 모든 구성원들이 조직이 지향하는 방향과 잘 일치되어 있는 상황이라 하더라도, 그 조직의 방향에 방해가 되는 개인적인 이득에 대한 관심이 존재하기 마련이다. 집단의 해결책을 만들어낸 팀 구성원에게 상사가 특별한 보상을 하지 않더라도, 한 개인의 아이디어가 뛰어나다고 인정받은 경우 집단 내에서 자랑스러운 위치를 차지할 수 있기 때문에, 동료들은 그 아이디어에 대해 불필요하게 길고 강하게 반론을 제기할 수 있는 것이다(내가 학생들에게 사례 연구 과목을 강의할 때, 나는 이 현상을 의도적으로 활용해본다. 토론을 시작하기 전에 학생들에게 특정 사례에 대해 어떤 행동을 하는 것이 옳다고 생각하는지 투표를 해보도록 하는 것이다. 사례를 제시하고 나는 학생들로 하여금 문제 해결을 위해 다양한 옵션들을 탐색해보도록 한다. 어떤 옵션의 경우, 단점이 많다 하더라도 충분한 이야기를 통해 그 옵션이 가지는 모든 장단점들을 점검해본 후에만 제외시키는 과정을 거쳐 최종 행동 계획을 수립하는 과정을 연습시킨다).

이 이슈(팀에서 뭔가를 결정해야 하는 상황에서 혼자 우승자가 되고 싶다는 동기)는 창의적인 판단을 내려야 하는 과제를 받은 팀에서 많이 발생되는 문제들 중의 하나이다. 이 주제만 다루는 좋은 책들이 정말 많기 때문에, 여기에서 이 이슈를 자세하게 다룰 필요는 없을 것 같다. 간단하게 요약을 해보자면 한 문장으로 말할 수 있겠다. '이와 같은 성격(팀구성원들이 모여서 독자적으로 문제를 풀어가는 경우)의 팀을 자유방임적으로 관리하는 것은 의심할 필요도 없이 좋지 않은 방법이다'.

그리고 더 좋은 아이디어를 만들어내기 위해 다양한 팀의 구성과 관리를 어떻게 할지에 대해 배울 수 있는 자료들도 소개한다(*Making the Team*, 5th edition, Boston: Pearson, 2013, Leigh Thompson / *Collaborative Intelligence : Using Teams to Solve Hard Problems*, San Francisco: Berrett-Koehler, 2011, J. Richard Hackman).

요약 : 팀에 대한 동기부여

1. **모든 경우에 적용가능한 황금열쇠는 없다** : 팀에 대한 동기부여를 할 때에는, 그 팀 전체에서 어떤 과제를 하도록 요청받았는지를 고려해야 한다. "모든 경우에 적용가능한 황금열쇠"라는 것은 동기부여에 있어서는 거의 존재하지 않는다. 팀에 대한 동기부여 분야에서는 "모든 경우에 적용가능한 황금열쇠"라는 것이 말도 되지 않는다고 해도 과언이 아니다.
2. **무임승차자에 대해 신경쓰자** : 각 개인의 성과에 대한 평가를 명확하게 하기 힘든 상황에서, 모든 보상은 협업을 거쳐 만들어낸 성과에 대해 제공되는 경우가 많은데, 이때 바로 무임승차자 문제가 발생된다. 팀내에서의 동료 압력은 그와 같은 상황에서 관리자가 활용가능한 좋은 변인이 될 수 있다. 하지만 동료 압력이 관리자가 기대하는 방향과 정반대로 기능할 경우를 유의할 필요가 있다.
3. **심리학적 보상을 적극적으로 활용하자** : 팀을 대상으로 보상을 할 때에는 성과급 보상보다는 심리학적 보상을 제공하는 것이 더 바람직한 경우가 많다. 왜냐하면 팀구성원들을 특별히 차별적으로 나눌 필요가 없기 때문이다.
4. **상호적인 협력을 강화하자** : 각 팀원들이 자신의 개인과제를 수행하는 과정을 서로 도와줘야 하는 상황이라면, 보상 전략을 실행함으로써 "협력이 발생하도록" 애쓰는 것보다는, 사람들이 자연스럽게 상호협력행동을 할 수 있도록 하는 것이 더 바람직하다.
5. **브레인스토밍 작업을 관리하자** : 집단이 함께 좋은 해결책을 내야 하는 과제를 받았다면, 팀의 업무 프로세스를 관리하는 것이 중요하다. 이 분야에 대해 시간을 꼭 내어 자료들을 읽어보도록 하자.

8장

동기부여와 조직

당신이 이 책을 집어들었을 때에는, 아마 조직의 구성원에 대한 동기부여를 조금 더 잘할 수 있는 손쉽고 구체적인 조언을 얻을 수 있지 않을까 하는 마음이 있었을 거다. 하지만 이 책의 첫 부분에서 내가 말했듯이, 당신의 기대와 같이 세부적이고 구체적인 제안을 제공하기란 어려운 일이다. 왜냐하면, 당신의 조직에 대한 세부적인 사항을 알아야만 조언을 할 수 있는데, 나는 그러한 정보를 알지 못하기 때문이다. 그 대신에 내가 지금까지 노력했던 것은, 당신에게 동기부여에 대해 생각해볼 수 있는 기본적인 도구를 몇 가지 제공하는 것이었다. 스스로의 상황에 대해 잘 알고 있는 당신이, 그러한 도구를 가지게 되면 더 효과적인 동기부여를 할 수 있지 않을까 하는 기대를 갖고 말이다.

지금까지 나는 동기부여에 대해 이야기를 할 때마다 "도구(tool)"라는 단어를 사용해왔다. 아마 지금쯤은 독자들도 잘 알고 있겠지만, 다시 한번 명확하게 정리를 하고 넘어가도록 하겠다. 이 책에서 이야기하는 도구란 두 가지 유형으로 나누어 볼 수 있다. 첫째, 나는 성과급이나 목표설정과 같은 특정한 동기부여 "도구"를 설명했었다("계획/전략(scheme)"이라는 단어가 더 명확할지도 모르겠다). 하지만 이와 함께 나는 개념적 도구나 프레임워크에 대한 설명도 했었다. 당신이 구성원과의 관계에 대해 생각하는 방법, 그리고 그들이 당신과의 관계에 대해 생각하는 방법, 그리고 구성원들이 자신의 일에 대해 생각하는 방법.

"생각을 할 수 있는 도구"는 당신이 특정한 맥락에서 특정한 동기부여 전략을 쓸 때 얻을 수 있는 이익과 불이익에 대해 이해할 수 있도록 도와줄 것이다. 사회심리학 그리고 사회심리학을 경영에 적용하는 과정에 대한 선구자들 중의 한 명인 커트 르윈(Kurt Lewin)의 유명한 말을 기억해보자. "좋은 이론만큼 실용적인 것은 없다". 경영에 대한 교육을 하는 사람으로서 나는 그 문구를 자주 인용한다. 나 나름대로의 표현을 다음과 같이 추가해서 말이다. "현명하게 적용을 잘하는 좋은 이론만큼 실용적인 것은 없다." 내가 지금까지 제공했던 이론과 프레임워크들이 좋은 것이었기를 희망한다. 하지만 그 도구들을 당신의 특정 상황에서 현명하게 사용할 수 있을지의 여부는 당신에게 달려있는 것도 사실이다.

그렇다고 해서, 일반적으로 적용 가능한 도구라는 것이 존재하지 않는다는 의미가 아니다. 조직과 구성원에 대해 생각해보면, 동기부여에 대한 이슈에서 우리가 놓치고 있는 부분들이 있는 경우가 많다고 나는 생각한다. 앞에서 몇 가지를 언급하기도 했고, 8장의 마지막 부분에서는 중요한 조언들을 네 가지 항목으로 나누어서 요약해보도록 하겠다. 이 내용은 대부분의 조직에서 활용해볼 수 있을 거라 생각한다.

그 작업을 하기 전에, 우선은 몇 가지 살펴볼 것들이 있다. 당신이 나를 컨설턴트로 고용해서, 조직 구성원들의 동기부여과정을 어떻게 개선할 것인지에 대한 과제를 부여했다고 해보자. 내가 가장 처음 해야 할 일은, 조직에 대해, 그리고 조직의 전체적인 상황과 환경에 대해 몇 가지의 질문을 당신에게 하는 것이 될 것이다. 따라서 8장에서는 내가 해보고 싶은 질문 목록을 정리해보고, 그 질문이 중요하다고 생각하는 이유와, 질문을 해서 얻은 답을 어떻게 활용할 것인지에 대해 설명해보도록 하겠다. 물론 모든 질문을 다 살펴보기란 어려울 것이다.

당신의 대답을 들으면서 추가적인 질문들이 더 떠오르는 경우도 많다. 지금까지 이 책에서 제공했던 프레임워크와 아이디어를 살펴본 독자라면, 이 질문들에 대해 숙고를 해본 후 솔직하게 대답을 해보면서, 어떤 방향으로 나아갈지에 대한 팁을 얻을 수 있을 거라 확신한다.[1]

질문세트 1. 당신의 사업 전략은 어떤 것입니까? 그 전략목표를 달성하기 위해 구성원들이 담당해야 하는 역할은 무엇입니까? 당신은 구성원들로부터 자신이 기대하는 행동을 이끌어내고 있는 중입니까? 그렇다면, 어떻게 하고 있습니까? 그렇지 못하다면, 이유는 뭐라고 생각하십니까?

'뭐, 특별히 생각을 많이 하지 않아도 쉽게 대답할 수 있는 질문이잖아'라고 생각할 수도 있다. 하지만 지금까지의 내 경험에 따르면, 전략과 구성원 노력간의 연계를 정교하게 설계하고 실제 효과가 나타나게 하려면 많은 통찰이 필요하다. 2장에서 건강 다이어트 점심식사를 판매하는 체인점 이야기를 했던 것을 기억해보자. 각 지점의 성과를 올리기 위한 인센티브 문제에 대해 전혀 다르게 접근했던 두 명의 관리자 이야기 말이다. 2장에서 우리가 이 사례에 대해 논의할 때, 전체 조직에 대해 좋지 않은 결과를 가져왔다고 이야기했었다. 하지만 정말 그랬

을까? 이 상황은 조직의 전략에 따라 완전히 이야기가 달라진다. 체인의 전체 브랜드 이미지는 이 상황에서 중요한 것이었을까? 아니면 각 지역의 지점에서 서로 다른 분위기와 느낌을 주어도 상관없는 상황이었을까? 예약없이 지나가다 들르게 되는 손님이 많은 체인점이라면, 어떤 지역에서든 브랜드 이미지를 일관성있게 유지하는 것은 중요한 일이다. 하지만 특정 지역의 지점을 방문하는 것은 그 지역에 살고 있는 고객들뿐이라면 어떨까. 그 식당에 대해 이미 잘 알고 있는 '단골'들만 오는 경우라면 말이다.

그렇다면, 체인점은 각 지역의 관리자와 구성원들이 해당 지역의 특성에 대해 맞춤화할 수 있는 노력을 하는 것을 더 선호할 것이다. 예를 들어, 어떤 지역에서는 근처 회사에 다니는 회사원들을 주고객으로 식당을 운영할 것이고, 다른 지역에서는 근처 대학의 학생들에게 맞춤화된 분위기를 조성하면서, 각 지역에서 차별화된 정체성을 가질 수 있도록 신경쓸 수 있다.

일단 당신의 조직의 전략을 명료화하는 작업부터 시작해보도록 하자. 현재 상황에 잘 맞는 것이라면 어떤 프레임워크를 사용해도 좋지만, 스탠포드 경영대학원의 MBA 학생들에게 지도했던 프레임워크[2]를 원한다면, 다음의 네 가지 질문에 대해 대답을 해보면 좋겠다. (약간 주제에서 벗어날 수도 있겠지만, 지금과 같은 사례에 대해서는 확인 질문을 추가하고 싶다. 비즈니스 전략상 여러 지역에서 꼭 일관성을 유지할 필요가 없다면, 다양한 지역들을 연결시킬 수 있는 비즈니스 전략은 무엇일까? 예를 들어보자면, 음식재료의 구입을 중앙에서 맡는 것이 있을 수 있다. 그 질문에 대한 대답이 어떤 것이든 상관없이, 이해관계자들과 그 공통적인 비즈니스 전략에 대해 명료하게 소통해보는 것은 매우 중요한 작업이다. 왜냐하면, 구성원들에게 어떤 행동을 기대할 것인가에 대한 방향 제시를 해주기 위한 일이기 때문이다.)

1. 조직의 목표는 무엇인가?
2. 조직의 활동 영역은 어디인가? 경쟁회사와 차별화되는 점이 있다면 어떤 것인가? 차별화되지 않는 점은 어떤 것인가?
3. 이 조직이 경쟁우위를 차지할 수 있는 이유는 무엇인가? 경쟁회사가 할 수 없는 것은 어떤 것이고, 그 이유는 어떤 것인가?
4. 이 모든 질문을 한 가지로 묶을 수 있는 논리는 어떤 것이 있을까? 이 조직이 목표를 성공적으로 달성할 수 있는 근거는 무엇일까?

그리고 구성원 동기부여에 대해서는 다섯 번째와 여섯 번째의 질문을 추가하고 싶다.

5. 조직의 비즈니스 전략을 지원하고 강화하기 위해 모든 구성원들에게 기대되는 행동과 활동은 어떤 것이 있는가?
6. 조직구성원들이 기대되는 행동과 활동을 할 수 있도록 하기 위한 조직의 인적자원관리 정책과 프로그램은 어떤 것이 있는가? 어느 정도 잘 운영되고 있는가?

5번 질문에 대해서는, 집단에 따라, 구성원의 유형에 따라 다양한 대답이 나올 수 있을 것이다. 다시 말해서, 특정한 구성원 집단의 동기부여에 대해 관심이 있다면, 그 집단을 위해서만 5번 질문을 해야 할 것이다. 하지만 장인 연합의 사례에서 배운 교훈을 기억할 필요는 있다. 당신이 특정 유형의 구성원에게만 관심이 있는 것이라 하더라도, 그 유형의 구성원을 위한 인적자원관리 전략(6번 질문)은 다른 유형에게 매우 큰 영향을 미치게 된다는 것을 말이다. (이 부분에 대해서는 질문세트 3에서 더 다루도록 하겠다.)

대부분의 조직에서는, 1번에서 4번 질문에 대한 대답이 5번과 6번 질문에 대한 대답을 만들어내는 경우가 많다. 조직에서 특정한 비즈니스 전략을 가지고 있다면, 그 전략의 방향에 맞게 구성원들을 동기부여하게 될 것이기 때문이다. 즉, 전략이라는 것이 더 먼저 고려해야 하는 요소인 것이다. 이는 또 하나의 어려움을 만나게 될 수 있는 상황이다. 현재 상황을 고려해보고, 위의 질문을 듣고 생각해본 대답에 따라, 비즈니스 전략의 수정을 고려해보거나 개선을 해야 할 수도 있기 때문이다. 어떤 사람을 고용할 것인지, 고용 환경을 어떻게 구성할 것인지, 구성원에게 업무배정을 어떻게 해줄 것인가에 대해 말이다.

따라서 이 질문들에 대해서는 매우 중요한 방법론적인 점검을 해볼 필요가 있다. 내가 각 질문에 번호를 매겨 놓긴 했지만, 하나의 질문에 대해 대답을 했다고 해서, 이제 그 질문에 대한 생각을 더 할 필요는 없다고 생각해서는 안 된다. 그 다음 질문으로 넘어간 후에도, "이전 질문에 대해 다른 대답을 해야 하는 상황이 있는가?"라는 의문을 가져볼 필요가 있다.

내가 당신과 함께 현재 상황에 대해 점검해보고 있는 상황이라면, 몇 가지 질문에 대한 대답을 들은 다음에 이런 말을 해볼 것이다. "그렇다면, 아까 하셨던 대답에 대해 다시 한번 생각해보도록 합시다." 당신도 스스로 이와 같은 작업을 해볼 수 있으면 좋겠다.

질문세트 2. **현재 당신의 조직이 가지고 있는 독특한 경제적, 사회적, 법적 환경은 어떤 것이 있습니까?**

이 질문에서의 '경제적 환경'이란, 당신의 상품이나 서비스가 경쟁하는 시장(당신의 비즈니스 전략에 포함되는 요소들)에 관한 것이 아니고, 당신이 마주하고 있는 노동인력의 시장을 의미하는 것이고, 당신의 (미래) 구성원들이 마주하게 될 경제적 환경을 가리키는 것이다. 예를 들어 노스 캐롤라이나, 케리(Cary)에 위치한 소프트웨어 기업인 SAS 인스티튜트[3]의 상황을, 캘리포니아의 서니베일(Sunnyvale)에 있는 실리콘 밸리의 경쟁자들의 상황과 한번 비교를 해보도록 하자. SAS 인스티튜트는 더럼(Durham), 채플힐(Chapel Hill), 롤리(Raleigh)의 중앙에 있는 삼각 집적형 연구개발단지 안에 위치하고 있다. 노스 캐롤라이나에서 잦은 이직(job-hopping)은 실리콘 밸리보다 많지 않고, 가능성도 그다지 많지 않다. 따라서 SAS 인스티튜트는 구성원들에 대해 더 장기적

인 동기부여전략을 활용할 수 있고, 실제로도 그렇게 하고 있다. 이 회사에서는 구성원들에게 많은 투자('스킬' 훈련 제공)를 하는데, 이로 인해 구성원의 유지율(retention rate)은 매우 높아서, 회사가 투자로 인해 얻는 이익이 큰 편이다. 실리콘 밸리에 있는 회사에서는 스킬 훈련을 제공한 후에도 구성원이 이직하는 경우가 많은데, 왜냐하면 그 훈련으로 인해 구성원의 역량이 높아져서 다른 회사에서 스카우트를 제안하곤 하기 때문이다.

당신은 조직구성원들이 대처방법을 고민해야 하는 다른 시장의 환경을 고려할 필요도 있다. 케리 지역의 주택 시장은 서니베일의 주택 시장 상황과는 매우 다르다. 따라서 두 지역의 회사들은 현직 구성원에 대한 복지혜택 제도를 설계하고 외부 지역에서 오게 될 미래 구성원을 위한 주택 제공 정책을 구성하는 데 있어서 차이점을 보일 수밖에 없다.

사회적 환경에 대해 고려를 해봄과 동시에, '이달의 직원'에 대한 시상을 하는 인적자원관리 프로그램을 한번 생각해보자. 이 프로그램은 구성원에게 동기부여를 하고, 조직이 기대하는 행동에 대해 명확한 실례를 보여주기 위해 계획된 것이다. 이와 같은 프로그램은 동료들 사이에서 튀어보이는 것을 좋아하지 않는 동남아시아보다는, 개인적인 성취를 인정하고 축하해주는 문화(보스턴에 있는 회사라고 해보자)에 더 잘 맞을 것이다. (어디에서 들었는지 기억은 잘 안 나지만 내가 들었던 사례 중에는, 태국 농촌 지역에 있는 회사에서 '이달의 직원' 프로그램을 시행했더니, 수상을 한 직원이 동료들로부터 따돌림을 당하는 상황이 벌어졌다는 이야기가 있었다. 그 프로그램은 즉시 중단되었다고 한다.) 노스 캐롤라이나와 실리콘 밸리의 사회적 문화 차이 때문에, SAS 인스티튜트의 구성원들과 구글의 구성원들의 행동에 차이가 있는 것을 생각해봐도 좋을 것이다(하지만 — 항상 '하지만'은 필요하다 -, 구글이 처음 출발할 때, 구글의 최고경영진은 인적자원관리 방법에 대해 배우고자 SAS 인스티튜트에 견학을 왔었다는 사실을 여기에서 언급하고 넘어가는 것이 좋겠다. 구글은 SAS 인스티튜트의 정책과 프로그램을 그대로 따라하지는 않았지만, 실리콘 밸리와 다른 사회적, 경제적 환경을 가진 이 회사에서 견학한 좋은 점들을 자신의 조직에 반영하였다).

회사의 인적자원관리 정책과 프로그램은 지역 시장의 조건과 사회적 환경을 고려하여 설계되어야 한다는 이야기는 아무리 강조해도 모자랄 것이다. 하지만 고도로 발달한 경제구조를 가진 지역의 관리자들은 복잡한 노동법을 제대로 이해하지 못하는 경우가 많다.

미국의 노동법이 다루고 있는 내용은 매우 광범위하다. 그런데다가 지역마다의 특수성이 있어서, 지방자치단체와 도시들마다 노동자의 권리에 대해 추가적인 법규를 추가하고 있다. 물론 가장 골치아픈 문제는 — 점점 많이 해결되어가고 있지만 — 노동조합이다. 미국에서 노동조합은(특정 지역과 산업분야, 그리고 공공영역을 제외하고는) 고용주가 고려해야 할 변인이 아닌 경우가 많지만, 당신의 조직이 미국이 아닌 국가에 위치하고 있다면, 중요한 문제가 될 것이다. 하지만 노동조합 외에도, 고용주가 구성원에게 임금을 어느 정도, 그리고 어떻게 제공하는지에 대한 법과 규정들, 세금을 충분히 낼 수 있을 정도의 복지제도, — 내가 이 글을 쓰고 있을 때, 건강보험개혁법(Affordable Care Act)이 제정되었고, 앞으로도 새로운 법이 나타나게 될 것이다 —, 건강보험에 관련된 규정들은 매우 많이 존재하고 있으며 복잡한 내용을 담고 있다.

동기부여에 대해 직접적인 영향을 줄 수 있는 두 가지 사항들을 기억하도록 하자.

- 구성원에게 스톡옵션을 제공하는 전략을 사용할 때에는, 명확한 근거법을 찾아서 참고해야 한다.
- 부당한 사회적 비교를 지양하거나, 여러 집단에 대해 각각 다른 동기부여를 하고 싶을 때, 다양한 집단을 다르게 대우하는 것은 차별에 대한 규정에 위반될 수도 있다. 불평등 효과에 대한 원칙(disparate-impact doctrine)이 생기면서부터는 특히 그렇다. 불평등 효과에 대한 원칙이란 이런 것이다. 구성원 집단을 차별적으로 대하는 행동을 할 때, 특히 '보호되어야 하는 대상'에게 부정적인 영향을 미치게 되면, 그 행동은 차별적인 것으로 규정된다. 당신에게 누군가를 차별하고자 하는 의도가 없었다고 해도 말이다. 그래서 A집단에게 제공한 인센티브 보상이 B집단의 보상보다 더 컸을 경우(A집단의 구성원들을 동기부여하는 것이 조직의 이익을 위해 더 중요했기 때문에), A집단의 평균 보상액이 B집단의 평균보다 높았을 때(A집단에는 남성이 더 많고 B집단에는 여성이 더 많을 경우), 당신은 불평등 효과에 대한 원칙에 의해 처벌받을 수 있다. 더 복잡하고 어려운 과제를 하는 사람들에 대해 더 큰 인센티브 보상을 제공할 경우(그 정책

이 여성에 대해 부정적인 영향을 미치게 된다면), 당신은 역시 불평등 효과에 대한 원칙에 의해 처벌받을 가능성이 있다. 사람들은 "사업상 어쩔 수 없는 필요성에 의해" 불평등한 효과를 만들어내는 행동을 할 수밖에 없다고 말을 많이 하는데, 그 인센티브 전략이 경제적으로 건전한 것이라면 괜찮을 것이다. 하지만 "사업상의 필요성"에 대한 법적 기준은 시간이 지남에 따라 변화하고 있고, (이렇게 말하는 것이 도움이 될 것 같다) 시간이 지날수록 허용 기준을 맞추기가 점점 더 어려워질 것이다.

내가 "이러이러한 특별한 상황에서는 어떨까?"라는 질문을 많이 하고 있다는 것을 기억해주기 바란다. 아마도 많은 고용주들은 이 질문에 대해 "별 특별한 것은 없는데요"라고 대답할 거라 생각한다. 하지만 그냥 가볍게 넘어갈 일이 아니다. 좀더 신중하고 깊게 생각해볼 필요가 있다. 당신이 처음에 생각했던 것보다 더 많은 일들이 수면 아래 숨어 있을 수 있기 때문이다.

질문세트 3. 넓은 의미로 생각해볼 때, 당신의 조직이 가지고 있는 업무 기술은 어떤 것입니까?

업무 기술(work technology)이라는 개념은 꽤 많은 의미를 포함하고 있다. 당신의 조직은 주문생산을 하는 곳인가, 아니면

부품조립을 하는 곳인가? 당신의 사업이 가지는 자본집약성은 어느 정도인가? '기술'에 대해 조금 더 넓은 시각으로 생각해보면, 다음과 같은 질문에 대한 대답을 할 수 있을 것이다.

- 물리적인 업무 환경은 어떠한가? 각 구성원들은 어느 정도 개인적인 공간을 가질 수 있는가? 옆 동료의 자리와는 어느 정도 떨어져 있는가?
- 구성원에게 요구되는 스킬은 어떤 것인가? 구성원들은 그 스킬을 어떻게 얻을 수 있는가?
- 성과 모니터링과 측정 : 구성원들은 직접적인 모니터링을 받을 수 있는가? 그 과정에서는 어떤 도구가 사용되는가? 성과에 대해 간접적으로 측정해볼 수 있는 방법이 존재하는가? 구성원들의 노력을 성과 평가에 어느 정도 반영할 수 있는가? 실시간으로 관찰이 이루어지는가, 아니면 어느 정도 기간이 흐른 후에 관찰되는가?
- 구성원에게는 어느 정도의 창의성과 적극성이 요구되는가? 수행해야 하는 과제를 받았을 때 느끼게 되는 모호성은 어느 정도인가?
- 한 명의 구성원이 여러가지 과제를 모두 책임져야 하는 경우는 어느 정도 존재하는가? 그 구성원이 각 과제에 대해 시간을 어떻게 배분할 것인지를 결정해주는 사람은 누구인가? 그 과제들의 다양성은 어느 정도인가? (이는 동기부여에 있어서 매우 중요한 요소이므로, 강조를 하기 위해 나중에 다시 한 번 질문할 것이다.)

- 구성원들은 서로의 도움을 어느 정도 필요로 하게 되는가?
- 구성원 집단이 일상생활에서 상호작용을 잘 할 수 있도록, 협력구조와 물리적 업무환경을 어떻게 설계하고 있는가? 구성원들의 상호작용은 긍정적인 사회적 비교를 만들어내는가, 아니면 역기능적인 사회적 비교를 창출하는가? (이 질문이 왜 중요한지에 대해서는 장인 연합의 사례를 떠올려보면 좋겠다.)

동기부여와 인적자원관리에 있어서 특히 중요한 기술의 한 차원은, 각 개인 구성원의 성과와, 그 개인 성과가 조직의 전체 성과에 미치는 영향간의 관계에 대한 것이다. (이에 대해서는 6장에서 간단하게 다루었었지만, 여기에서 잠깐 다시 이야기하는 것도 유용할 것 같다.)

이 경우 기술의 몇 가지 차원이 복합적으로 적용되지만, 여기에서 몇 가지를 요약해보도록 하겠다.[4]

- **스타 업무**(star job) : 구성원의 성과가 그냥 평범한 수준이거나 좋지 않은 경우라면 조직에 대해 그다지 큰 부정적인 영향을 주지 못하지만, 뛰어난 성과를 낼 때에는 매우 큰 긍정적인 영향을 줄 수 있게 되는 업무를 말한다. 예를 들어 제약회사에 근무하는 연구원의 경우를 한번 생각해보자. 어떤 실험실의 연구원이 효용성이 높은 신규약을 발견한다면, 조직에 대해 큰 이득을 가져다 줄 수 있다. 또 많은 시도를 해봤지만 성과를 내지 못했다면 그동안 비용은 많이 들었겠지만, 거시적인 시각에서 봤을 때

에는 그만큼의 손해가 아닌 것이다.

- **가디언 업무**(guardian job) : 이제 스펙트럼의 전혀 반대 방향으로 가보자. 가디언 업무는 좋은 성과가 날 경우 조직의 전체 성과에 대해 어느 정도의 긍정적인 영향을 가져다줄 수 있지만, 나쁜 성과가 날 경우에는 조직에게 엄청난 부정적 영향을 줄 수 있는 경우를 가리킨다. 오랜 시간 동안 운전을 해야 하는 트럭 운전사를 생각해보자. 운전사가 맡은 일을 잘해내고, 일정에 맞게 효율적인 이동을 한다면(자신이 통제가능한 범위 내에서는) 트럭 회사에게 좋은 일일 것이다. 하지만 엄청난 사고를 낸다면 — 예를 들어, 화학물질을 운반하고 있는 상황이었는데, 사고 때문에 그 화학물질이 식수공급원을 오염시키게 되었다면 —, 이는 회사에 대해 큰 손해를 입히는 일이 될 것이다. (제약회사 연구원이 새로운 약을 발견하였지만, 나중에 엄청나게 부정적인 부작용을 일으키게 된 상황에 대해 생각해볼 수도 있다. 이 경우에는 조직에 대해 엄청나게 부정적인 영향을 주지 않을까? 물론 그럴 것이다. 하지만 새로운 약을 발견하는 데 있어서 한 명의 개인 연구원이 핵심적인 역할을 할 수는 있는 반면, 테스트와 검증 작업을 하는 데에는 여러 구성원들의 노력이 필요하게 된다.)
- **보병 업무**(foot soldier job) : 개인구성원이 만들어낸 좋은 성과는 조직에 도움을 줄 것이고, 나쁜 성과는 조직에 해를 입히겠지만, 그 영향의 정도가 극적으로 크지는 않은 경우이다.

이 분류 시스템에서 기억을 해둘 점은, '스타업무, 가디언 업무, 보병 업무'라는 분류의 대상이 업무이지 개인 구성원이 아니라는 사실이다. "그 사람은 스타 직원입니다"라는 말은 완벽하게 훌륭한 문장이고, 그 직원이 자신이 맡은 일을 정말 훌륭하게 해내고 있다는 것을 의미한다. 그 직원이 회사를 위해 화학물질 수송트럭을 운전하고 있으며, 같은 회사 내에 있는 어떤 운전사와 비교해보아도 약속시간을 가장 잘 지키며 흠결 없는 운전 기록을 갱신해나가고 있는 사람이라면, 그 사람은 스타 트럭 운전사일 것이다. 하지만 그 직원의 업무는 이 분류 시스템을 통해서 볼 때 가디언 업무에 속한다.

인적자원관리 시스템이 제대로 운영되기 위해서는 스타 업무를 담당할 구성원을 채용하고, 훈련시키고, 모니터링하고, 평가하며 동기부여하는 방법은, 가디언 업무 담당자에 대한 프로그램과 달라야 하기 때문에, 이와 같은 상황이 중요한 것이다. 예를 들어 생각해보자. 가디언 업무 담당자를 채용할 때, 당신은 그 사람이 과거에 어떤 업무 성과를 냈었는지에 대해 관심을 가지고 매우 신중하게 평판 조사를 해볼 것이다. 여러 분야에 걸쳐 그 사람을 훈련시키기를 원할 것이고, 과업을 꼭 성공시킬 수 있도록 동기부여를 할 것이다. 트럭 운전사는 약속시간을 잘 지켰을 때 인센티브를 받을 수 있지만, 그 액수는 그다지 크지 않을 것이고, 왜 지각을 했는지에 대해 변명을 하면 수용될 여지가 존재한다. 스타 업무에 대해서는, 모든 것들의 기준이 더 엄격해진다. 관리자 입장에서는 스타 업무를 담당할 사람이라면 달성하기 어려워 보이는 일에 대해서도 기꺼이 도전해보려는 사람을 찾고 싶어할 것이고, 그와 같은 행동에 대한 동기부여를 할 것이다. 정말 좋은 기회를 얻기 위해 나쁜 성과를 만들어내는 위험도 감수할 만한 사람 말이다. 그러한 선택을 해야 할 때가 존재하기 때문이다.

그리고 문제가 발생한 사례들을 보면, 업무 설계가 스타 업무와 가디언 업무를 섞어 놓은 경우가 많다. 매우 뛰어난 성과를 내거나 매우 형편없는 성과를 냈을 때 모두 다 조직에 대해 엄청난 영향을 미치게 되도록 해 놓은 것이다. 창의성과 적극성을 요구하지만, 고객에 대한 조직의 평판을 유지하는 것도 중요한 서비스 업무를 보면 이와 같이 어려운 업무들을 섞어 놓은 경우가 많다. 매우 훌륭한 서비스를 할 경우 조직에게 많은 이득을 가져다 줄 것이다. 하지만 '홈런'을 추구하며 부적절할 만큼 많은 시간을 낭비했지만 소수의 고객에 대한 서비스만 해낸 구성원은 그야말로 재앙이 될 수 있는 것이다.

질문세트 4. 조직 구성원들의 업무는 어떻게 설계되어 있습니까?

구성원에게 주어지는 업무는 대부분의 경우 다양한 과제들을 포함하고 있다. 어떤 과제들이 섞여 있을까? 그리고 조직에서는 왜 그렇게 다양한 과제들을 섞어서 업무를 만든 것일까? 앞에서도 이야기했듯이, 스타 과제와 가디언 과제가 섞여 있는 업무에서는 문제가 발생할 가능성이 크다. 2장에서 우리는 쉽

고 빠르게 성과 측정이 가능한 과제와, 성과 측정이 어려운 과제를 동시에 해야 하는 구성원에 대해서 적절하게 동기부여를 하는 것이 왜 어려운지에 대해 논의했었다. '어떤 과제는 부수적인 것이기 때문에', '그 구성원은 그렇게 다양한 일을 동시에 할 수 있을만한 자원과 생산 기술이 있기 때문에'라는 여러가지 핑계를 대면서 조직에서는 한 구성원의 업무에 여러가지 종류의 과제를 섞어 넣곤 한다. 하지만 업무 설계를 그와 같이 하는 것은 바람직하지 않다. 따라서 구성원에 대한 동기부여 방법을 설계하려면, 우선 그 구성원에게 배정된 과제들의 목록을 명확하게 파악하는 것이 필요하다.

하지만 어쩔 수 없이 성과측정이 어려운 과제와, 성과측정과 관찰이 쉬운 과제를 섞어서 업무 설계를 해야 하는 상황이라면, 심리학을 기반으로 한 동기부여 도구를 사용하는 것이 보다 바람직할 것이다.

질문 세트 5. 당신의 조직구성원들은 어떤 특성을 가지고 있는 사람들입니까?

이 질문 세트는 고전적인 인구학적 정보로부터 시작할 수 있다. 조직 구성원의 연령대는 어느 정도 다양한가? 그들의 학력은? 기혼자는 몇 명이고, 자녀가 있는 구성원은 몇 명인가? 인종, 종교, 젠더, 민족성에 있어서의 다양성은 어느 정도인가?

어떤 특성을 가진 구성원에게도 잘 맞는 인적자원관리 정책과 프로그램이란 존재하지 않는다. 당연히 고용주나 관리자는 현재 조직에서 일하고 있는 사람들에게 잘 맞는 프로그램을 원할 것이다. 그렇다면 당신은 조직구성원들이 어떤 사람인지를 파악해야만 한다.

일단 한 가지 유의점부터 이야기하고 넘어가도록 하자. 앞에서 언급한 인구학적 카테고리에 기반한 차별(채용이나 고용 프로그램에서)을 할 경우, 고용주·관리자는 법적으로 매우 큰 처벌을 받을 수 있다. 채용 인터뷰를 하거나, 현직 구성원에 대한 정보를 수집할 때, 절대 해서는 안 될 질문들이 존재한다. 물론 고용에 있어서 인구학적 정보에 따라 차별을 하는 것이 허용된 경우도 있다. 실제 해당 직업을 가지고 있는지를 판단하기 위해 특정한 인구학적 집단에 속해 있는 것는 것을 법정에서 보여주는 일이 필요할 때 말이다. 하지만 이런 경우는 그다지 많지 않다. 역량 있는 노동법 전문 변호사에게 자문을 받으면서 법률에 대해 명확한 이해를 하는 것이 꼭 필요하다.

그리고 법적인 범위를 벗어나지 않더라도 어려운 문제가 있다. "조직의 인적자원관리 프로그램이 그 조직에서 일하고 있는 구성원들에게 잘 맞아야 한다"는 것은 좋은 조언이긴 하지만, 고용주·관리자가 특정 인구학적 집단의 취향과 행동에 대해 편견을 가지고 있다면 이는 매우 위험한 조언일 수 있다.

과거에 함께 일해봤던 직원들의 샘플을 통해 합리적으로 얻어진 통계를 가지고 만들어진 편견은 얼핏 보기에는 과학적일 수도 있다(여기에서의 문제는 샘플 사이즈에 대한 것도 있다. 지금까지 여성직원보다 남성직원을 더 많이 고용했었던 곳에서 남성과 여성의 자발적 퇴사율에 대해 이야기를 하는 거라면, 그리고 해당 직원이 퇴사하지 않을 수 있도록 업무를 구성하고 싶다면, 여성직원의 표본 사이즈가 너무 작기 때문에 당신의 예측이 맞지 않을 수 있다. 이 부분에 대한 참고 자료를 소개한다(Baron and Kreps, *Strategic Human Resources : Frameworks for General Managers*, New York : Wiley, 1999, p.353ff)). 하지만 그 편견은 잘못된 상식을 맹목적으로 적용한 경우인 때가 많다.

사례를 통해 생각해보자. 선 하이드롤릭스(Sun Hydraulics)는 플로리다 새러소타(Sarasota)에 본부를 두고 있는 회사로서, 유체동력장치를 제조하고 설계하는 회사이다(선 하이드롤릭스는 하버드 비즈니스 스쿨 사례집에서 다룬 매우 매력적인 조직이다. 구성원의 동기부여와 (보다 넓게 말하자면) 구성원의 행동에 대한 당신의 시각을 확장하기 위해, 어느 한 곳의 회사를 선택해서 세부적인 사항들을 연구해보라고 할 수 있다면, 나는 이 회사를 추천할 것이다. 처음에는 루이스 반스와 콜린 카프탄의 자료부터 시작해보는 것을 권하고 싶다("Sun Hydraulics Corporation (A and B) (Abridged)", Harvard Business School Case 9-491-119). 그리고 한걸음 더 나아가서, 2001년과 2008년의 위기상황에 대해 이 회사가 어떻게 대처했는지에 대한 추후 연구사례도 찾아보기 바란다). 선 하이드롤릭스는 로버트 코스키(Robert Koski)가 창립한 회사이다. 코스키는 다양한 관리 문제들 중에서도 특히 숙련된 육체노동자의 행동과 동기부여에 대해 독특한 시각을 가지고 있는 사람이었다. 하이드롤릭 밸브와 매니폴드를 생산하는 기술은 완벽한 개별생산 형태이다. 숙련도가 매우 높은 육체노동자들은 원자재를 최종생산품으로 변환시키기 위해 다목적 기계 도구들을 사용하며, 각 생산품을 완성하기 위해서는 독특하고 복잡한 단계들이 요구된다. 개별생산(job-shop) 체계의 효과를 높이기 위해서는 (a) 육체노동자들이 최대한 자신의 능력을 발휘할 수 있도록 (상식적 기준에 따라) 업무일정을 효율적으로 짜야 하고, (b) 육체노동자 직원들의 행동에 대한 상식에 기반하여 긴밀한 수퍼바이징(supervising)이 제공되어야 한다는 의견이 지배적이다.

하지만 코스키는 그와 같은 이야기는 순 엉터리라고 생각했다. 육체노동자 직원들이 그들의 스킬과 지식에 대한 존중을 받는 환경에서, 스스로 일정을 짜고 스스로 수퍼바이징을 하기 위해 필요한 모든 정보들을 제공받는다면 더 일을 잘해낼 수 있다고 생각한 것이다. (사실 여기에서의 "스스로(self)"라는 표현은 적절하지 않은 것으로 보인다. 선 하이드롤릭스에서 근무하는 육체노동자들 간에 존재하는 동료 압력은 엄청났다. 코스키가 믿고 있었던 것은, 사무직 구성원들에게나 맞는 일정짜기와 수퍼비전은 불필요하며 효과적이지 않다는 것이었다.) 선 하이드롤릭스의 역사를 보면, 코스키의 의견이 맞았다는 것을 알 수 있다. 숙련도가 높은 육체노동자 직원의 속성에 대한 상식(일반 대중의 믿음)은 적어도 이 사례에 있어서는 맞지 않았다는 것이다. 혹시 이와 같은 사례는 매우 숙련도가 높은 육체노동자 구성원들에게만 맞는 이야기라고 생각할 수도 있겠다. 서비스마스터(ServiceMaster)는 숙련도가 그다지 높지 않은 육체노동자들이 일하는 곳이었지만 선 하이드롤릭스와 매우 비슷한 인적자원관리 정책을 기반하여 큰 성공을 거두었다(서비스마스터社의 조직문화에 대한 자료는 이곳에서 찾아볼 수 있다. http://www.servicemaster.com/about-us/we-serve).

조직 구성원의 인구학적 통계자료를 파악하고 수집하는 것은 중요한 일이지만, "조직구성원들은 어떤 특성을 가지고 있는 사람들입니까?"라는 질문에 답하는 초반 단계의 작업일 뿐이다. 5장의 내용을 떠올려보자. 당신의 조직구성원들이 자신의 일, 직업과 맺고 있는 연결관계는 도구적인가 표현적인가? 표현적이라면, 그 표현적인 연결관계의 속성은 어떤 것인가? 조직구성원들은 업무 중심적인가? 가치 중심적인가? 미션 중심적인가? 조직성과 중심적인가? 조금 다른 차원으로 설명해보자면, 조직 구성원은 자신과 조직과의 관계를 뭐라고 생각하는가? 일(job)? 커리어(career)? 소명(calling)?

코스키가 선 하이드롤릭스에서 달성한 것을 이해하려면 앞에서 말한 내용들을 파악할 필요가 있다. 육체노동자들의 행동에 대한 일반 대중의 상식은, 육체노동자들이 자신의 일과 조직에 대해 도구적인 연결관계를 맺고 있는 부분에서는 정확한 편이다.

하지만 선 하이드롤릭스의 육체 노동자들은 자신이 담당하고 있는 일과 조직에 대해 매우 강하고 표현적인 연결관계를 맺고 있었다. 이는 그들이 일을 하면서 보여주는 행동을 바꿔놓았다. 코스키는 육체노동자 직원들을 존중했고 매일 해야 하는 활동들에 대한 자율성을 줄 때 이와 같은 연결관계를 구축하는 것이 가능하다는 것을 이해한 것이었다.

'조직구성원들은 자신의 일에 대한 심리학적 연결관계를 어떻게 만들어 내는가', '기대하는 구성원 행동을 이끌어내기 위한 비즈니스 전략은 무엇일까'에 대해 깊은 성찰을 해보는 것이 바람직하다. 다양한 동기부여 도구에 대해 구성원들이 보이는 반응은 이 질문의 대답에 의해 영향을 많이 받을 것이다. 장인 연합의 슬픈 이야기를 떠올려보면 좋겠다. 또 다른 사례로는, 가구 제조업체인 허먼 밀러(Herman Miller)[5]를 들 수 있을 것 같다. 허먼 밀러社는 사무용 가구로 가장 잘 알려진 회사이다. 상징적인 상품으로는 임스 체어(Eames chair), 에어론 체어(Aeron chair), 액션 오피스 모듈 시스템이 있다. 제조작업은 미시건의 질랜드(Zeeland)에서 진행되는데, 그곳에서 일하는 구성원들은 대부분 개신 개혁 교회(Reformed Protestant) 전통의 복음주의 신앙을 가진 독실한 신자들이다. 회사에서는 구성원들의 가치관에 대해 적극적으로 인정하고 있으며, 커뮤니티 행사에 참여할 수 있도록 유급휴가를 제공한다. 허먼 밀러의 구성원들은 가치관 중심적인 경우가 많으며, 미션 중심적이기도 하다. 회사의 미션 문구는 "사람들이 위대한 일을 할 수 있도록 돕는 디자인을 하자"이다. 이와 같은 정책으로 인해 구성원들은 공장현장의 일상적인 운영관리를 할 수 있는 기회와 역량을 갖게 되고, 기꺼이 그 관리작업에 참여하고 싶어하게 되었다.

허먼 밀러는 다양한 이유 때문에 2012년, 매우 중요한 전략적 결정을 하기로 했다. 생산의 범위를 확장하고, 지역 범위도 넓히기로 한 것이다. 포쉬 오피스 시스템(POSH Office System)이라는 중국계 사무가구 제조업체에 대한 합병작업이 진행되었다. 포쉬는 매우 전통적인 중국 회사였다. 구성원들이 조직과 맺는 연결관계는 허먼사의 경우와 매우 다르다. 독자들도 예상이 되겠지만, 이와 같이 전혀 다른 구성원-고용주 연결관계를 가지고 있는 회사를 합병할 경우, 포쉬를 기존에 있던 대로 둘 것인지, 아니면 허먼 밀러에 맞게 리모델링을 할 것인지를 결정해야 한다. 또 포쉬를 변화시키기로 결정했다면, 어떻게 할지 얼마나 빠르게 진행할지도 판단할 필요가 있다. 그러한 판단을 위해서는, 포쉬의 구성원들이 자신의 직업, 일, 고용주에 대해 어떤 식으로 애착관계를 맺고 있는지에 대해 파악해야만 한다.

허먼 밀러가 포쉬의 새로운 구성원들과 좋은 관계를 맺는다고 해서, 곧바로 동기부여가 되는 것은 아니다. 포쉬에 대한 허먼 밀러의 행동이 미시건의 핵심 노동자들과의 관계에 어떤 영향을 미치게 될지에 대해 생각해볼 필요가 있다. 그 구성원들은 허먼 밀러의 가치관과 미션을 공유해야 하는 사람들이다. 허먼 밀러가 중국에서 하는 활동을 잘못 오해하게 되면 어떻게 될까? 허먼 밀러가 포쉬의 구성원-고용주 관계를 변화시키지 않으려 한다는 사실을 질랜드의 구성원들이 알게 된 후, 자신들이 허먼 밀러와 공유하고 있는 가치관과 일치되지 않는다고 생각하게 되면 어떻게 될까? 킬랜드의 구성원들이 허먼 밀러가 중국에 대해 어떤 생각을 가지고 있는지에 대해 근거없는 추측을 계속 하게 되면 어떻게 될까? 어떤 상황에서든, 허먼 밀러와 핵심 노동력간의 심리학적 계약 — 관리와 동기부여에 있어서 허먼 밀러에게 큰 가치가 있는 것 — 은 부정적인 영향을 받게 될 것이다(2011년, 허먼 밀러의 구성원 1명당 영업총액은 250,000달러였고, 포쉬의 경우는 40,000달러였다. 물론 이러한 사실 하나가 모든 것을 대변하지는 않는다. 자본집약도의 수준도 매우 다를 것이고, 이 숫자는 한계생산성에 대한 측정이 아니라 평균생산성인 점도 고려를 해야 하고, 구성원들이 받는 연봉도 많이 다를 것이기 때문이다. 하지만 이와 같은 차이가 클수록, 허먼 밀러는 새로운 구성원들과의 관계에 대해 많은 관심을 가질 필요가 있다). 지금도 이 상황은 진행중이기 때문에, 어떤 결말을 맞게 될지 아직 알 수는 없다. 중요한 것은, 허먼 밀러의 최고 경영진은 중국에서의 행동을 결정할 때, 그 행동이 기존의 구성원들에게 어떤 영향을 미치게 될지에 대해 고려해야 한다는 것이다. 그리고 지속적으로 핵심노동력들에게 정보를 제공해서, 전략적 결정과 세부적인 실행방안에 대해 잘 알고 있도록 해주어야 한다.

그렇다면, 이 다음에 당신이 스스로에게 어떤 질문을 해봐야 할지가 나올 것이다.

질문세트 6. 당신과 조직구성원들은 같은 생각을 하고 있습니까?

당신의 구성원들이 질문세트 1 ~ 3까지의 질문에 대한 대답을 한다면, 그 대답은 당신의 대답과 동일할까? 다시 말해서, 당신과 구성원들은 다음의 사항들에 대해 같은 생각을 하고 있을까? ① 당신의 비즈니스 전략, ② 그 전략 내에서 구성원들이 담당해야 하는 역할, ③ 당신, 당신의 조직, 일과의 관계, ④ 조직에서의 고용관계에 대한 (명시적·암묵적)세부내용 말이다. 그리고 구성원들은 이 상황에 대해 어떻게 느끼고 있을까? 특히, 당신의 정책과 시스템은 공정하다고 믿고 있을까? 혹시 그러한 믿음

이 없다면, 그러한 불만족이 생긴 이유는 무엇일까?

조직 구성원들이 생각하기에 고용 관계라는 것이 도구적인 거래(일을 하고 돈을 받는 것)인 경우, 자신이 해야 하는 업무가 무엇이고, 어떻게 보상받을 것인지에 대해 제대로 이해만 한다면 별 문제 없을 것이다. 하지만 4장에서 언급했듯이, 이와 같은 관계가 장기적으로 이어지게 될 때, 특히 당신이 구성원과의 관계에서 5장과 6장에서 논의했던 심리학적 "계약"을 맺고 있을 때, 구성원의 생각이 당신의 생각과 일치되지 않으면 문제가 발생하게 된다. 대부분의 경우, 고용주들은 자신이 상식이라고 생각하는 것에 대해 구성원들이 얼마나 제대로 이해하지 못하고 있는지에 대해 알게 될 때 놀라곤 한다.

물론 당신은 이와 같은 요소들에 대해 구성원들과 이야기하기를 원할 것이다. 그러기 위해서는, 구성원들의 이야기에 귀를 기울여야 한다. 직접 만나서 하는 대화도 필요하고, 익명으로 피드백을 받을 수 있는 플랫폼을 이용하는 것도 좋다.

이 다음 질문은 "조직구성원들은 어떤 특성을 가지고 있는 사람들입니까?"와 연결되어 있는 것이다.

질문세트 7. 취업 지원자들의 인력 풀은 어떠한가?

당신의 인적자원관리 정책과 프로그램은 미래 직원이 되기에 충분한 사람들에게 매력적으로 느껴질까? 부적절한 사람들에게 매력적이지는 않을까? (두 경우 모두, 현재 어떤 상황이고, 그 이유는 무엇인가?) 당신의 인적자원관리 정책과 프로그램은 잠재적인 직원들에게 어느 정도 잘 이해되고 있을까? 당신의 채용 프로그램은, 조직의 고용체계에 대해 어느 정도 솔직하고 잘 이해될 수 있는 그림을 보여주고 있는가?

이 질문들에 대한 답을 찾기란 쉬운 일이 아닐 수도 있다. 왜냐하면, 아직 채용되지 않은 잠재적인 구성원에 대해 접근하는 것이 어렵기 때문이다. 그렇다면, 신규로 채용된 구성원들을 인터뷰해서 질문을 해볼 수 있겠다. "이 곳에서 일해보려고 생각했을 때, 우리 회사에 대해 어떤 것을 알고 있었나요?"

물론, 그 직원들은 이미 당신의 회사에서 일하기로 결정한 사람들이기 때문에, 다소 편향된 샘플일 수 있다. 사실 우리가 정말 알고 싶은 것은 당신의 조직이 아니라 다른 곳에서 일하는 것을 선택한 사람들에게 "그 이유는 무엇입니까?"라고 질문해서 나오는 답일 것이다. 가장 파악하기 어렵지만 가장 알고 싶은 것은, 아예 지원을 하지 않기로 결정한 사람들에게 "지원을 안하는 이유는 무엇입니까?"일 것이고. 문제는, 그런 질문을 어떻게 해야 하느냐는 것이다. 소비자 마케팅 설문조사 전문업체 (또는 사내에 전문가가 있는 경우, 조직의 소비자 마케팅 서베이 부서)에게 이러한 질문을 해달라고 요청할 수 있다. "우리 조직에서 일해볼 것을 고려해본 적이 있습니까? 고려해본 적이 없다면, 그 이유는 무엇입니까? 우리 회사의 업무 조건에 대해서는 어떤 것을 알고 있습니까?" 물론, 이렇게 얻은 자료가 과연 가치가 있을 것인가의 문제도 있다.

당신이 꼭 알아봐야 할 사실은, 신규 채용한 직원들 중의 몇 퍼센트가 금방 퇴사를 희망하게 되는가이다. 자발적인 퇴사자, 그리고 특히 채용되자마자 금방 퇴사하는 사람들에 대한 퇴사 인터뷰를 통해 좋은 정보를 얻을 수 있을 것이다.

질문세트 8. **조직의 다양한 인적자원관리 정책과 프로그램은 얼마나 잘 융합되고 있습니까?**

인적자원관리에 있어서, 동기부여를 위한 각각의 정책과 프로그램들은 서로 얼마나 잘 융합되느냐에 따라 효과가 달라진다(조직의 전략을 얼마나 잘 지원하는가).

어떻게 보면, 이것은 기술 문제라고 할 수 있다. 예를 들어 보자. 조직이 구성원에 대해 밀접한 감독과 관리를 하기보다는 업무현장에서의 자율성을 많이 부여하는 경우(모니터링과 업무지시를 많이 할 수 있음에도 불구하고), 구성원들을 신중하게 채용하고 적절한 훈련을 제공하는 만큼 그 프로그램은 효과가 생길 수 있다. 신중한 채용과 훈련을 하기 위해서는 비용이 많이 들 수 있기 때문에, 자발적 퇴사를 감소시키는 방향으로 인적자원관리 프로그램이 함께 병행되어야 한다.

또 다른 상황을 상상해보자. 스타 업무를 위해 조직은 ① 담당 구성원이 위험을 감수할 수 있도록 동기부여를 할 것이고, ② 그러한 잠재력을 가진 사람을 채용하려 할 것이다. 팀워크가 핵심인 업무에 대해, 각 개인의 성과에 대해 보상을 하는 것은 부작용을 낳을 수 있고, 문화적인 요소를 고려하여 채용을 하는 것이 매우 중요해질 수 있다. 아마 기술적인 연결관계에 있어서 가장 흔하게 관찰되는 것은 훈련과 이직률일 것이다. 구성원 훈련을 위해 많은 자원을 투자하는 조직은 대부분의 경우 자발적인 이직을 감소시킬 수 있는 정책을 마련하고 싶어하기 때문에, 훈련에 들이는 투자로 인해 좋은 성과를 얻을 수 있을 것이다.

일관성을 가질 경우 얻을 수 있는 두 번째 혜택은 지각과 인지의 심리학에 관련된 것이다. 당연히 어떤 조직이든지 공식적인 인사 규정, 프로세스, 절차를 가지고 있을 것이다. 하지만 4장에서 이야기했던 개방적인 고용관계를 위해서, 조직은 구성원과의 관계적 계약을 기반으로 하게 된다. 구성원은 다양한 환경에서 자신에게 기대되는 것이 무엇인지를 파악해야 하고, 그 기대를 기반으로 일을 진행해 나가야 한다. 그리고 자신이 그 보상으로 얻을 수 있는 것이 무엇인지에 대해 명료하고 정확한 기대를 할 수 있어야 한다. 각각의 인적자원관리 프로그램들이 조직의 기대와 보상방법에 대해 상반된 메시지를 보내게 되면, 구성원들이 제대로 일을 해내기가 점점 더 어려워지게 된다. 인적자원관리 프로그램의 철학과 원칙에서 일관성을 보이는 한, 구성원들이 특정 상황에서 일을 제대로 해낼 가능성은 더 높아질 수밖에 없다. 상사에게 있어서(밥의 직속 상사인 앨리스를 생각해보면 된다) 이와 같은 사실은 매우 중요하다. 앨리스는 밥에게 영향을 줄 결정을 매일매일 해야 하는데, 밥은 그녀의 판단을 어느 정도는 제퍼社의 결정이라고 지각하게 된다. 따라서 제퍼社는 앨리스가 특정 상황마다 해야 하는 일에 대해 매우 정확한 생각을 가지기를 바랄 것이다(여기에서의 "해야 한다"라는 것은, 밥과 그의 동료들이 제퍼社에 대해 생각하는 평판이 동일하도록 해야 한다는 것이다). 앨리스가 판단을 내릴 때 제퍼社의 인적자원관리 프로그램의 방향과 일치되게 할수록, 그녀가 올바른 결정을 할 가능성은 높아지게 될 것이다.

이러한 사실은 더 규모가 큰 사회적, 문화적 환경에서도 마찬가지로 적용된다. 하나의 조직 내에 존재하는 인적자원관리 프로그램의 방향이 외부 사회적 관계(가족, '공정한' 시장, 엔지니어들이 학생이었거나 교수였던 대학의 부서)의 방향과 일치하게 되면, 구성원들은 조직에 대해 더 잘 이해할 수 있게 되고, 자신이 담당하게 될 역할에 대해 더 명확하고 신속하게 파악할 수 있게 될 것이다. 물론, 각 인적자원관리 프로그램은 외부의 사회적 구조와의 일관성도 있어야 하고, 프로그램간의 일치성도 높아야 한다.

이러한 일치도가 높은 인적자원관리 프로그램을 갖춘 조직일수록(프로그램간의 일관성, 그리고 조직의 다른 차원과의 일관성), 신규 구성원의 채용은 훨씬 쉬워질 수 있다. 특히 예비 조직구성원 후보들이 지원을 하기 전 조직에 대해 파악할 수 있는 면을 도와줄 것이다. 노스 캐롤라이나의 SAS 인스티튜트와 플로리다의 선 하이드롤릭스는 모두 각 지역에 매우 잘 알려진 인적자원관리 프로그램을 가지고 있다(선 하이드롤릭스의 경우, 유압식 기계 엔지니어들의 전세계 커뮤니티에서도 명성이 높다). 잠재적 구성원들은 그러한 정보를 바탕으로 하여 자신에게 도움이 될 만한 회사를 선택할 수 있을 것이다(자신이 그 회사와 맞는다고 생각하면 선택할 것이고, 맞지 않는다고 생각하면 다른 곳을 찾을 것이다).

지금까지 해왔던 이야기는 다양한 인적자원관리 프로그램 간의 일관성에 대한 것이었다(훈련정책과 자발적인 이직을 감소시키는 정책과의 일관성, 채용기준과 수퍼비전 수준간의 일관성).

인적자원관리 프로그램의 또 다른 두 가지 일관성 차원에 대해서도 언급하고 지나가는 것이 좋겠다.

1. 어떤 유형의 구성원에 대해서도 프로그램의 일관성이 유지되도록 해야 한다. 일부 조직에서는 모든 구성원들에게 동일한 대우를 해주기 위해 애를 쓰고, 또 다른 조직에서는 명확하게 구분된 대우를 한다. 사회적인 구분선이 명확하게 존재한다면, 이와 같이 일관적이지 않은 프로그램은 유지하기가 더 쉬울 것이다. 하지만 사회적 구분선이 존재하지 않는 상황이라면, 조직에서는 오히려 그 구분선을 만들어내고 싶어할 것이다. 예를 들어보자. IBM에서 초기 PC를 설계하기 위한 팀을 구성했을 때, 구성원들은 정장을 입어야 한다는 식의 매우 엄격한 규정을 갖춘 문화를 구축했다. 거기에다가 IBM의 상징이었던 인적자원관리 프로그램을 적용했다(이 프로그램은 IBM이 구성원에게 하는 기대행동을 만들어내기에는 매우 부적절했음에도 불구하고 말이다). 그래서 그후부터는 PC설계팀을 본사와는 거의 상호작용을 하지 않을 수 있는 지역으로 옮겨서 새로운 그 팀에게만 적용되는 규정을 기반으로 운영하는 방법을 택하

게 되었다.

부정적인 면을 생각해보자면, 장인 연합의 사례를 떠올려볼 수도 있다. 영업직원과 다른 전문가들간에 충분한 구분선을 만들어놓지 않은 상태에서, 영업직원에게만 매우 차별화되는 보상 시스템을 적용했던 사례 말이다. 이 경우에는 차별화된 보상 시스템을 사용하지 않는 것이 더 좋았을 수 있다. 또는 두 집단을 차별화할 수 있는 구분선을 만들기 위해 공개적인 토론의 장을 만드는 것이 더 나았을 수도 있겠다. 그 어떤 사람도 이러한 방법들을 고려하지 않았기 때문에, 결국 장인 연합의 시도가 낳은 결과는 그다지 좋지 않았다.

2. 시간이 지나도 일관성을 유지하는 문제는 특히 인적자원관리 정책과 프로그램이 가지는 보다 암묵적인 차원에 있어서 매우 중요하다. 우선, 시간이 지나도 일관적인 행동을 하는 것은 효과적인 평판을 유지하는 데 있어서 핵심적인 요소이다. 월요일, 수요일, 금요일에는 이런 방향으로 행동하고, 화요일과 목요일에는 다른 방향으로 행동을 하게 되면 구성원에게 이해받기가 어렵게 되고 사회적으로 좋은 평판을 구축할 수가 없게 된다. 어쩌다가 그런 일이 생겼다 하더라도, 일단 그와 같은 상황이 벌어지게 되면, 적어도 얼마 동안은 어떤 것을 기대해야 하는지에 대해 구성원들이 혼란스러워할 수 있다.

게다가, 인적자원관리 정책과 프로그램들이 시간이 지남에 따라 일관성이 떨어지게 되면, 구성원들은 불안해하게 되며 미래에 대한 기대를 제대로 할 수 없게 된다. 6장에서 소개했던 베스 이스라엘 병원의 이야기를 떠올려보자. 몇 년 동안 베스 이스라엘 병원은 시니어 간호사와의 암묵적인 계약을 매우 효과적으로 해왔었다. 간호사들에게 담당 환자의 간호를 관리할 수 있는 큰 역할을 줌으로써, 매우 뛰어난 성과를 만들어낸 것 말이다. 하지만 병원이 재정적인 압박을 받게 되면서, 간호사에게 제공했던 큰 역할을 축소시키거나 아예 없애야 하는 선택을 하게 되었다. 간호사들이 예전의 환경에서 정말 우수한 성과를 만들어낼 수 있었던 이유는 대부분의 경우 심리학적인 것이었다. 따라서 간호사가 환자의 간호를 관리할 수 있는 자율성과 능력을 없애버린다는 것은, 심리학적 계약을 깬다는 것을 의미하기 때문에, 그 결정에 대해 간호사들은 매우 강한 부정적 감정을 느끼게 될 수 있는 것이다.

시간이 지남에 따라 인적자원관리 정책의 일관성이 떨어질 때 생기게 되는 또 다른 문제점은, 진화 생물학 문헌자료에서 많이 볼 수 있는 단속평형(punctuated equilibrium)이라는 용어로 설명해볼 수 있겠다(생물학에서, 단속(punctuated)이라는 개념이 의미하는 것은 다음과 같다. 예전의 안정적인 환경에서는, 한 가지 차원의 변화가 생기게 되면 환경적 평형상태를 깨면서, 새로운 평형상태가 생길 때까지 매우 빠른 진화 활동이 진행되었었다. 따라서 진화 활동이라는 것은, 오랜 기간 동안 안정적인 상태가 유지되다가, 급격한 변화가 일어나면서 그 안정이 중단된다는 것이다. 이때 "평형상태"라는 것은 어떤 행동에 의해서도 변화할 수 있는 것이기 때문에, 우리의 사례에 대해서도 "단속평형"이라는 용어는 적용가능하다고 생각된다). 인적자원관리를 할 때, 조직과 구성원들은 이해를 하는 데 있어서 평형상태에 도달해야 한다. 조직은 A를 기대하고, 구성원은 B를 제공하며, 조직은 C와 D로 보상을 한다고 모두 알고 있는 상태를 가정해보자. 그런데 갑자기 조직이 이런 발표를 한다. 이제부터는 C와 E로 보상을 한다고 말이다(실리콘 밸리의 예를 들자면, 조직에서는 구성원이 선택한 어떤 음료수도 넣어놓을 수 있는 냉장고를 제공했었는데, 갑자기 특정한 세 종류의 음료수만 보관 가능하다고 말을 한 것이다). 그러면 구성원은 혼란을 느끼게 되기 때문에 평형상태가 깨진다. "C는 앞으로도 제공이 되는 건가요? 우리는 기존의 B만큼 제공을 하면 안되는 건가요? E가 D보다 좋지 않은 것이라면, 구성원에 대한 기대수준을 조직이 더 낮추어야 하는 것 아닌가요?" 여기에서 중요한 점은, 오랜 기간 동안 잘 이해되어왔던 평형상태의 어떤 차원이 수정되는 경우, 전체적인 평형상태가 깨지게 되기 때문에, 참가자들은 평형상태를 구성하는 모든 차원들에 대해 재협상이 이루어져야 한다고 생각한다는 사실이다. 따라서 기존 프로그램의 아주 작은 부분이라도 변화를 시킬 때에는 신중할 필요가 있다. 별 생각 없이 이것저것 고쳤다가는 기대하지 않은 낭패를 볼 수 있을 것이다.

질문세트 9. 조직의 문화는 어떤 특성을 가지고 있습니까?

전반적인 조직에 존재하는 문화가 있는가? 있다면 어떤 특성을 가지고 있는가? 각각의 구성원 집단마다 차별화되는 문화가 있다면 그것은 어떤 것인가? 당신의 동기부여 전략은 그 문화에 긍정적인 영향을 주는가, 아니면 부정적인 영향을 미치는가?

조직문화란 조직구성원들이 일, 직업, 조직, 동료, 이해관계자들(하청업체와 고객 포함)에 대해 어떻게 관계를 맺고 있는가에 대한 요약이라고 말할 수 있다. 즉, 이 질문은 당신의 비즈니스 전략에 대한 질문과 함께, 모든 다른 질문들에도 활용될 수 있는 대답인 것이다. 비즈니스 전략에 대한 질문이란, 당신과 당신의 조직이 달성하고자 하는 것, 그리고 왜 그러한 것을 달성할 수 있다고 생각하는지에 대한 이유를 다루는 것이다. 당신의 조직을 목적이 있는 단체로 생각하도록 만들어주는 질문이다. 그리고 전혀 다른 방향의 스펙트럼에서 볼 때, 당신의 조직은 하나의 '시장'이라고 생각할 필요도 있다. 각 개인 구성원들이 경제적 상품과 사회적 상품을 교환하는 곳이기 때문이다. 조직 문화는 각 개인들이 이와 같은 교환과정과 관계를 맺는 방법을 간결하게 설명하는 것이라고 생각할 수도 있겠다.

하나의 조직이 단일 문화를 가지고 있지 않은 경우가 종종 있다. 다양한 하위 집단마다 독특한 문화를 가지고 있는 때가 많기 때문이다. 예를 들어 보자. 내 개인적인 경험에 의하면, 스탠포드 경영대학원에서도 테뉴어 트랙(tenure-track. 차후 종신직 임명 가능한 교수 신분)에 있는 교수들과 계약직 교수들의 문화는 차이가 있다. 그리고 다양한 지원 부서(행정직, 학교개선 팀, 졸업생 지원 팀, 학생 서비스 팀)도 나름대로의 독특한 문화를 가지고 있다.

이와 같은 상황은 나쁜 것이 아니다. 인구통계학적 요소, 학력, 사회적 배경에 따라 사람들이 하는 일, 그들이 마주해야 하는 노동시장의 특성 등에 있어서 자연스럽게 차이점이 생기게 된다. 하지만 구성원들을 동기부여하는 일에 대해 생각할 때, 당신이 그 차이점들을 인식하는 것은 매우 중요하다. 특히, 당신의 동기부여 전략이 조직내에 존재하는 문화를 지원하는지, 오히려 방해하는지에 대해서 말이다.

앞에서 제시했던 모든 질문에 대답을 해보게 되면, 아마 다음과 같은 답을 하게 될 것이다. "조직 문화에 대해, 조직 내에 존재하는 다양한 하위 문화에 대해 한마디로 간결하게 정리하기란 불가능하다." 내 생각에 이 대답을 할 때는 반드시 유의해야 할 점이 있다. 적어도 유형 K의 구성원들에 대해 생각해보았을 때 "쉽게 대답을 하기가 어렵다"라는 대답이 나온다는 것은, 당신의 고용 관계가 상호적인 이해에 탄탄하게 기반하지 못하고 있다는 뜻일지도 모르고, 사회-심리학적 용어로 설명하자면 당신의 구성원들이 일과 조직과 맺고 있는 연결관계가 취약하다는 것일수도 있다. 꼭 그런 것은 아닐 수 있지만, 내 입장에서는 걱정이 되는 문제이므로, 당신도 꼭 고려해보기를 바란다.

자, 같이 한번 생각해보자

앞에서 소개했던 아홉 가지의 질문세트에 대해 당신이 진지하게 고민해본 후에 대답을 해준다면, 외부인인 나는 당신의 환경에 대해 좀더 잘 이해할 수 있게 될 것이다. 이 질문들은 당신이 인적자원관리를 어떻게 하는지를 알려줄 것이고, 특히 구성원을 동기부여하는 데 있어서 당신이 마주하고 있는 도전과제와 기회에 대해 파악하도록 도와줄 것이기 때문이다.

시간을 충분히 가지고 질문에 대답을 해본다면(조직구성원이 어떤 생각을 하고 있는지, 그리고 어떤 자원들이 존재하는지에 대해 파악해본다면), 현재 어떤 도전과제가 있는지를 정리해볼 수 있을 것이고, (내가 희망하기로는) 생각해 보지 않았던 좋은 기회들이 존재하고 있다는 사실도 알 수 있게 될 것이다. 당신의 조직구성원들을 동기부여할 수 있는 방법은 매우 많이 존재하기 때문에, 특정한 방법만이 정답이라고 제안하고 싶지는 않다. 내가 지금까지 제시했던 프레임워크들과 다양한 동기부여 전략을 설명하는 과정에서 제시했던 사례들을 통해 당신이 스스로에게 가장 잘 맞는 전략을 개발할 수 있기를 희망할 뿐이다.

하지만 조직들이 일반적으로 구성원 동기부여를 하는 방법은 있다. 지금부터 제시하는 그 내용들을 통해 어느 정도의 일반적인 조언은 얻을 수 있을 것 같다. 물론 짜임새있게 잘 운영되는 조직들과 현명한 관리자들은 그러한 사항들에 대해 이미 잘 알고 있기 때문에, 이미 어디에선가 들었던 조언일 수 있다.

하지만 임원 교육 프로그램에 참가한 시니어 관리자들과 이야기를 해본 내 경험에 의하면, “아하!”를 외지는 통찰의 순간을 만들어낼 수 있을만한 내용들이라고 생각된다.

1. “재미있는 일”이라는 것은 어디에서나 활용 가능한 만능 솔루션인가?

3장에서 보았던 표 2와 표 4를 떠올려보자. 그 표에서는 스탠포드 임원 프로그램 참가자들과 MBA 과정 학생들에게 다섯 가지의 동기부여 방법에 대해 설문조사를 했던 결과를 정리해서 소개했었다. 임원 프로그램 참가자들은 자신의 조직을 떠올리면서, 그리고 MBA 학생들은 가장 마지막 직장을 떠올리면서, 각 동기부여 방법에 대한 평가를 하도록 했었다. 독자들의 기억을 돕기 위해, 두 가지 표를 다시 보여드리도록 하겠다.

표 2. 스탠포드 임원 프로그램 참가자들이 다섯 가지 동기부여방법에 대해 제시한 의견

(a) 어떤 동기부여방법이 가장 효과적인가?					
	물리적 보상(금전)	비물리적·개인적 보상(칭찬)	재미있고 흥미있는 일	조직의 성공에 대한 기여	더 큰 사회적 목표에 대한 기여
자기자신에게	15.5%	11.1%	25.6%	27.5%	20.3%
부하직원에게	17.4%	20.2%	26.6%	27.3%	12.1%
(b) 자기자신에 대한 동기부여방법의 효과					
	물리적 보상(금전)	비물리적·개인적 보상(칭찬)	재미있고 흥미있는 일	조직의 성공에 대한 기여	더 큰 사회적 목표에 대한 기여
전혀 효과없음	0.5%	0.0%	0.0%	0.0%	1.0%
제한적인 효과가 있음	6.3%	3.9%	0.5%	1.0%	10.6%
효과적이긴 하지만 효과의 정도가 많지는 않음	30.9%	17.9%	5.3%	6.8%	29.0%
다소 효과적임	33.8%	41.5%	29.0%	32.4%	31.4%
매우 효과적임	27.5%	32.4%	58.0%	52.7%	24.6%
유일하게 효과적인 방법임	1.0%	4.3%	7.2%	7.2%	3.4%
평균	3.85	4.15	4.66	4.58	3.78
표준편차	0.95	0.71	0.76	1.07	0.90
(c) 부하직원에 대한 동기부여방법의 효과					
	물리적 보상(금전)	비물리적·개인적 보상(칭찬)	재미있고 흥미있는 일	조직의 성공에 대한 기여	더 큰 사회적 목표에 대한 기여
전혀 효과없음	0.0%	0.0%	0.0%	0.0%	0.5%
제한적인 효과가 있음	8.7%	1.0%	1.9%	2.9%	20.3%
효과적이긴 하지만 효과의 정도가 많지는 않음	29.0%	21.3%	4.8%	20.8%	40.1%
다소 효과적임	40.1%	49.3%	37.7%	44.0%	25.6%
매우 효과적임	21.3%	27.5%	51.2%	30.9%	13.0%
유일하게 효과적인 방법임	1.0%	1.0%	4.3%	1.4%	0.5%
평균	3.77	4.06	4.51	4.07	3.32
표준편차	0.91	0.75	0.74	0.83	0.97

표 3. MBA 참가자들이 다섯 가지 동기부여방법에 대해 제시한 의견

(a) 어떤 동기부여방법이 가장 효과적인가?					
	물리적 보상 (금전)	비물리적·개인적 보상(칭찬)	재미있고 흥미있는 일	조직의 성공에 대한 기여	더 큰 사회적 목표에 대한 기여
자기자신에게	14.6%	28.8%	37.9%	7.9%	10.8%
부하직원에게	22.8%	22.1%	34.2%	4.6%	10.4%

(b) 자기자신에 대한 동기부여방법의 효과					
	물리적 보상 (금전)	비물리적·개인적 보상(칭찬)	재미있고 흥미있는 일	조직의 성공에 대한 기여	더 큰 사회적 목표에 대한 기여
전혀 효과없음	0.4%	0.0%	0.4%	2.1%	5.0%
제한적인 효과가 있음	7.5%	2.9%	0.8%	15.4%	13.8%
효과적이긴 하지만 효과의 정도가 많지는 않음	25.0%	9.6%	6.3%	25.4%	26.7%
다소 효과적임	39.6%	32.1%	18.3%	35.0%	28.3%
매우 효과적임	26.3%	52.5%	65.8%	20.8%	22.9%
유일하게 효과적인 방법임	1.3%	2.9%	8.3%	1.3%	3.3%
평균	3.88	4.43	4.73	3.61	3.60
표준편차	0.94	0.81	0.76	1.08	1.21

(c) 부하직원에 대한 동기부여방법의 효과					
	물리적 보상 (금전)	비물리적·개인적 보상(칭찬)	재미있고 흥미있는 일	조직의 성공에 대한 기여	더 큰 사회적 목표에 대한 기여
전혀 효과없음	0.4%	0.0%	0.0%	2.5%	5.0%
제한적인 효과가 있음	4.6%	1.7%	1.3%	19.6%	26.3%
효과적이긴 하지만 효과의 정도가 많지는 않음	20.8%	12.5%	9.6%	36.3%	30.0%
매우 효과적임	33.8%	40.4%	49.2%	14.6%	10.4%
유일하게 효과적인 방법임	1.7%	0.4%	4.2%	0.0%	0.4%
평균	4.06	4.25	4.45	3.32	3.14
표준편차	0.95	0.74	0.83	1.02	1.10

거의 모든 경우에서 가장 좋은 평가를 받았던 동기부여 방법은 "재미있고 흥미있는 일"이었다. 스탠포드 임원 프로그램 참가자들 자신을 위한 동기부여 방법으로는, "조직의 성공에 대한 기여"가 "재미있고 흥미있는 일"보다 아주 조금 높게 나타났지만, 그 외의 경우에는 "재미있고 흥미있는 일"이 자신에 대한 동기부여와 동료, 부하직원에 대한 동기부여로서 가장 우수한 동기부여방법으로 꼽혔다.

또 주목해봐야 할 내용이 있다. "재미있고 흥미있는 일"이 최소한 "매우 효과적이다"라고 대답한 응답자들의 비율을 보자. 자기자신에 대한 동기부여로서 좋다고 대답한 스탠포드 임원 프로그램 참가자는 94.2%였고, 부하직원에 대한 동기부여로서 효과성이 높다고 대답한 경우는 93.2%였다. MBA 학생들의 경우는 어땠을까. 자기자신에 대한 동기부여수단으로서의 점수는 92.4%였고, 동료에 대한 효과 평가는 89.2%였다. 놀라운 결과는 아니다. 누군가에게 재미있고 흥미있는 일을 할 수 있는 기회를 제공하는 것은 당연히 동기부여 효과가 높은 일이니까 말이다. 그야말로 동기부여 분야의 만능 열쇠라고 말할 수도 있을 것이다.

이 연구결과에서는 명확한 문제점이 세 가지 발견된다. 첫째, 때로 우리는 재미없고 흥미없는 일을 꼭 해야 할 때가 있다. 둘째, 특정한 프로젝트에 대해 흥미와 재미를 느끼는 팀원은 같이 해야 하는 다른 일이 있는데도, 해당 프로젝트만을 하는 데에 너무 많은 에너지와 시간을 써 버리는 경우가 있다.

관련된 연구를 한번 살펴보자. 짐 바론(Jim Baron), 다이안 버튼(Diane Burton), 마이클 하난(Hannan)은 실리콘 밸리의 하이테크 스타트업 회사들을 대상으로 경험적 연구를 수행하였다. 조직의 '인적자원관리' 비전은 회사의 성과와 어떤 상관관계가 있는지를 본 것이다. 인적자원관리의 하위 차원들은 직원들의 동기부여와 간접적인 상관관계만 있는 것으로 나타냈다. 하지만 직원들이 "스타 조직"이라고 부르는 곳은 매우 높은 수준의 기술 업무를 할 수 있는 조직이었고, 그 사실 자체가 최고의 동기부여 요소인 것이 발견되었다. (다른 유형의 조직들과 비교해보았을 때) 재무적인 성과가 가장 뛰어난 것은 아니었지만, 스타 조직은 주식공모를 한 스타트업들과 비교해보았을 때 좋은 성적을 보였다. "너무 잘하려고 하면 오히려 일을 망치게 된다(the perfect is the enemy of good)"라는 잘 알려진 격언의 실례가 아닐까 싶다. 이 조직들에서(재미있고 흥미있는 일을 하게 함으로써 동기부여를 할 수 있다고 생각할 때) 직원에 대한 동기부여는 주로 멋진 (기술) 업무를 할 수 있는 기회를 제공하는 것으로 이루어지는데, 이때 결과물을 만들어내게 되는 엔지니어와 과학자들은 가장 아름답고 과학적으로 뛰어난 상품을 만들어내기 위해 시장의 현실 따위는 무시하게 되는 경우가 많다. 주식공개상장을 하게 된 회사들을 보면, 적어도 어느 정도까지는 아름다운 실패작들을 필터링해내고 있었다. 중요한 것은 이것이다. 재미있고 흥미있는 일은 물론 뛰어난 동기부여 수단이다. 하지만 구성원들이 재미있고 흥미있는 일을 하는 데에만 중점을 두어서, 일을 통해 창출해 내야 하는 경제적인 요소들을 무시하게 된다면 "재미 있는 일"이라는 것은 더 이상 뛰어난 동기부여 수단이라고 인정하기가 어렵다. 이 연구에 대해서는 기술적인 용어를 많이 쓰지 않은 훌륭한 요약문이 작성되어 있다(Baron & Hannan, "Organizational Blueprints for success in High-Tech Start-Ups : Lessons from the Stanford Project on Emerging Companies", *California Management Review*, Vol.44, 2002, 8-36). 스타트업 기업, 특히 그중에서도 하이테크 스타트업 조직의 인적자원관리에 대해 흥미가 있다면, 꼭 읽어봐야 할 멋진 글이라고 추천하고 싶다.

셋째, 재미있고 흥미있는 일에 구성원들이 지나치게 몰입하게 될 경우, 적절하게 일이 마무리되어야 할 수준을 넘어서게 된다. 이 세 가지의 문제점들은, 구성원이 재미와 흥미를 느낀 일에 대해 지나치게 높은 동기수준을 가졌기 때문에 다른 과제를 하고 싶지 않아 하면서 재미있는 일에만 점점 더 많은 시간을 쓰고 노력을 기울일 때 발생할 가능성이 있다.

이 문제들은 정말 진지하게 고려해봐야 할 것들이다. 하지만 내 경험에 따르면, 유형 K의 구성원에게 효과적인 동기부여를 할 수 있는 방법은 스스로 앉아서 생각해보도록 하는 것이다. ① 자신이 하고 싶어하는 일이 어떤 것인지, ② 그리고 그 일이 수행될 경우 조직에게 어떤 이득을 가져다줄 것인지를 말이다. 두 가지 기준을 모두 만족시키는 과제를 발견할 수 있다면(고용주와 구성원이 열심히 고민해본다면, 그와 같은 과제가 존재하는 경우는 생각보다 많다), 최선의 노력을 다하고자 하는 동기 수준은 생각보다 쉽게 상승될 수 있을 것이다.

2. 당신은 정말 열심히 노력하고 있는가?

이 책에서 이야기하는 동기부여란 "구성원이 기대하는 방향을 고용주의 기대 방향과 일치시키는 것"이라고 정의되었었다. 이 정의에서 "방향 일치(aligning)"란 뭔가 당신이 적극적으로 해야 하는 일이라는 것을 의미한다. 대부분의 경우, 조직구성원들의 기대방향은 고용주의 기대방향과 일치하지 않기 때문에, 이에 대해서는 고용주·관리자가 열심히 노력을 해야만 한다.

그렇다고 해서 뭔가 대단한 것을 해야 한다고 이야기하는 것이 아니다. 특히 유형 K의 구성원들에게 있어서, 그들의 내재적 동기는 좋은 일을 하고 싶고, 좋은 일을 하는 모습을 보여주고 싶고, 팀의 성공에 기여하고 싶으며, 자신이 한 일에 대해 인정받고 존경받고 싶은 것이다. 이와 같은 내재적 동기만으로 그들이 움직일 수 있는 이유는 충분하기 때문에, 뭔가를 인위적으로 더하게 되면 오히려 내재적 동기수준을 낮추는 역효과를 만들어낼 수도 있다.

물론, 조직 구성원들은 조직이 목표달성을 하는 것을 돕기 위해서는 자신이 어떤 일을 해야 하는지에 대해 명확히 이해할 필요가 있다. 조직의 성공은 자기자신의 성공으로 이어질 거라는 생각을 구성원들이 할 수 있도록 차근차근 노력을 한다면 분명히 도움이 될 것이다. 가능하다면, 구성원이 스스로에 대해 '팀메이트(teammate)' 또는 '오너(owner)'라는 정체감을 가질 수 있도록 조력할 필요가 있다.

하지만 동기부여의 맥락에 있어서, 어떤 때에는 지나친 노력이 오히려 역효과를 만들어낼 수 있다는 점을 항상 기억하는 것이 좋겠다.

3. 우리 회사의 보상 종류는 너무 적은가?

보상을 계획해야 할 경우, 어떤 보상을 제공할 것인가에 대해 광범위하게 사고할 필요가 있다. 표 5에서 언급했듯이, 내재적 보상은 고용주·관리자가 생각하는 것보다 구성원들에게 훨씬 더 좋은 영향력을 미칠 수 있다. SMART 목표를 설정하고 그것의 달성에 따라 보상할 수도 있을 것이고, 자기-결정 이론과 일반적인 심리적 동기부여 요소들을 활용하는 것도 가능하다. 때때로, 금전적 보상 — 또는 승진의 약속 — 이 가장 효과적인 도구가 되기도 한다. "성과를 많이 낸 사람이 승자다(he who dies with the most toys, wins)"라는 원칙을 가지고 있는 조직·사회적 문화에서는 특히 더 잘 맞을 것이다. 하지만 항상 그렇지는 않다. 대부분의 관리자들이 믿는 만큼 금전적 보상과 승진 약속의 효과는 그다지 높지 않을 수 있다.

4. 현재의 문제에 대해 관리자가 너무 많은 걱정을 하고 있는가?

이 책에서 필자가 여러 번 언급했던 한가지 제안은 구성원을 동기부여하는 방법에 대해 더 장기적이고 더 광범위한 시각을 가지기 위해 항상 노력해야 한다는 것이다.

지금 현재 관찰되는 특정 구성원의 요구나 특정한 사례에만 너무 집중하다보면 장기적인 시각과 광범위하게 고려해야 할 것들을 놓치게 되어 조직에게 해를 입힐 수 있다. 함께 일하고 있는 구성원들과 좀더 장기적인 관계를 만들어가고 싶다면, 현재 특정 구성원에게 어떤 개입이나 조력행동을 하는 것이 다른 구성원과의 관계에 미칠 영향을 파악하려면, 현재뿐 아니라 앞으로 일어날 상황에 대해서도 진지하게 생각을 해봐야 할 필요가 있다.

마지막으로

1장에서 이야기했던 로버트 배스(Robert Bass)의 인적자원관리 전략을 다시 한번 떠올려보자. 대부분의 경우, 조직 경영을 하려면 조직구성원들의 노력을 통해 성과를 만들어내는 것을 최우선으로 한다. 고용주·관리자가 해야 할 일은 특정 행동에 대한 Do & Don't를 통해 구성원들의 행동을 통제하는 것이 아니라, 열정과 창의성을 생산적인 방법으로 표현해내어 뛰어난 성과를 만들어낼 수 있는 사람을 찾는 것이 되어야 한다. 그 사람들의 관심 방향을 당신의 관심 방향과 일치시키자. 그와 같은 동기부여과정을 통해 당신과 구성원들은 모두 좋은 보상을 받을 수 있게 될 것이다.

부록

집단지성 : 관리자는 어떤 믿음을 가지고 있는가?

이제부터는 스탠포드 임원 프로그램(SEP) 참가자와 스탠포드 경영대학원 MBA 학생들을 대상으로 진행했던 설문조사(다양한 동기부여방법에 대한 생각 조사) 결과에 대해 좀더 상세하게 소개해보려고 한다. 이해를 돕기 위해, 앞에서 설명했던 몇 가지 사항들을 다시 언급하면서 이야기를 풀어나가보도록 하자. 설명할 것이 좀 많아서 어떤 부분은 다소 지루할까봐 걱정이다. 독자들이 중간에 잠들어버릴 경우를 고려해서, 마지막 부분에 간단한 요약을 해놓도록 하겠다.

이 설문조사가 어떤 것인지에 대해서는 여러 군데에서 소개를 했지만, 짧게 정리를 해보자면 다음과 같다. 두 개의 집단(집단1 : 스탠포드 임원 프로그램(SEP), 6주 동안 진행되는 자유입학제 과정. 집단2 : 필자가 인적자원관리(HRM) 과목을 강의했던 1학년 MBA 학생들)을 대상으로 해서 내용이 약간 다른 두 가지의 설문조사가 진행되었다. 스탠포드 임원 프로그램에서는 2014년과 2015년, MBA 학생들로부터는 2015년과 2016년에 결과가 수집되었다.

스탠포드 임원 프로그램 대상의 설문조사는 설문조사 내용에 관련된 이슈들을 다루기 전인 초반 3일 동안 진행되었고, MBA 학생들에게는 인적자원관리 과목이 시작되기 전인 겨울학기와 봄학기 사이의 방학기간 동안 진행하였다. 대부분의 MBA 학생들은 인센티브에 대한 경제학 이론(2장의 내용)을 다루는 미시경제학 과목을 수강한 지 얼마 안되었고, 필자가 경제학자라는 것도 알고 있었다. 따라서 설문조사가 익명으로 실시되긴 했지만, 경제학 스타일의 보상 쪽에 대해 좀더 편향되었을 가능성이 있었다. 스탠포드 임원 프로그램 참가자들(총 207명)의 응답률은 60% 정도였고, MBA 학생(총 240명)의 응답률은 80% 정도였다. 하지만 여기에서 꼭 기억해야 할 것은 이 설문조사는 인적자원관리 과목을 듣기로 선택한 MBA 학생들에게만 실시되었기 때문에, 전체 스탠포드 경영대학원 MBA 학생들을 대표할 수 있는 샘플은 아니라는 점이다.

설문조사에 참여한 사람들의 인구학적 정보를 표 1과 표 3에 정리해보았다. 간단히 살펴보면, 스탠포드 임원 프로그램 참여자는 다양한 국적의 시니어 임원들이었고(미국과 캐나다 30%, 유럽 28%, 동남아시아 22%), 연령대는 평균 47세 정도였으며, 선임 부사장·선임 파트너가 많았으며, 대부분 총괄책임자(general manager)였다. 남성이 많았고(86%), 산업 분야로 보면 금융업계가 17.9%, IT·전자·컴퓨터 업계가 23.2%, 제조업·건설업계가 14.5%로 나타났다. MBA 학생들은 대부분 미국과 캐나다(71%) 국적이었고, 남성과 여성의 비율이 비슷했으며, 연령은 20대 후반이 가장 많았다(26세 ~ 30세가 80%). 전공은 일반 관리(25%), 재무(24%), 전략(20%) 등이 있었다. 마지막으로 근무했던 산업 분야는 금융업계(24%)와 컨설팅(20%)이 가장 많았다.

설문조사 도구

이제부터는 스탠포드 임원 프로그램 참가자들에게 실시한 설문조사 결과를 정리해보도록 하겠다. (조금 뒤에 설명하겠지만, MBA 학생들을 위한 설문조사와는 다소 내용이 다르다). 설문조사는 세 가지

파트로 나뉘어 있었다. 파트 I에서는 참가자들에게 인구학적 정보 즉 자신이 살고 있는 지역, 연령, 성별, 직급, 소속부서, 조직의 산업 분야에 대해 질문하였다. MBA 학생들에게는 조직에서의 직급을 질문하는 대신에 학부에서의 전공을 질문하였고, 모든 문항에서 언급되는 "조직"에 대해 MBA 프로그램에 참여하기 전에 마지막으로 일했던 회사를 떠올리라고 요청하였다. 두 집단의 응답률은 앞의 표 1과 3에 제시되어 있다.

설문조사의 파트 II에서는 3장에서 언급했던 다섯 가지의 동기부여방법에 대한 질문을 하였다. 안내문의 내용은 다음과 같다.

다음의 네 가지 질문은 당신이 소속된 조직에서 "최고의 성과" 나 "최고수준의 몰입도"를 끌어낼 수 있는 동기부여에 대한 내용입니다. 조금 더 명확하게 말한다면, 최고의 성과나 최고수준의 몰입도를 만들어내기 위해, 담당한 업무의 일반적인 수준을 넘어서는 노력을 의미합니다. 당신을 동기부여하는 것은 무엇이고, 그리고 당신의 부하직원을 동기부여하는 것은 무엇일까요. 저는 두 가지 모두에 대해 관심을 가지고 있습니다. 이 설문조사에서 저는 다섯 가지 종류의 동기부여방법에 대해 생각해보고자 합니다.

a. 각 개인이 최고수준의 노력을 기울이는 것과 물리적 보상(예 : 더 많은 액수의 보너스, 연봉인상, 더 높은 자리로의 승진 약속) 간의 직

접적인 연계

b. 각 개인이 최고수준의 노력을 기울이는 것과 비유형적 보상 (예 : 타인이 제공하는 칭찬, 사회에서의 지위 향상, 동료들의 존경) 간의 직접적인 연계

c. 개인적으로 재미있고 흥미있는 일

d. 각 개인이 최고수준의 노력을 기울이는 것과 조직(소속부서)의 성공 간의 직접적인 연계

e. 개인적인 흥미, 개인에 대한 보상을 넘어서서 사회에 기여할 수 있고, 동료와 소속된 조직의 웰빙에 긍정적인 영향을 미칠 수 있는 일

그리고 다음과 같이 질문들을 제시하였다.

7. 당신의 직속부하들을 한번 떠올려보십시오. 그들이 최고의 성과를 만들어내도록 조력하려면 다음의 다섯 가지 동기부여방법들은 어느 정도 효과적이라고 생각하십니까?

	전혀 효과없음	제한적인 효과가 있음	효과적이긴 하지만 효과의 정도가 많지는 않음	다소 효과적임	매우 효과적임	최고의 성과를 만들어내기 위해 유일하게 효과적인 방법임
① 최고수준의 노력 제공과 물리적 보상 간의 직접적 연계	O	O	O	O	O	O
② 최고수준의 노력과 비물리적 보상(예 : 칭찬) 간의 직접적 연계	O	O	O	O	O	O
③ 개인적으로 재미있고 흥미있는 일	O	O	O	O	O	O
④ 최고수준의 노력 제공과 조직의 성공 간의 직접적 연계	O	O	O	O	O	O
⑤ 사회에 기여할 수 있는 더 큰 일	O	O	O	O	O	O

8. 다음의 문장들 중에서 당신의 부하직원이 최고의 성과를 만들어 내도록 동기부여하기 위한 방법으로 가장 적절한 것은 어떤 것입니까?

- 나의 부하직원은 자신이 받을 수 있는 물리적 보상(예 : 더 큰 액수의 보너스, 연봉 인상)과의 연계를 명확히 인식할 때 최고의 성과를 만들어낸다.
- 나의 부하직원은 자신이 받을 수 있는 비물리적 보상(예 : 칭찬, 지위의 향상, 동료들의 존경)과의 연계를 명확히 인식할 때 최고의 성과를 만들어낸다.
- 나의 부하직원은 담당한 일에서 개인적인 재미와 흥미를

발견할 때 최고의 성과를 만들어낸다.

- 나의 부하직원은 자신이 하는 일이 조직(또는 소속부서)의 성공을 위해 중요하다는 것을 이해할 때 최고의 성과를 만들어낸다.
- 나의 부하직원은 자신이 하는 일이 개인적인 흥미와 보상수준을 넘어서서, 동료와 조직의 웰빙에 기여하는 중요한 미션이라고 생각할 때 최고의 성과를 만들어낸다.

9. 물론, 사람들마다 효과적인 동기부여방법이 다를 것입니다. 그래서 당신이 7번과 8번 질문에서 답한 방법이 부하직원들의 다양한 동기부여에 꼭 맞지 않을 수도 있습니다. 이와 같은 점을 고려할 때, 다음 중에서 현재 당신의 상황을 가장 잘 설명한 문장은 어떤 것입니까?

- 나의 부하직원들이 최고의 성과를 낼 수 있도록 동기부여하는 방법은 매우 다양하다. 그렇기 때문에, 나는 그들이 좋은 결과를 창출할 수 있도록 동기부여할 때 활용가능한 전략들을 다양화할 필요가 있다.
- 각 부하직원마다 최고의 성과를 내도록 하기 위해 적절한 동기부여방법은 다양하긴 하지만, 내가 활용하는 동기부여방법은 전반적으로 유사한 편이다.
- 대부분의 부하직원들이 최고의 성과를 낼 수 있도록 하는 동기부여방법은 매우 유사하기 때문에, 내가 동기부여를 할 때에는 동일한 행동을 통해 개입할 수 있다.

그 다음으로는 임원 자신에 대한 동기부여방법을 질문하였다.

10. 이번에는 당신 자신에 대해 생각을 한번 해봅시다. 당신이 최고의 성과를 낼 수 있도록 하는 데 있어서, 다음 동기부여방법들의 효과성은 어느 정도입니까?

	전혀 효과없음	제한적인 효과가 있음	효과적이긴 하지만 효과의 정도가 많지는 않음	다소 효과적임	매우 효과적임	최고의 성과를 만들어내기 위해 유일하게 효과적인 방법임
① 최고수준의 노력 제공과 물리적 보상 간의 직접적 연계	O	O	O	O	O	O
② 최고수준의 노력과 비물리적 보상(예 : 칭찬) 간의 직접적 연계	O	O	O	O	O	O
③ 개인적으로 재미있고 흥미있는 일	O	O	O	O	O	O
④ 최고수준의 노력 제공과 조직의 성공 간의 직접적 연계	O	O	O	O	O	O
⑤ 사회에 기여할 수 있는 더 큰 일	O	O	O	O	O	O

11. 마지막으로, 다음의 문장들 중에서 당신이 최고의 성과를 만들어내도록 동기부여하기 위한 방법으로서 가장 적절한 것은 어떤 것입니까?

- 나는 내 자신이 받을 수 있는 물리적 보상(예 : 더 큰 액수의 보

너스, 연봉 인상)과의 연계를 명확히 인식할 때 최고의 성과를 만들어낸다.

- 나는 내 자신이 받을 수 있는 비물리적 보상(예 : 칭찬, 지위의 향상, 동료들의 존경)과의 연계를 명확히 인식할 때 최고의 성과를 만들어낸다.
- 나는 내 자신이 담당한 일에서 개인적인 재미와 흥미를 발견할 때 최고의 성과를 만들어낸다.
- 나는 내 자신이 하는 일이 조직(또는 소속부서)의 성공을 위해 중요하다는 것을 이해할 때 최고의 성과를 만들어낸다.
- 나는 내 자신이 하는 일이 개인적인 흥미와 보상 수준을 넘어서서, 동료와 조직의 웰빙에 기여하는 중요한 미션이라고 생각할 때 최고의 성과를 만들어낸다.

그리고 파트 III에서는 5장에서 논의했던 여덟 가지 동기부여요인에 대한 질문을 해보았다. 다음과 같은 안내문이 제시되었다.

설문조사의 마지막 부분에서는 앞의 내용을 조금 더 세부적으로 나누어서, 여덟 가지의 동기부여요인을 만들어보았습니다. 우리가 고려하고 있는 동기부여요인들은 다음과 같습니다.

1. 복지(예 : 의료서비스, 은퇴후 복지 등)

2. 자신이 하는 일, 일하는 방법에 대해 좋은 느낌을 가짐

3. 일을 통해 학습하고 성장할 수 있는 능력

4. 다양한 형태의 보상(예 : 월급, 보너스 등)

5. 일을 잘했을 때 임원진, 동료, 부하직원들로부터 받는 칭찬

6. 일의 안정성

7. 스킬을 획득하고 실행해볼 수 있는 기회

8. 진정으로 가치있는 일을 할 수 있는 기회

12. 각 동기부여요인이 개인적인 당신의 일에 미치는 영향은 어느 정도입니까? 7점 척도로 응답해주십시오.

	나와 내 행동에 대해 아무런 영향이 없음	영향력이 별로 없음	약간의 영향력이 있음	어느 정도 영향력이 있음	꽤 큰 영향력이 있음	매우 큰 영향력이 있음	나는 이 동기부여요인에 따라 살아갈 것이고 죽을 것이다
복지	O	O	O	O	O	O	O
좋은 기분	O	O	O	O	O	O	O
학습과 성장	O	O	O	O	O	O	O
물리적 보상	O	O	O	O	O	O	O
칭찬	O	O	O	O	O	O	O
일의 안정성	O	O	O	O	O	O	O
스킬의 획득과 실행	O	O	O	O	O	O	O
가치있는 일의 기회	O	O	O	O	O	O	O

13. 각 동기부여요인이 당신의 동료와 부하직원에게 미치는 영향은 어느 정도입니까?

	동료·부하 직원과 그들의 행동에 대해 아무런 영향이 없음	영향력이 별로 없음	약간의 영향력이 있음	어느 정도 영향력이 있음	꽤 큰 영향력이 있음	매우 큰 영향력이 있음	동료·부하 직원은 이 동기부여요인에 따라 살아갈 것이고 죽을 것이다
복지	O	O	O	O	O	O	O
좋은 기분	O	O	O	O	O	O	O
학습과 성장	O	O	O	O	O	O	O
물리적 보상	O	O	O	O	O	O	O
칭찬	O	O	O	O	O	O	O
일의 안정성	O	O	O	O	O	O	O
스킬의 획득과 실행	O	O	O	O	O	O	O
가치있는 일의 기회	O	O	O	O	O	O	O

MBA 학생들을 대상으로 할 때에도 유사한 질문을 하였지만, 13번 문항에서는 MBA 프로그램에 참여하기 전에 마지막으로 경험했던 일과, 그 일을 할 때의 동료들만을 떠올리도록 했다.

여덟 가지의 동기부여도구에 대한 응답들

파트 Ⅰ과 파트 Ⅱ에 대한 응답들은(9번 문항에 대한 응답을 제외하고는) 3장의 표1 ~ 표4에 제시했었다. 이 응답들에 대한 분석 내용은 조금 뒤에 나오겠지만, 우선 파트 Ⅲ에서 수집한 내용(여덟 가지의 동기부여도구에 대한 것)을 먼저 이야기해보도록 하자. 표 A1과 A2에서는 각 응답의 백분율을 보여주고 있다(예 : 표 A1 / 스탠포드 임원프로그램 참가자들 중 9.2%는 자기자신에 대해 복지(benefits)가 큰 영향을 준다고 응답했지만, 부하직원에 대해서 복지라는 동기부여도구가 영향력이 크다고 대답한 경우는 18.4%였다). 아무런 영향력이 없는 경우 = 1점, 영향력이 별로 없는 경우 = 2점, 이런 식으로 점수를 매겨 보았을 때의 평균값과 표준편차도 이 두 가지 표에 제시되었다.

이 통계자료에서 얻을 수 있는 내용은 매우 많지만, 그중에서도 중요한 것은 다음과 같다.

- 스탠포드 임원 프로그램 참가자와 MBA 학생들이 각 동기부여도구의 영향력에 대해 동일한 의견을 낸 경우는 발견되지 않았다. 각 동기부여도구에 대해, 각 집단에서 최소한 한 명은 어느 정도 영향력이 있다고 응답했고, 매우 큰 영향력을 줄 수 있다고 대답하기도 했다.

표 A1. 여덟 가지의 동기부여도구에 대한 스탠포드 임원 프로그램 참가자들의 응답

(a) 자기자신에 대한 영향력								
	복지	좋은 기분	학습과 성장	물리적 보상	칭찬	일의 안정성	스킬의 획득과 실행	가치있는 일의 기회
나와 내 행동에 대해 아무런 영향이 없음	2.4%	0.0%	0.0%	0.0%	0.0%	1.4%	0.0%	0.0%
영향력이 별로 없음	9.7%	0.0%	0.0%	1.0%	1.9%	10.6%	0.5%	1.4%
약간의 영향력이 있음	21.7%	1.0%	0.0%	4.3%	4.8%	23.2%	2.9%	3.4%
어느 정도 영향력이 있음	37.2%	7.7%	7.7%	27.5%	22.2%	37.2%	22.2%	16.9%
꽤 큰 영향력이 있음	19.8%	39.6%	36.2%	37.7%	37.2%	18.4%	43.0%	32.9%
매우 큰 영향력이 있음	9.2%	48.3%	49.8%	28.5%	30.9%	8.7%	28.5%	40.1%
나는 이 동기부여 요인에 따라 살아갈 것이고 죽을 것이다	0.0%	3.4%	6.3%	1.0%	2.9%	0.5%	2.9%	5.3%
평균	3.90	5.45	5.55	4.91	4.99	3.88	5.05	5.23
표준편차	1.17	0.73	0.73	0.92	1.01	1.16	0.88	1.00

(b) 동료 및 부하직원에 대한 영향력								
	복지	좋은 기분	학습과 성장	물리적 보상	칭찬	일의 안정성	스킬의 획득과 실행	가치있는 일의 기회
나와 내 행동에 대해 아무런 영향이 없음	0.5%	0.0%	0.0%	0.0%	0.0%	0.0%	0.0%	0.5%
영향력이 별로 없음	5.3%	0.0%	0.0%	0.5%	0.5%	1.0%	0.5%	0.5%
약간의 영향력이 있음	15.5%	1.4%	3.4%	1.4%	1.4%	8.7%	4.3%	11.6%
어느 정도 영향력이 있음	33.8%	20.8%	22.2%	19.8%	13.0%	33.3%	25.6%	23.7%
꽤 큰 영향력이 있음	26.1%	46.9%	43.0%	41.1%	51.7%	38.6%	47.8%	40.6%
매우 큰 영향력이 있음	18.4%	30.0%	30.0%	35.7%	31.9%	18.4%	21.3%	21.7%
나는 이 동기부여 요인에 따라 살아갈 것이고 죽을 것이다	0.5%	1.0%	1.4%	1.4%	1.4%	0.0%	0.5%	1.4%
평균	4.37	5.08	5.04	5.14	5.17	4.65	4.86	4.74
표준편차	1.15	0.77	0.84	0.83	0.76	0.91	0.83	1.02

표 A2. 여덟 가지의 동기부여도구에 대한 MBA 학생들의 응답

(a) 자기자신에 대한 영향력								
	복지	좋은 기분	학습과 성장	물리적 보상	칭찬	일의 안정성	스킬의 획득과 실행	가치있는 일의 기회
나와 내 행동에 대해 아무런 영향이 없음	7.9%	0.0%	0.0%	1.3%	0.0%	3.8%	0.0%	1.3%
영향력이 별로 없음	17.5%	0.4%	0.0%	2.1%	0.4%	12.1%	0.0%	2.5%
약간의 영향력이 있음	22.9%	1.3%	1.3%	10.0%	3.8%	27.9%	4.2%	3.8%
어느 정도 영향력이 있음	26.7%	11.7%	5.8%	28.3%	17.1%	31.3%	19.6%	13.8%
꽤 큰 영향력이 있음	18.8%	37.1%	29.2%	36.7%	33.8%	18.3%	39.2%	31.7%
매우 큰 영향력이 있음	6.3%	44.6%	53.3%	21.7%	40.4%	6.3%	34.6%	38.3%
나는 이 동기부여 요인에 따라 살아갈 것이고 죽을 것이다	0.0%	5.0%	10.4%	0.0%	4.6%	0.4%	2.5%	8.8%
평균	3.50	5.39	5.66	4.62	5.24	3.69	5.12	5.22
표준편차	1.35	0.83	0.79	1.07	0.94	1.21	0.89	1.18
(b) 동료 및 부하직원에 대한 영향력								
	복지	좋은 기분	학습과 성장	물리적 보상	칭찬	일의 안정성	스킬의 획득과 실행	가치있는 일의 기회
나와 내 행동에 대해 아무런 영향이 없음	5.0%	0.4%	0.0%	0.8%	0.0%	0.8%	0.0%	2.1%
영향력이 별로 없음	11.3%	0.0%	1.3%	0.8%	0.0%	3.8%	1.3%	2.1%
약간의 영향력이 있음	15.8%	2.5%	3.8%	5.4%	3.8%	18.8%	7.5%	9.6%
어느 정도 영향력이 있음	25.8%	28.8%	22.1%	19.6%	18.8%	24.2%	27.5%	26.3%
꽤 큰 영향력이 있음	23.3%	40.8%	43.3%	30.0%	43.3%	29.6%	42.5%	34.2%
매우 큰 영향력이 있음	17.9%	25.8%	27.5%	40.4%	32.9%	21.7%	20.4%	24.6%
나는 이 동기부여 요인에 따라 살아갈 것이고 죽을 것이다	0.8%	1.7%	2.1%	2.9%	1.3%	1.3%	0.4%	1.3%
평균	4.08	4.94	4.98	5.10	5.09	4.48	4.75	4.67
표준편차	1.44	0.88	0.92	1.06	0.84	1.21	0.92	1.16

- 표준편차를 보면 극단적인 의견이 존재한다기보다는 각 점수마다 골고루 의견이 분산되어 있는 것을 알 수 있었다.
- 평균값을 보면 스탠포드 임원 프로그램 참가자들이 자기자신에 대한 동기부여 효과에서 가장 높은 점수를 준 방법은 "학습과 성장", "좋은 느낌을 가짐", "가치있는 일을 하기", "스킬의 획득과 실행", "칭찬", "보상" 순이었고, "복지"와 "일의 안정성"은 가장 낮은 점수를 받았다. 하지만 동료와 부하직원에 대한 동기부여 효과를 평가하면서, 그들은 "칭찬"에 대해 가장 높은 점수를 주었고, 바로 그 다음으로 "보상"에 대해 높은 평가를 하였으며, 그 다음으로는 "좋은 느낌을 가짐", "학습과 성장", "스킬의 획득과 실행", "가치있는 일을 하기" 순으로 점수를 주었다. 역시 "복지"에 대해서는 낮은 점수를 주었지만, "일의 안정성"은 "가치있는 일을 하기"의 바로 다음 순위로 나타났다.

  MBA 학생들에게 있어서는 "학습과 성장"이 자기자신에 대한 동기부여도구로서 가장 높은 점수를 받았다. 그 다음으로는 "좋은 느낌을 가짐", "칭찬", "가치있는 일을 하기", "스킬 획득", "보상", "일의 안정성", "복지"의 순서였다. 하지만 동료에 대한 동기부여도구로서는 "보상"이 첫 번째였고, 그 다음으로 "칭찬", "학습과 성장", "좋은 느낌을 가짐", "스킬 획득", "가치있는 일을 하기", "일의 안정성"(가치있는 일을 하기와 거의 비슷한 점수였다), 그리고 "복지"의 순서였다.

이 여덟 개의 동기부여도구들을 두 가지로 분류해본다면 이렇게 나눌 수 있을 것이다. 보다 외재적인 동기부여도구(물리적 보상, 칭찬, 복지, 일의 안정성), 그리고 보다 내재적인 동기부여도구(좋은 기분, 학습과 성장, 스킬의 획득과 실행, 가치있는 일의 기회).

예를 들어 "스킬의 획득과 실행"이나 "학습과 성장"은 더 좋은 외재적 보상(예 : 승진)을 받기 위한 도구라고 생각될 수도 있기 때문에, 이와 같은 이분법적 분류는 완벽하지는 않다. 하지만 그러한 점을 고려해서 다음과 같은 통찰 몇 가지를 얻을 수 있다.

- 평균적으로, 동기부여도구가 자신에게 미치는 영향에 대해 의견을 제시할 때, 스탠포드 임원 프로그램 참가자들은 외재적 도구보다 내재적 도구에 대해 더 높은 점수를 부여하였다. MBA 학생들도 마찬가지였지만 한 가지 예외가 존재했다. (평균적으로) 그들은 "스킬의 획득과 실행"과 "가치있는 일의 기회"보다 "칭찬"이 자신에게 더 큰 영향을 준다는 의견을 제시하였다.
- 하지만 동료와 부하직원에게 효과적인 동기부여도구로는 내재적 도구와 외재적 도구를 선택하는 경우가 모두 나타났다.
- 스탠포드 임원 프로그램 참가자가 자기자신을 위한 동기부여도구들과, 동료 및 부하직원을 위한 동기부여도구들에 대해 어떻게 다르게 점수를 주는지를 비교해보았다. 네 가지의 외재적 동기부여도구에서, 동료들을 위한

동기부여도구로서의 효과 점수는 자기자신에 대한 동기부여도구로서의 점수보다 높게 나타났다. 그리고 네 가지의 내재적 동기부여도구에 대한 평균점수는 자기자신을 위한 효과가 더 높았다. MBA 학생들에게는 "칭찬"에서만 차이가 나타났다. 칭찬은 예전 직장의 동료들보다 자기자신에 대해 더 높은 영향을 준다는 의견이 제시되었다.

표 A3. 여덟 가지 동기부여도구의 효과에 대한 평균점수

		스탠포드 임원 프로그램 참가자		MBA 학생	
		자기자신을 위한 동기부여 효과(평균)	부하직원을 위한 동기부여 효과(평균)	자기자신을 위한 동기부여 효과(평균)	부하직원을 위한 동기부여 효과(평균)
외재적 도구	복지	3.90	4.27	3.50	4.08
	물리적 보상	4.91	5.14	4.62	5.10
	칭찬	4.99	5.17	5.24	5.09
	일의 안정성	3.88	4.65	3.69	4.48
내재적 도구	좋은 기분	5.45	5.08	5.39	4.94
	학습과 성장	5.55	5.04	5.66	4.98
	스킬의 획득과 실행	5.05	4.86	5.12	4.75
	가치있는 일의 기회	5.23	4.74	5.22	4.67

앞에서 표 5에 제시했던 내용을 표 A3에 다시 정리해서, 독자들이 세 가지 포인트를 보다 쉽게 볼 수 있게 하였다. 이 내용을 해석할 때에는 유의할 필요가 있다. 이 수치들은 여덟 가지 동기부여수단들에 대해 부여한 점수의 평균치이다. 따라서 모든 스탠포드 임원 프로그램 참가자가 이 순위에 대해 동의하지 않을 수 있다.

예를 들어보자. 스탠포드 임원 프로그램 참가자들이 "보상"의 효과에 대해 매긴 점수 평균은 4.91인 반면, "가치있는 일의 기회"의 평균은 5.23이었다. 각 평균값의 차이는 통계적으로 유의미했다. 통계학 전문용어를 써서 설명해보자면, 두 집단의 평균 차이에 대해 t검증을 해보니 단측(one-tailed) p값이 0.00109로 나타났다. 해석을 해보자면 다음과 같다. (스탠포드 임원 프로그램에 참가하기로 결정한) 임원 집단이 두 가지 동기부여도구에 대해 동일한 평균값을 매긴 경우, 207명(무선표집이 가능하다는 전제하에) 중 한 명이 이 방향에서 두 가지 도구의 평균값을 다르게 매길 확률은 1/1,000 인 것이다. (단측검정의 p값이기 때문에, "이 방향에서의 차이"라고 이야기해야 한다).

사회과학분야 연구에서는 p값이 0.05보다 작은 차이점이 나타나면 통계적으로 유의미하다고 해석한다. 그래서 이 연구에서 발견된 차이는 유의미성이 매우 크다고 말할 수 있다(스탠포드 임원 프로그램의 참가자가 자기자신에 대한 동기부여도구로서의 효과에 대해 점수를 매긴 평균치 간 가장 작은 차이는 칭찬(4.99)과 스킬 획득(5.05)이었다. 평균의 차이는 통계적으로 유의미하지 않았고, p값은 (양측검정) 0.26이었다. 그 다음으로 가장 작은 차이는 보상과 스킬 획득에서 나타났고, p값은 0.062였다).

우리의 표본인 207명의 임원들 중 "가치있는 일의 기회"보다 "물리적 보상"에 대해 더 높은 점수를 매긴 경우는 55명(26.6%)이었고, 59명(28.5%)은 두 가지 도구에 대해 동일한 점수를 주었다. "가치있는 일"에 대한 평균치가 "보상"에 대한 평균치보다 통계적으로 유의미하게 컸지만, 응답자들의 50% 이상은 "가치있는 일"보다 "보상"이 자기자신에게 더 큰 효과가 있다고 대답했다.

보다 극단적인 샘플을 가지고 이야기를 해보자. 스탠포드 임원 프로그램 참가자 개인이 평가한 두 가지 수치를 분석해보자. '네 가지 내재적 동기부여도구에 준 수치 4개의 합'과 '네 가지 외재적 동기부여도구에 준 수치 4개의 합'. 내재적 동기부여도구에 대해 207명의 스탠포드 임원 프로그램 참가자가 매긴 수치 4개 합의 평균치는 21.28로 나타났다. 그리고 외재적 동기부여도구에 대한 수치 4개 합의 평균치는 17.69였다. 두 가지 세트의 평균비교 t검증(단측검정)에 대한 p값은 1.56×10^{-35}였다(이 수치는 엑셀로 계산된 것이기 때문에 너무 심각하게 생각할 필요는 없다. 중요한 것은 p값이 진짜, 정말, 매우 작다는 것이다). 응답자 207명 중 21명은 내재적 동기부여도구보다 외재적 동기부여도구에 대해 매긴 점수의 합이 더 컸고, 15명은 동일한 합이 나타났다. 결국 결론은 동기부여도구들에 대해 사람들이 매우 다양한 의견을 냈다는 것이다.

"다수"의 의견이나 평균적 의견을 낸 것이 맞는 것이고, 그렇지 않은 경우는 틀리다고 말할 수 있는 상황이 아니다.

이 설문조사에서의 질문은 "이 동기부여도구는 당신에게 어느 정도 강한 영향을 줍니까? 동료와 부하직원에게는 어떻습니까?"라는 것이었다. 사람들 중 대다수가 오렌지보다 사과를 더 좋아한다 하더라도, 오렌지를 좋아하는 것이 잘못되었다고 말할 수는 없는 것이다. 나중에 다시 설명하겠지만, 특정한 응답자에게 "물리적 보상"이 강력한 동기부여도구일 경우, 그 사람의 동료 및 부하직원에게도 강한 동기부여도구일 가능성이 높다. 이렇게 결론을 내릴 수 있겠다. 모든 사람에게, 그리고 모든 상황·지역·산업 분야·기능·조직에 잘 맞는 동기부여 방법은 존재하지 않는다. 이번 설문조사가 아니더라도 이 이야기는 누구나 알고 있을 것이다. 하지만 이 설문조사의 통계자료는 확실히 도움이 된다.

하지만 이러한 점을 인정한다 하더라도, "평균치에서 얻을 수 있는 것은 무엇일까?"라는 질문을 해볼 필요는 있다. "자기자신, 그리고 동료·부하직원을 위한 여덟 가지 동기부여도구의 효과에서 평균치가 차이가 나는 이유는 어떻게 설명해야 할까?"라는 질문에 대답을 해보면 가장 중요한 것을 배울 수 있을 것이다. 이 부분에서 우리가 관찰한 것을 다시 한번 강조하고 싶다.

- 네 가지의 외재적 동기부여도구에 대해 스탠포드 임원 프로그램 참가자들이 매긴 점수는, 자기자신에 대한 효과보다 동료에 대한 효과가 더 높았다. 그리고 또 다른 네 가지의 내재적 동기부여도구에 매긴 점수의 평균치는

자기자신에 대한 효과가 더 높았다. MBA 학생들에게서 도 이 패턴이 나타났지만, "칭찬"의 경우만 달랐다. 칭찬은 동료들보다 자기자신에게 더 큰 영향을 미치는 것으로 나타났다.

이 차이점의 통계적 유의도는 어느 정도였을까? 표 A4를 한번 살펴보자. 스탠포드 임원 프로그램 참가자와 MBA 학생들에게 있어서(대응표본, 일방검정), 자기자신과 동료 및 부하직원을 위한 효과 평균치간 차이 p값을 정리해보았다.

표 A4. 자기자신 vs. 타인에 대한 효과 평균치간 p값

	스탠포드 임원 프로그램 참가자	MBA 학생
복지	2.64E-13	1.24E-17
좋은 기분	1.92E-12	9.89E-16
학습과 성장	1.87E-15	8.78E-22
물리적 보상	4.63E-06	1.32E-15
칭찬	2.53E-03	1.08E-02
일의 안정성	1.43E-19	1.08E-18
스킬의 획득과 실행	1.08E-03	5.09E-08
가치있는 일의 기회	3.32E-14	1.55E-14

표 A3과 같이 이 표를 살펴보도록 하자. 스탠포드 임원 프로그램 참가자들은 "복지제도"가 자신을 동기부여시켜주는 효과에 3.90점을 주었고 동료 및 부하직원을 위한 효과로는 4.27

점을 주었으며, 이때 평균차이에 대한 p값은 2.64×10^{-13} 이었다. (표에서는 과학적 표기법을 사용하였다 : 2.64E-13이란 2.64×10^{-13} 이란 의미이다). 이 경우 p값은 모두 매우 크기가 작다. 유의도에 그래도 가장 가까이 간 유일한 p값은 MBA 학생들이 평가한 "칭찬"의 효과이다(p=0.0108). 여기에서 다시 기억할 것은 "칭찬"이 이례적인 경우였다는 사실이다. 스탠포드 임원 프로그램 참가자들은 자기자신보다 동료 및 부하직원들에게 "칭찬"이 효과가 더 높을 거라고 생각한 반면, MBA 학생들은 "칭찬"의 동기부여 효과는 자기자신에게 더 높다고 평가했다.

집단간 평균 차이가 유의미하게 매우 크게 나타난 이와 같은 경험적 연구결과(대부분의 사람들은 외재적 동기부여도구가 자기자신보다 다른 사람들에게 더 효과가 높다고 평가한 반면, 내재적 동기부여도구는 자기자신에게 더 효과가 높다고 평가했다)는 필자가 스탠포드 임원 프로그램 참가자들에게 12년 동안 매년 실시한 설문조사에서 반복적으로 발견되었다.

칭찬의 경우를 제외하고는, MBA 학생에게도 동일한 결과가 반복적으로 나타났다. 스탠포드 경영대학원 임원교육 프로그램에 참여한 다른 임원들을 대상으로 실시한 모든 설문조사에서도 결과는 같았다. 이 주제를 처음 연구한 칩 히스(Chip Heath)의 결과에서 이미 나타난 사실이기도 하다. 필자의 생각에는, 어떤 특성을 가지고 있는 관리자 집단이라도 무선표집해서 설문조사를 해보더라도 결과는 마찬가지일 것 같다. 그렇다면 궁금한 것은, 그 이유이다.

5장에서 제시했던 해석내용을 조금 더 확장해보자. 필자는 설문조사를 실시했던 다양한 집단들을 대상으로 네 가지 가능한 "진실"들을 제시하고, 그들의 의견을 물어보았다.

#1. 스탠포드 임원 프로그램 참가자들이 이 설문조사에서 제시한 일부 의견들은 옳다. 평균적으로 그들 자신은 외재적 동기부여도구보다는 내재적 동기부여도구에 의해 더 많이 움직인다. 동료와 부하직원들은 이 부분에서 보다 다양한 의견을 나타내었다. 임원들은 동료와 부하직원들보다는 내재적 동기부여도구에 의해 더 많이, 그리고 외재적 동기부여도구에 의해 덜 움직인다.

#2. 자기자신에 대한 임원들의 의견은 대부분 맞지만, 동료와 부하직원에 대한 의견은 틀렸다. 동료와 부하직원들도 임원들과 유사한 방법으로 동기부여된다.

#3. 자기자신에 대한 임원들의 의견은 틀린 점이 있다. 그들 또한 동료와 부하직원들이 동기부여되는 방법과 동일하게 동기부여된다.

#4. 스탠포드 임원 프로그램 참가자들은 자기자신에 대해서는 내재적 동기부여도구의 힘을 과대평가하고, 동료에 대해서는 외재적 동기부여도구의 힘을 과대평가한다. 스스로에 대해 외재적 동기부여도구가 가지는 힘을 과소평가하고, 마찬가지로 동료와 부하직원에 대해 내재적 동기부여도구가 가지는 힘을 과소평가하고 있다.

다시 말해서, 이 설문조사의 결과는 일부만 맞다는 것이다. 진실은 그 중간 어딘가에 존재한다.

스탠포드 임원 프로그램 참가자들이 네 가지 가능한 진실들의 내용을 보았을 때, 제시한 의견들이 다양했다.

1. 어떤 사람들은 "가능한 진실 #1"이 옳다고 생각한다. 부하들은 젊은 사람들이고, 조직내 직급도 낮으며 아직 업무역량의 수준도 높지 않기 때문에, 임원들보다는 금전적 보상과 같은 도구에 의해 자연스럽게 더 많이 동기부여를 받게 된다는 주장이다. 하지만 이 설명이 맞다고 해도, 연령이나 직급의 평균을 보았을 때 필자는 동일한 결과를 관찰할 수 있었다. 즉 나이가 젊고 직급이 낮은 구성원들이 나이가 많고 직급이 낮은 사람들보다 외재적 동기부여도구에 의해 더 많이 움직일 거라는 주장은, 오히려 내재적 동기부여도구에서 사실로 나타났다. 나중에 이 데이터를 소개하겠지만, 지금 잠깐 이야기한다면 다음과 같다. 금전적 보상에 대해서는 비교적 일관적인 결과가 나왔지만, 그 외의 7개 동기부여도구에 대해서는 일관적 결과가 관찰되지 않았다.

가능한 진실 #1에 대한 또 다른 주장(필자가 믿고 있는)은 스탠포드 임원 프로그램 참가자들이 스스로 자원한 사람이고, 평균적인 관리자들과 매우 다른 사람이라는 사실이다. 스탠포드 임원 프로그램에 참가하기로 한 임원들은 — 스탠포드의 멋진 분위기와 정말 훌륭하고 안정적인 환경이 매우 매력적이기는 했겠지만 — 기본적으로 학습과 성장에 대한 개인적인 선호도를 가지고 있었다. 그렇기 때문에 그 사람들이 "학습과 성장"의 동기부여효과에 대해 가장 높은 점수를 주고, 내재적 동기부여도구에 의해 움직이게 된다는 것은 놀라운 일이 아니다. 스탠포드 임원 프로그램 참가자들과 MBA 학생들에 대해 필자가 실시한 설문조사에서도 비슷한 상황이 관찰되었다. 보다 정교하게 설계되어 진행된 히스의 연구에서는 이와 같이 "자원해서 참가한" 사람들이 없었지만 기본적인 결과는 동일했다. 모든 것을 완벽하게 설명할 수는 없겠지만, 우리가 얻은 연구결과의 타당성이 어느 정도 증명된다고 생각한다.

2. 가능한 진실 #2가 맞다고 주장하는 사람들은 가용성 편향(availability bias)에 대해 이야기를 한다. 스탠포드 임원 프로그램 참가자들은 자신의 부하직원들이 금전적 보상, 복지, 일의 안정성과 같이 보다 실질적인 동기부여도구가 효과적일 거라는 의견을 내었다. 사실 현장에서는 그들이 부하직원에게 제공하는 칭찬의 효과를 더 많이 관찰하게 될 것이고, 일의 가치에 대해 논하는 경우는 그다지 많지 않을 것이다. 결국, 부하직원의 동기부여에 대해 외재적 동기부여도구가 가지는 힘은 과대평가되었고, 내재적 동기부여도구의 효과는 과소평가되었다고

말할 수 있다. 임원 프로그램 참가자들은 자기자신을 동기부여하는 것이 무엇인지에 대해서는 더 명확하게 알고 있는 것이다.

3. 가능한 진실 #3에 찬성하는 경우, 대부분의 사람들은 자기자신에 대해서는 "더 훌륭하고" "더 고결한" 존재라고 인식한다는 이론을 제시한다. 스탠포드 임원 프로그램 참가자들은 자기지각을 할 때 이 오류에 빠져서 자기자신에 대해 내재적 동기부여도구가 미치는 영향력을 과대평가하고, 외재적 동기부여도구의 힘을 과소평가한다.
4. 가능한 진실 #4를 주장하는 사람들은 각 의견들이 장단점을 모두 가지고 있다고 생각하고, 진실은 그 중간 어딘가에 있다고 이야기한다.

네 가지 가능한 진실들 중 어떤 것이 맞는가를 판단하려면 다양한 동기부여도구의 실제적 효과크기를 잴 수 있는 현장 데이터가 필요한데, 대부분의 경우 현실적으로 얻기가 매우 어렵다.

하지만 필자의 경험과 감에 의하면, 그리고 필자가 이 문제에 대해 함께 논의해본 사람들의 의견에 따르면, 가능한 진실 #2가 항상 맞는 것은 아니지만, 대부분의 관리자들이 내재적 동기부여도구의 효과를 과소평가한다는 것은 사실인 것 같다(칩 히스가 이 주제에 대해 연구한 논문의 주제는 "동기부여이론은 외재적 인센티브의 효과를 과대평가하게 한다"였고, 그의 주장은 이 시각을 명확하게 설명하고 있다). 필자가 진행한 설문조사들이 모든 것을 설명해준다고 말할 수는 없겠지만, 기본적이고 가장 중요한 발견은 다음과 같다.

- 여덟 가지 동기부여도구의 효과에 있어서 모든 사람이 동의하는 결과는 존재하지 않는다. 각 개인마다 동기부여되는 방법은 다양하다.
- 하지만 평균적으로 볼 때, 부하직원들에 대한 내재적 동기부여도구의 힘과 영향력은 관리자들이 믿고 있는 것보다 훨씬 크다는 것은 사실이다.

"네 가지의 내재적 동기부여도구"와 "네 가지의 외재적 동기부여도구"로 나누는 분류방법은 효과적인 것 같다. 확실히 표 A3과 A4의 자료들을 보면 이와 같은 분류가 타당하다는 것을 알 수 있다. (MBA 학생들에게 있어서 "칭찬"은 예외적인 경우이지만) 자기자신과 다른 사람에 대해 효과적인 동기부여도구는 다르게 나타나는 것이 대부분이었다.

자, 이제 우리가 더 알아야 할 내용들이 있을까? "내재적 동기부여도구가 더 효과적인" 사람과, "외재적 동기부여도구가 더 효과적인" 사람이 혹시 따로 있지는 않을까? 모든 사람들을 이렇게 나눌 수 있는 것일까? 이 가설에 대한 근거들은 여덟 가지의 동기부여도구 쌍에 대한 점수간 상관관계를 보면 얻을 수 있다.

표 A5를 한번 보자. 스탠포드 임원 프로그램 참가자들과 MBA 학생들이, 자기자신에 대한 동기부여도구의 효과를 평가한 점수간의 상관관계가 제시되어 있다.

표 A5. 여덟 가지의 동기부여도구가 자기자신에게 주는 효과간 상관관계

(a) 스탠포드 임원 프로그램 참가자							
	일의 안정성	물리적 보상	칭찬	좋은 기분	학습과 성장	스킬의 획득과 실행	가치있는 일의 기회
복지	0.334	0.416	0.228	0.28	0.082	0.065	0.036
일의 안정성		0.239	0.296	0.102	0.092	0.199	0.114
물리적 보상			0.222	0.196	0.092	0.035	-0.141
칭찬				0.257	-0.019	0.049	-0.065
좋은 기분					0.244	0.207	0.124
학습과 성장						0.644	0.242
스킬의 획득과 실행							0.376

(b) MBA 학생							
	일의 안정성	물리적 보상	칭찬	좋은 기분	학습과 성장	스킬의 획득과 실행	가치있는 일의 기회
복지	0.326	0.352	0.081	0.101	0.154	0.086	0.072
일의 안정성		0.319	0.334	0.174	0.06	0.233	0.07
물리적 보상			0.283	-0.114	0.039	0.037	-0.247
칭찬				0.174	-0.002	0.051	-0.088
좋은 기분					0.266	0.151	0.288
학습과 성장						0.535	0.286
스킬의 획득과 실행							0.304

여덟 가지의 동기부여도구의 순서를 보면, 네 가지의 외재적 동기부여도구가 먼저 제시되고, 그 다음에 네 가지의 내재적 동기부여도구가 제시되었다. 사람들이 경향상 "내재적", "외재적"으로 구분될 것이라는 가설이 증명되려면, 위의 왼쪽 부분과 아래의 오른쪽 부분 사이에서 더 큰 상관관계가 나타나야 하고, 오른쪽 윗부분에서는 상관계수가 작거나 아예 부적 상관관계(하나의 변인이 늘어나는 경우, 다른 변인의 값이 감소하는 상관관계)가 나타나야만 하다.

물론 몇 가지 예외적 경우는 존재하지만, 명확하게 보이는 경향성이 관찰된다(두 집단 모두에서, 일의 안정성은 스킬과 "높은" 상관을 보였다. 아마 응답자들은 스킬을 강화하게 되면 일의 안정성을 높이게 된다는 생각을 하지 않았나 싶다. MBA 학생들에게 있어서는 "좋은 기분"과 "칭찬"이 비교적 높은 상관관계를 나타냈다. 자신이 어떻게 일을 하고 있는지에 대한 외부에서의 인정이 필요하기 때문에, 이들은 외재적 원천으로부터의 칭찬을 원하는 것 같다. 상관계수가 그다지 크지는 않더라도, 모든 상관관계가 정적으로 나타났다는 것을 기억하는 것이 중요하다).

설문조사에서 검토해본 여덟 개의 동기부여도구에 대해서는 이야기할 것들이 더 남아 있지만, 그보다 먼저 다섯 개 채널에 대해 다뤄봐야 할 것 같다.

다섯 가지 동기부여 채널

설문조사의 후반부에서, 응답자들은 다섯 가지 동기부여 채널에 대한 질문을 받았다.

- 물리적 보상(금전)
- 비물리적·개인적 보상(칭찬)
- 재미있고 흥미있는 일
- 조직의 성공에 대한 기여
- 더 큰 사회적 목표에 대한 기여

응답자들은 자기자신과 타인에 대해 각 채널이 가지는 효과를 평가해보고, 최고의 성과를 창출하거나 가장 많은 노력을 기울이고 싶게 만드는 채널이 어떤 것인지를 선택해보라는 요구를 받았다. 스탠포드 임원 프로그램 참가자들에게 있어서 "타인"은 부하직원이고, MBA 학생들에게 있어서 타인은 가장 마지막 직장에서의 동료를 의미하는 것으로 했다. 설문조사의 결과는 3장의 표 2와 표 4에 제시되어 있고, 8장에서도 다시 한 번 언급되었다(평균과 표준편차는 수치 척도를 기반으로 하여 계산되었음. 1점 : 전혀 효과 없음, 2점 : 제한적인 효과가 있음…).

9번 문항에서 응답자들은 타인을 동기부여하는 데 있어서, '부하직원 및 동료에 대한 동기부여 방법은 각 대상간 어느 정도의 유사성을 가지고 있는가'라는 질문을 받았다. 이 질문에 대한 두 집단의 응답 백분율은 표 A6에 제시되어 있다.

표 A6. 다섯 가지 동기부여 채널에 대한 응답

(a) 스탠포드 임원 프로그램 참가자	
부하들은 각 사람마다 매우 다른 특성과 니즈를 가지고 있다. 그들이 최고의 성과를 낼 수 있도록 동기부여하려면, 나는 그에 맞춰 다양한 전략을 활용해야 한다.	58.9%
부하들은 각 사람마다 다른 특성과 니즈를 가지고 있다. 하지만 비교적 유사한 방법으로 동기부여할 수 있다.	35.7%
부하들을 동기부여하는 방법은 매우 유사하다. 그래서 당연히 나도 부하 집단 전체에 대해 비슷한 방법을 사용한다.	5.3%
(b) MBA 학생	
동료들은 각 사람마다 매우 다른 특성과 니즈를 가지고 있다. 그들이 최고의 성과를 낼 수 있도록 동기부여하려면, 그에 맞춰 다양한 전략을 활용해야 한다.	29.2%
동료들은 각 사람마다 다른 특성과 니즈를 가지고 있다. 하지만 비교적 유사한 방법으로 동기부여할 수 있다.	51.7%
동료들을 동기부여하는 방법은 매우 유사하다. 그래서 동료 집단 전체에 대해 비슷한 방법을 사용해도 된다.	19.2%

이 질문에 대한 응답 데이터에서도 얻을 것이 많다. 몇 가지 중요한 점들을 요약해보았다.

- 역시 마찬가지로, 하나의 합의된 결과는 나타나지 않았다. 모두 다 동의하는 의견은 없었다. 다섯 가지 채널들 중 MBA 학생이 스스로에게 가장 효과가 높다고 평가한 채널은 "재미있는 일"이었다(37.9%). 하지만 스탠포드 임원 프로그램 참가자들은 "조직의 성공"에 대해 가장 높은 평가를 하였다. 반대로 보았을 때, 스탠포드 임원 프

로그램 참가자들은 자기자신에 대해 "칭찬"의 동기부여 효과를 가장 낮게 평가했고(10%), MBA 학생들은 동료에 대해 "조직의 성공"이 동기부여하는 정도를 가장 낮게 평가하였다(4.6%).

- 스탠포드 임원 프로그램 참가자들 중 60%는 부하직원들의 특성과 니즈가 매우 다양하기 때문에, 동기부여 전략은 대상에 맞춤화되어야 한다고 이야기했다. 이와 달리, MBA 학생들 중 70%는 동료들을 동기부여시키는 방법에는 차이점이 존재한다고 인식하고 있었지만, 유사한 동기부여전략을 사용해도 된다는 의견을 제시하였다.
- "재미있고 흥미있는 일"은 어느 경우에도 동기부여 효과가 가장 높게 나타났다. 네 가지 경우, 모두 가장 높은 평균점수를 보였다. 더 인상적이었던 것은, 스탠포드 임원 프로그램 참가자들 중 94% 이상은 자기자신에게 있어서 이 도구가 매우 효과적이라고 보고 있었고, 부하직원에 대한 동기부여효과가 크다고 보는 경우도 93% 이상이었다. MBA 학생들 중 93%는 자기자신에 대한 동기부여효과가 크다고 보았고, 89%는 동료들에 대한 동기부여효과도 매우 크다고 생각했다. "재미있고 흥미있는 일"은 동기부여계에서는 황금열쇠인 듯하다. 재미있고 흥미있는 일을 하는 것이 고용주·관리자의 기대와 일치한다는 것을 발견하게 된다면 말이다.

- 실재하는 보상을 제공하는 채널의 효과 평가는 나쁘지 않았지만, 평균수치를 보면 항상 "재미있고 흥미있는 일"과 "칭찬"보다 낮았다. 스탠포드 임원 프로그램 참가자들에게 있어서, 물리적인 보상은 자기자신이나 부하직원에 대한 동기부여에 있어서 조직의 성공보다 낮은 효과점수를 받았다. 실질적인 보상이 동료들을 위한 동기부여 도구로서 효과가 있다고 평가한 MBA 학생들은 20% 이하였다. 설문조사의 여덟 가지 동기부여도구들로부터 얻을 수 있는 메시지가, "사람들은 타인에 대한 내재적 동기부여도구의 힘을 과소평가하고, 외재적 동기부여도구의 힘을 과대평가한다(칭찬을 제외하고)"라면, 이 메시지는 다시 한번 여기에서 강조되고 있는 셈이다.
- "칭찬"의 동기부여 효과는 꽤 좋은 것으로 나타났고, 특히 MBA 학생들에게 효과적인 것으로 관찰되었다.
- "조직의 성공"은 특히 스탠포드 임원 프로그램 참가자 자신에 대한 동기부여 효과가 높은 것으로 나타났다. 이는 강한 인구학적 효과에 의해 강화되었다. 의장·CEO·경영 파트너·대표이사인 응답자에게 있어서 "조직의 성공"에 대한 효과평가 평균점수는 4.86이었고, COO의 평균점수는 4.67이었다. (나머지 임원 집단의 평균점수는 4.50으로 나타났다. CEO, COO의 평균점수와 나머지 집단의 평균점수 차이를 검증해본 결과, p값(일방 검증)은 0.0032였다.) 조직에서 의사결정권한이 큰 위치에 있는 사람들은 조직의 성공에 대해 진심으로 책임을 지려 하는 경향성을 보였다.

- 반대로 MBA 학생들은 “조직의 성공”이 자기자신과 동료에 대해 동기부여할 수 있는 정도가 매우 낮다고 평가했다. 다섯 가지 동기부여채널 중에서도 가장 낮은 점수를 받았다. (MBA 학생들과 스탠포드 임원 프로그램 참가자들간의 세부적 비교에 대해서는 뒤에 다시 제시하도록 하겠다.)
- “더 큰 사회적 목표에 대한 기여”는 네 가지 경우 모두 꽤 낮은 점수를 받았다. 하지만 10명의 MBA 학생들 중 한 명은 동기부여에 있어서 효과적이라는 평가를 하였고, 스탠포드 임원 프로그램 참가자 8명 중 한 명은 부하에 대한 동기부여에서, 그리고 5명 중 한명은 자기자신에 대한 동기부여에서 효과적이라는 평가를 하였다.

표 A7은 각 집단이 자기자신과 타인에 대한 효과평가를 한 평균점수를 비교한 내용을 담고 있다. 스탠포드 임원 프로그램 참가자들은 다섯 가지 채널에 대해 모두 부하보다 자기자신의 동기부여효과에 있어서 더 높은 점수를 주었다 — 아마 그들은 부하를 동기부여하는 데에 어려움을 겪어 온 것 같다 —. 하지만 조직의 성공과 사회적인 중요성에 있어서는 유의미한 차이점이 나타났다.

표 A7. 다섯 가지 채널의 평균수치 비교 : 자기자신 vs. 타인 대상

	금전적 보상	칭찬	일	조직의 성공	사회에 대한 기여
(a) 스탠포드 임원 프로그램 참가자					
자기자신에 대한 효과평가 평균	3.86	4.15	4.66	4.58	3.78
부하직원에 대한 효과평가 평균	3.77	4.06	4.51	4.07	3.32
P값	0.10	0.09	2.12E-03	2.44E-16	7.52E-13
(b) MBA 학생					
	금전적 보상	칭찬	일	조직의 성공	사회에 대한 기여
자기자신에 대한 효과평가 평균	3.88	4.43	4.73	3.61	3.60
동료에 대한 효과평가 평균	4.06	4.25	4.45	3.32	3.14
P값	2.88E-04	2.68E-04	6.81E-06	9.98E-06	2.01E-12

MBA 학생들의 의견은 거의 비슷했지만, "금전적 보상"의 동기부여에 대해서는 자기자신보다 동료에게 더 효과가 크다고 평가했다. 각 동기부여도구의 효과점수간의 차이는 사회과학분야에서 이야기하는 통계적 유의미한 정도였지만, 특히 "사회에 대한 기여"에 대한 차이는 컸다. 다시 말하지만, 이것은 평균점수를 가지고 이야기를 하고 있는 것이기 때문에, 다른 생각을 가지고 있는 스탠포드 임원 프로그램 참가자와 MBA 학생들도 존재한다는 것을 잊으면 안 된다.

표 A8에서는 두 집단을 대상으로 보았을 때, 채널간 상관관계를 볼 수 있다. 여덟 가지 동기부여도구에 대한 이야기와 달리, 채널에서는 따로 분류를 하지 않았다. 대부분의 상관은 약한 정적/부적 관계를 나타냈다.

표 A8. 자기자신에 대한 영향력 점수에서, 채널간 상관관계

(a) 스탠포드 임원 프로그램 참가자				
	칭찬	일	조직의 성공	사회에 대한 기여
금전적 보상	0.233	0.131	−0.002	−0.072
칭찬		0.143	0.122	0.086
일			0.196	0.139
조직의 성공				0.168
(b) MBA 학생				
	칭찬	일	조직의 성공	사회에 대한 기여
금전적 보상	0.200	−0.017	−0.052	−0.164
칭찬		0.003	0.072	−0.085
일			0.045	0.106
조직의 성공				0.435

가장 눈에 띄는 차이는, MBA 학생들에게 있어서 “조직의 성공”과 “사회에 대한 기여” 간에는 강한 정적 상관이 발견되었다는 것이다. 아마 사회적 목표를 가진 조직에서 일했던 학생들에게 조직의 성공이란 사회적인 중요성을 만들어내는 데 기여하는 것으로 생각된 것 같다. 두 집단에서, “금전적 보상”과 “칭

찬" 간에는 약한 정적 상관이 나타났다. 어쩌면 외재적 동기부여가 더 잘되는 사람과, 내재적 동기부여가 더 잘되는 사람간의 차이를 나타내는지도 모르겠다.

다양한 응답에 대한 설명 I : 인구학적 특성?

사람들이 여덟 가지의 동기부여도구로부터 각각 다른 영향을 받는 이유는 무엇일까? 다섯 가지의 채널의 효과가 다른 이유는 무엇일까? 이와 같은 차이점을 설명할 수 있는 요인은 어떤 것이 있을까?

인구학적 특성이 아마 어느 정도의 차이점을 설명할 수 있을 것이다. 예를 들어, 고정관념에 기반한 가설들을 몇 가지 생각해보자.

- 유럽 지역의 관리자들은 미국과 캐나다의 관리자들보다 금전적 보상으로부터 동기부여되는 정도가 (평균적으로) 낮다.
- 금융업계에 있는 사람들은 다른 관리자들보다 금전적 보상에 의해 동기부여되는 경우가 더 많다.
- 평균적으로 볼 때, 칭찬은 남성보다 여성에게 더 큰 영향을 미친다.

(뒤의 내용을 더 읽기 전에, 이 가설에 대한 당신의 생각은 어떠한가? 당신이 믿고 있는 유사한 다른 가설들이 더 있는가?)

이 가설들을 검증해보기 위해, 필자는 스탠포드 임원 프로그램 참가자들이 자기자신에게, 그리고 동료 및 부하직원에 대한 동기부여효과를 평가한 평균점수를 표 A9에 정리해보았다.

- 이 표에서는 각 인구학적 카테고리에 대한 결과를 독립적으로 제시하였다. 즉, 유럽 사람들에 대한 평균치를 계산하고, 40세~44세 참가자들의 평균치를 정리하였지만, 40세~44세의 유럽 사람에 대한 결과를 분석하지는 않았다.
- 여섯 명 이하의 작은 집단에 대해서는 결과분석을 하지 않았다.
- 이 두 가지 원칙을 기반으로 하여, 필자는 주거지역, 연령, 성별, 조직의 직급, 소속부서, 산업 분야에 따라 참가자 집단을 분류하고 평균점수를 계산하였다. 하지만 부하직원의 평균점수를 정리할 때에는 주거지역, 소속부서, 산업 분야로만 분류하였다. 왜냐하면 응답자의 연령, 성별, 조직의 직급은 부하직원의 인구학적 특성을 알려주지 않기 때문이다.

제시된 수치들에 대해 과도한 일반화를 하지 않기를 바란다. 설문대상집단의 크기는 통계적 유의미를 다룰 만큼 크지 않았기 때문이다(독자들이 궁금해하는 특정 가설의 통계적 유의미도를 검증해보고 싶다면, 그리고 그 방법을 알고 있다면 부디 시도해보기 바란다. 각 집단간의 차이가 표준편차 1 정도로 되도록 검증을 하는 것이 좋을 것이다).

표 A9. 스탠포드 임원 프로그램 참가자들의 동기부여 효과평가 평균점수 : 인구학적 정보별로 분석

(a) 자신에 대한 동기부여 효과평가							
		여덟 가지 동기부여도구					
	인원수	복지	좋은 기분	학습과 성장	금전적 보상	칭찬	일의 안정성
주거지역							
미국·캐나다	62	3.58	5.40	5.63	4.98	4.82	3.77
라틴 아메리카	10	3.90	5.10	5.30	4.90	4.80	4.00
유럽	58	3.97	5.48	5.57	4.76	5.07	3.78
동남 아시아	46	4.28	5.54	5.50	5.00	5.26	4.24
중동·아프리카	6	3.67	5.50	5.17	4.67	4.67	3.50
호주·뉴질랜드·태평양제도	25	3.88	5.48	5.56	5.00	4.88	3.80
연령							
40세 이하	34	3.76	5.47	5.71	5.32	4.94	3.62
40-44세	69	3.94	5.54	5.67	4.86	4.93	3.78
45-49세	64	4.03	5.41	5.39	4.91	5.00	3.94
50-54세	30	3.67	5.40	5.57	4.67	5.00	4.03
55세 이상	10	3.90	5.30	5.10	4.70	5.50	4.70
성별							
남성	178	3.92	5.42	5.53	4.93	4.98	3.83
여성	29	3.76	5.69	5.62	4.79	5.07	4.21
조직의 직급							
의장/CEO/경영 파트너/대표이사	44	3.75	5.45	5.45	4.75	4.75	3.68
COO	9	3.78	5.33	5.33	4.11	4.22	3.78
기능조직장 : CFO, CPO, CIO 등	40	3.70	5.45	5.60	4.98	5.23	3.83
선임 부사장·선임 파트너	23	4.26	5.39	5.61	4.96	5.17	4.09
부사장·파트너	40	3.83	5.50	5.80	4.93	5.03	3.90
총괄 관리자	51	4.10	5.47	5.39	5.12	5.04	4.02

(a) 자신에 대한 동기부여 효과평가							
다섯 가지 동기부여 채널							
	스킬의 획득과 실행	가치있는 일의 기회	금전적 보상	칭찬	재미있고 흥미있는 일	조직의 성공	사회에 대한 기여
	5.05	5.24	4.05	4.05	4.63	4.55	3.69
	4.70	5.20	3.50	4.00	4.50	4.60	3.70
	5.22	5.34	3.57	4.12	4.81	4.52	3.52
	4.91	5.20	3.85	4.35	4.43	4.67	4.20
	4.67	5.33	3.83	4.33	4.50	4.50	3.50
	5.12	4.96	4.12	4.16	4.92	4.68	3.92
	5.29	5.15	4.18	4.21	4.82	4.56	3.62
	5.07	5.29	3.80	4.10	4.67	4.48	3.75
	4.88	5.16	3.80	4.06	4.56	4.63	3.77
	5.17	5.20	3.80	4.37	4.67	4.63	3.83
	4.80	5.50	3.50	4.30	4.70	5.00	4.50
	5.02	5.22	3.84	4.14	4.65	4.60	3.74
	5.21	5.28	3.90	4.24	4.76	4.52	4.07
	4.89	5.34	3.91	4.05	4.73	4.86	4.09
	4.67	5.00	3.56	3.89	4.56	4.67	3.67
	5.20	5.10	3.73	4.38	4.70	4.58	3.53
	5.00	5.52	3.91	4.35	4.65	4.43	4.00
	5.33	5.18	3.83	4.08	4.63	4.60	3.45
	4.94	5.18	3.92	4.10	4.63	4.39	3.90

(a) 자신에 대한 동기부여 효과평가							
		여덟 가지 동기부여도구					
	인원수	복지	좋은 기분	학습과 성장	금전적 보상	칭찬	일의 안정성
부서							
일반관리	94	4.05	5.51	5.54	4.93	5.03	3.86
재무	19	4.16	5.53	5.63	5.26	5.21	3.95
회계	1						
마케팅	15	3.27	5.53	5.53	4.87	5.00	4.07
데이터운영관리·생산·제조	13	3.23	5.15	5.77	4.92	4.92	3.62
정보기술	17	3.35	5.12	5.29	4.47	4.59	3.12
인사관리	4						
전략기획	12	3.67	5.67	5.33	4.83	5.33	4.08
기타	32	4.13	5.47	5.63	4.88	4.84	4.22
산업 분야							
금융서비스·투자	37	3.97	5.59	5.65	5.16	4.86	3.86
정보기술	48	3.69	5.31	5.63	4.67	4.81	3.42
제조·건설	30	3.60	5.47	5.37	5.07	5.27	3.90
건강관리·제약·바이오테크놀러지	16	3.88	5.44	5.63	4.63	4.69	4.19
마케팅·소매	13	3.77	5.54	5.69	5.00	5.54	4.15
공공영역	12	4.42	5.42	5.33	4.75	5.17	4.58
컨설팅·자문·교육	11	4.27	5.82	5.73	4.91	4.91	3.55
기타	40	4.10	5.38	5.43	5.00	5.03	4.13

필자가 생각하기에 이 수치들에서 중요한 점(통계적 유의미도와 효과크기 모두를 고려했을 때)은 다음과 같다. (a) 우리가 많은 정보를 얻을 수 있는 분류기준은 사실 없었다. 다양한 인구학적 정보에 따라 분류된 사람들은 생각보다 유사한 모습을 보였다. (b) 하지만 공공영역에서 일하는 사람들은 다른 집단보다 사회에 대한 기여 및 복지에 의해 동기부여되는 정도가 컸다. (c) 의장, CEO 그리고(정도는 좀 덜하지만) COO는 조직의 성공이라는 요인

(a) 자신에 대한 동기부여 효과평가							
다섯 가지 동기부여 채널							
	스킬의 획득과 실행	가치있는 일의 기회	금전적 보상	칭찬	재미있고 흥미있는 일	조직의 성공	사회에 대한 기여
	5.04	5.27	4.00	4.14	4.69	4.67	3.88
	5.00	5.21	3.74	4.47	4.74	4.42	3.53
	5.27	5.27	3.67	3.73	4.87	4.67	3.53
	5.08	4.92	3.46	4.08	4.85	4.92	3.62
	4.76	5.29	3.53	3.88	4.12	4.71	3.47
	4.58	5.00	3.83	4.33	4.58	4.33	3.75
	5.28	5.19	3.75	4.31	4.69	4.34	3.88
	5.08	5.35	4.11	4.16	4.97	4.49	3.81
	4.94	5.19	3.81	4.06	4.48	4.71	3.77
	4.97	5.23	3.87	4.17	4.63	4.47	3.27
	5.38	5.06	3.63	4.06	4.81	4.38	3.88
	5.23	4.92	3.77	4.31	4.85	5.00	3.54
	5.17	5.50	3.42	4.50	4.58	4.42	4.58
	5.27	5.64	4.00	4.27	4.73	4.36	4.09
	4.93	5.13	3.83	4.10	4.50	4.68	3.88

(표 계속)

으로 인해 자신이 동기부여되는 정도가 크다고 평가했다. (d) 금융업계에서 근무하는 사람들은 여덟 가지의 동기부여방법들 중 보상이 자기자신에 대해 가장 높은 효과가 있다고 하였다. 하지만 동료와 부하직원에 대해서는 고정관념을 그대로 믿고 있었다. 컨설팅 업계도 결과는 유사했다(컨설팅 업계에서 일하고 있는 사람들 중에는 대학 교수들도 포함되어 있었기 때문에, 학자들이 보상에 의해 동기부여되는 정도가 큰지에 대해서 필자는 고민하게 되었다).

(b) 동료 및 부하직원에 대한 동기부여 효과평가							
여덟 가지 동기부여도구							
	인원수	복지	좋은 기분	학습과 성장	금전적 보상	칭찬	일의 안정성
주거지역							
미국·캐나다	62	4.08	4.85	5.03	5.15	5.15	4.65
라틴 아메리카	10	4.10	5.10	5.10	5.20	5.30	4.50
유럽	58	4.47	5.26	5.14	5.02	5.19	4.66
동남 아시아	46	4.80	5.20	5.02	5.28	5.20	4.72
중동·아프리카	6	4.67	4.83	4.33	5.50	5.17	4.50
호주·뉴질랜드·태평양제도	25	4.08	5.08	5.00	5.08	5.12	4.60
부서							
일반관리	94	4.51	5.13	5.05	5.14	5.20	4.70
재무	19	4.58	5.05	5.00	5.26	5.26	4.68
회계	1						
마케팅	15	4.13	5.20	5.00	4.93	5.13	4.60
데이터운영관리·생산·제조	13	3.85	4.62	5.31	5.08	5.23	4.38
정보기술	17	3.88	4.88	4.76	4.88	4.88	4.06
인사관리	4						
전략기획	12	3.83	5.08	4.75	5.17	5.08	4.33
기타	32	4.59	5.16	5.16	5.34	5.19	4.91
산업 분야							
금융서비스·투자	37	4.51	5.22	4.86	5.43	5.00	4.73
정보기술	48	4.13	5.02	5.25	5.08	5.31	4.50
제조·건설	30	4.27	4.93	5.13	5.03	5.27	4.53
건강관리·제약·바이오테크놀러지	16	4.19	4.88	5.19	4.75	4.63	4.50
마케팅·소매	13	4.31	5.15	5.00	5.23	5.85	4.92
공공영역	12	4.75	5.08	4.75	5.25	5.08	5.00
컨설팅·자문·교육	11	4.82	5.36	5.00	5.36	5.27	4.82
기타	40	4.45	5.13	4.93	5.08	5.10	4.65

(b) 동료 및 부하지원에 대한 동기부여 효과평가						
다섯 가지 동기부여 채널						
스킬의 획득과 실행	가치있는 일의 기회	금전적 보상	칭찬	재미있고 흥미있는 일	조직의 성공	사회에 대한 기여
5.05	5.24	4.05	4.05	4.63	4.55	3.69
4.70	5.20	3.50	4.00	4.50	4.60	3.70
5.22	5.34	3.57	4.12	4.81	4.52	3.52
4.91	5.20	3.85	4.35	4.43	4.67	4.20
4.67	5.33	3.83	4.33	4.50	4.50	3.50
5.12	4.96	4.12	4.16	4.92	4.68	3.92
5.04	5.27	4.00	4.14	4.69	4.67	3.88
5.00	5.21	3.74	4.47	4.74	4.42	3.53
5.27	5.27	3.67	3.73	4.87	4.67	3.53
5.08	4.92	3.46	4.08	4.85	4.92	3.62
4.76	5.29	3.53	3.88	4.12	4.71	3.47
4.58	5.00	3.83	4.33	4.58	4.33	3.75
5.28	5.19	3.75	4.31	4.69	4.34	3.88
5.08	5.35	4.11	4.16	4.97	4.49	3.81
4.94	5.19	3.81	4.06	4.48	4.71	3.77
4.97	5.23	3.87	4.17	4.63	4.47	3.27
5.38	5.06	3.63	4.06	4.81	4.38	3.88
5.23	4.92	3.77	4.31	4.85	5.00	3.54
5.17	5.50	3.42	4.50	4.58	4.42	4.58
5.27	5.64	4.00	4.27	4.73	4.36	4.09
4.93	5.13	3.83	4.10	4.50	4.68	3.88

표 A10. MBA 학생들의 동기부여 효과평가 평균점수 : 인구학적 정보별로 분석

(a) 자신에 대한 동기부여 효과평가							
여덟 가지 동기부여도구							
	인원수	복지	좋은 기분	학습과 성장	금전적 보상	칭찬	일의 안정성
주거지역							
미국·캐나다	170	3.34	5.35	5.58	4.44	5.21	3.69
라틴 아메리카	18	3.67	5.56	5.67	5.00	5.11	3.50
유럽	20	3.70	5.55	6.00	5.10	5.20	3.55
동남 아시아	17	4.71	5.47	6.06	5.24	5.41	4.06
중동·아프리카	12	3.58	5.42	5.58	5.17	5.67	3.83
호주·뉴질랜드·태평양제도(N = 3명 / 인원이 너무 작아서 제외함)							
연령							
25세 이하	32	3.66	5.28	5.53	4.75	5.22	3.69
26세 - 30세	192	3.43	5.39	5.69	4.63	5.22	3.64
31세 이상	16	4.00	5.69	5.56	4.31	5.44	4.25
성별							
남성	136	3.61	5.26	5.58	4.64	5.13	3.56
여성	104	3.35	5.57	5.76	4.60	5.38	3.86
부서							
일반관리	61	3.46	5.43	5.69	4.30	5.23	3.64
재무	57	3.51	5.23	5.53	4.82	5.35	3.91
마케팅	20	3.95	5.10	5.55	5.15	5.20	3.85
데이터운영관리·생산·제조	13	3.46	5.23	5.54	4.69	5.08	3.62
전략기획	47	3.49	5.53	5.87	4.64	5.23	3.53
기타	33	3.45	5.55	5.52	4.58	5.21	3.61
회계(N=1), 정보기술(N=3), 인사관리(N=5) : 인원이 너무 작아서 제외함							

(a) 자신에 대한 동기부여 효과평가							
	다섯 가지 동기부여 채널						
	스킬의 획득과 실행	가치있는 일의 기회	금전적 보상	칭찬	재미있고 흥미있는 일	조직의 성공	사회에 대한 기여
	5.05	5.21	3.79	4.37	4.70	3.60	3.61
	5.11	5.22	3.83	4.28	4.89	3.39	3.83
	5.45	5.10	4.20	4.40	4.90	3.45	3.20
	5.53	5.41	4.41	4.71	4.76	4.29	3.82
	4.92	5.33	3.83	4.92	4.83	3.25	3.50
	5.00	4.94	3.84	4.31	4.72	3.34	3.44
	5.12	5.23	3.89	4.46	4.74	3.61	3.61
	5.31	5.63	3.75	4.31	4.69	4.06	3.88
	5.04	5.13	3.89	4.32	4.76	3.56	3.45
	5.21	5.34	3.86	4.57	4.70	3.67	3.81
	5.25	5.36	3.79	4.39	4.80	3.69	3.75
	5.09	4.68	4.07	4.49	4.61	3.44	3.02
	4.90	4.90	4.10	4.30	4.40	3.70	3.55
	5.38	5.62	3.69	4.08	4.77	3.92	3.54
	5.19	5.38	3.91	4.53	4.87	3.55	3.96
	4.73	5.39	3.58	4.36	4.70	3.52	3.79

(a) 자신에 대한 동기부여 효과평가							
여덟 가지 동기부여도구							
	인원수	복지	좋은 기분	학습과 성장	금전적 보상	칭찬	일의 안정성
산업 분야							
금융서비스·투자	58	3.48	5.28	5.50	4.86	5.31	3.83
IT·전자·컴퓨터 기술	25	3.80	5.56	5.76	4.72	5.36	3.76
제조·건설	10	3.50	5.40	5.60	4.90	4.80	3.60
건강관리·제약·바이오 테크놀러지	19	3.47	5.37	5.68	4.68	5.32	3.47
마케팅·소매	12	3.42	5.58	5.92	4.92	5.50	4.00
공공영역	16	3.75	5.63	5.56	4.06	5.19	4.25
컨설팅	49	3.37	5.31	5.71	4.67	5.31	3.59
교육	10	3.20	5.80	5.40	4.30	5.40	3.60
비영리기관·사회적 기업	10	3.70	5.60	5.80	3.90	4.80	3.80
엔터테인먼트	9	3.22	5.00	5.89	4.44	5.22	3.33
기타	20	3.50	5.35	5.65	4.45	4.90	3.40
소셜 미디어(N=1), 조직경험 없음(N=1) : 인원이 너무 적어서 제외함							
대학 전공							
경제학	50	3.80	5.64	5.86	4.74	5.16	3.80
경영학	40	3.68	5.25	5.63	4.95	5.40	3.65
기타 사회과학	34	3.18	5.62	5.62	4.41	5.29	3.71
엔지니어링	51	3.47	5.29	5.63	4.61	5.22	3.16
생물학	17	3.76	5.12	5.59	4.65	5.41	4.18
물리학·수학	14	3.36	5.36	5.64	4.79	5.57	4.43
인문학	34	3.12	5.26	5.53	4.21	4.91	3.79

(a) 자신에 대한 동기부여 효과평가							
			다섯 가지 동기부여 채널				
	스킬의 획득과 실행	가치있는 일의 기회	금전적 보상	칭찬	재미있고 흥미있는 일	조직의 성공	사회에 대한 기여
	5.10	4.66	4.14	4.53	4.64	3.43	2.97
	5.40	5.36	4.12	4.32	4.64	3.84	3.44
	5.20	5.20	4.10	4.10	4.60	3.50	3.70
	5.32	5.74	3.63	4.53	4.84	3.74	4.05
	5.58	5.33	4.00	4.42	4.75	3.92	3.00
	4.94	5.69	3.88	4.13	4.94	4.31	4.31
	5.18	5.06	3.80	4.67	4.80	3.41	3.69
	4.40	5.80	3.40	4.60	4.50	3.80	4.70
	5.20	6.10	3.40	4.20	5.00	4.20	4.80
	4.78	5.11	3.78	4.22	4.44	3.78	3.00
	4.75	5.45	3.55	4.05	4.85	3.15	3.90
	5.16	5.18	4.04	4.54	4.76	3.84	3.66
	5.05	4.93	4.05	4.50	4.65	3.38	3.20
	4.88	5.38	3.59	4.68	4.59	3.56	3.85
	5.18	5.31	3.84	4.22	4.82	3.47	3.45
	5.29	5.59	3.94	4.59	4.94	3.41	4.06
	5.14	5.00	4.00	4.14	4.64	3.57	3.57
	5.18	5.24	3.68	4.29	4.74	3.91	3.76

(b) 동료 및 부하직원에 대한 동기부여 효과평가							
여덟 가지 동기부여도구							
	인원수	복지	좋은 기분	학습과 성장	금전적 보상	칭찬	일의 안정성
주거지역							
미국·캐나다	170	3.87	4.86	4.96	4.95	5.06	4.42
라틴 아메리카	18	4.72	5.06	5.17	5.44	5.06	4.50
유럽	20	4.40	5.25	5.20	5.30	4.90	4.60
동남 아시아	17	5.35	5.06	5.12	5.65	5.59	4.76
중동·아프리카	12	4.08	4.83	4.75	5.58	5.08	4.75
호주·뉴질랜드·태평양제도(N = 3명 / 인원이 너무 작아서 제외함)							
부서							
일반관리	61	4.05	4.90	5.03	4.85	5.08	4.44
재무	57	3.72	4.81	4.93	5.42	5.11	4.25
마케팅	20	4.40	4.65	4.70	5.30	4.90	4.70
데이터운영관리·생산·제조	13	4.54	4.85	5.15	5.08	5.08	5.08
전략기획	47	4.30	4.89	5.06	5.11	5.23	4.45
기타	33	4.39	5.15	4.79	5.00	5.00	4.79
회계(N=1), 정보기술(N=3), 인사관리(N=5) : 인원이 너무 작아서 제외함							
산업 분야							
금융서비스·투자	58	3.79	4.79	4.86	5.55	5.17	4.34
IT·전자·컴퓨터 기술	25	4.28	4.92	5.24	4.96	5.20	4.72
제조·건설	10	4.70	4.70	4.90	5.50	4.70	5.70
건강관리·제약·바이오테크놀러지	19	4.05	4.89	5.11	5.11	5.32	4.84
마케팅·소매	12	4.50	5.17	4.67	5.50	5.25	4.92
공공영역	16	4.63	4.69	4.44	4.19	4.75	4.94
컨설팅	49	3.67	5.02	5.43	4.98	5.20	3.86
교육	10	4.30	5.40	4.80	4.70	5.00	4.60
비영리기관·사회적 기업	10	4.20	4.90	5.20	4.40	4.70	4.10
엔터테인먼트	9	4.33	4.56	4.33	5.44	4.89	4.67
기타	20	4.45	5.15	4.65	5.05	4.90	4.85
소셜 미디어(N=1), 조직경험 없음(N=1) : 인원이 너무 적어서 제외함							

(b) 동료 및 부하직원에 대한 동기부여 효과평가							
			다섯 가지 동기부여 채널				
	스킬의 획득과 실행	가치있는 일의 기회	금전적 보상	칭찬	재미있고 흥미있는 일	조직의 성공	사회에 대한 기여
	4.73	4.73	4.02	4.28	4.54	3.31	3.15
	4.83	4.89	3.83	4.06	4.94	3.50	3.56
	4.90	4.10	4.30	4.10	4.60	3.25	2.75
	4.65	4.41	4.59	4.24	3.94	3.59	2.94
	4.50	4.75	4.08	4.42	4.08	2.92	3.25
	4.80	4.79	4.10	4.46	4.64	3.39	3.28
	4.86	4.23	4.33	4.21	4.33	3.30	2.53
	4.65	4.10	3.95	4.15	4.35	3.20	3.00
	4.46	4.77	3.77	3.92	4.15	3.38	3.23
	4.81	4.94	4.04	4.23	4.45	3.26	3.53
	4.42	4.94	3.79	4.09	4.61	3.18	3.27
	4.79	4.00	4.41	4.34	4.31	3.22	2.48
	4.80	4.80	3.92	4.08	4.60	3.20	3.00
	4.30	4.20	4.20	3.70	4.00	3.50	3.00
	4.95	5.21	4.11	4.37	4.42	3.37	3.47
	4.50	4.08	4.33	4.17	4.25	3.75	2.75
	4.81	5.38	4.13	4.25	4.69	3.69	3.94
	4.86	5.06	4.00	4.43	4.76	3.20	3.31
	4.50	5.40	3.40	4.50	4.70	3.40	3.90
	5.00	5.60	3.50	4.20	4.70	3.60	4.70
	4.67	4.22	4.00	4.11	4.56	3.56	3.11
	4.20	4.50	3.85	3.95	4.45	3.10	3.10

표 A10을 보면 MBA 학생들에게서도 유사한 결과가 나타났다. 독자들도 이 자료를 가지고 다양한 생각을 해보기 바란다.

이 두 가지 설문조사 결과를 인구학적 정보를 기반으로 분석해보았을 때 그다지 유의미한 정보를 많이 얻을 수 없긴 했지만, MBA 학생들과 스탠포드 임원 프로그램 참가자들의 결과 간에는 명확한 차이점이 관찰되었다.

두 집단의 인구학적 정보 차이는 분명했다. 스탠포드 임원 프로그램 참가자들의 연령대가 더 높았고, 대부분의 경우 경력이 많은 시니어 관리자였다. MBA 학생들의 연령대는 더 낮았고, 벌써 커리어상 훌륭한 성과를 거둔 경우가 많았지만 아직 그만큼 직급이 높지는 못했다. 하지만 MBA 학생들이 기대하는 미래의 모습이 스탠포드 임원 프로그램 참가자들이라고 하기는 어려울 것 같다.

MBA 학생들은 전반적으로 대기업에서 일하는 것에 대해 그다지 큰 관심이 없었고, 그보다는 자신의 회사를 만드는 데에 더 흥미를 보였다. 아마 이러한 점도 다양한 결과가 나오는 것을 설명해줄 수 있을 것 같다. 표 A11을 보면 스탠포드 임원 프로그램 참가자와 MBA 학생들이 매긴 평균점수와 함께 평균차 검정을 하기 위한 p값이 제시되어 있다(물론 이것은 대응표본 검정(paired sample test)이 아니다. 표준편차가 비교적 유사했기 때문에 필자는 등분산성(implied equal variance)을 가정했다).

눈에 띄는(그리고 통계적으로 유의미한) 차이점은 명확해보였다. MBA 학생들은 대부분 '칭찬'에 의해 동기부여되는 정도가 큰 것으로 나타났다. 복지제도에 대한 관심은 그다지 높지 않았다. 그리고 가장 큰 차이점은 이것이었다. MBA 학생들은 조직의 성공에 의해 동기부여되는 정도가 낮았고, (설문조사 결과가 사실이라면) 그들의 동료들 또한 마찬가지였다. (MBA 학생들은 아마도 스탠포드 임원 프로그램 참가자들보다 현재나 이전 고용주 및 커리어에 대한 관심이 적을 수 있을 것이다. 그렇기 때문에, 이 결과를 가지고 MBA 학생의 조직충성도를 평가하는 것은 그다지 적절하지 않다.)

이 설문조사에서 설명이 어려운 점은, '금전적 보상'의 동기부여 효과에서 상이한 내용이 나왔다는 것이다. 다섯 가지 동기부여 채널에 대한 설문조사에서, MBA 학생들은 '금전적 보상'의 자기동기부여 효과에 대해, 스탠포드 임원 프로그램 참가자들이 자신을 위한 동기부여효과로 평가한 점수보다 약간 높은 점수를 주었고, 동료에 대한 효과평가로는 임원들보다 꽤 높은 점수를 주었다. 하지만 여덟 가지의 동기부여방법에서는, '금전적 보상'에 대해 스탠포드 임원 프로그램 참가자들이 자기자신에 대한 동기부여와 타인에 대한 동기부여효과 모두에서 MBA 학생들보다 더 높은 효과평가점수를 주었다. 그리고 이 조사에서 가장 큰 차이는 자기자신에 대한 동기부여 효과 부문이었다. 결과해석을 할 때 유의할 필요가 있겠다.

표 A11. 평균점수 비교 : 스탠포드 임원 프로그램 참가자 vs. MBA 학생

	자기자신에 대한 동기부여효과			타인에 대한 동기부여효과		
	스탠포드 임원 프로그램 참가자 (평균점수)	MBA 학생 (평균점수)	P값	스탠포드 임원 프로그램 참가자 (평균점수)	MBA 학생 (평균점수)	P값
다섯 가지 채널						
금전적 보상	3.85	3.88	0.37	3.77	4.06	3.1E-04
칭찬	4.15	4.43	4.1E-04	4.06	4.25	3.2E-03
재미있는 일	4.66	4.73	0.155	4.51	4.45	0.417
조직의 성공	4.58	3.61	7.7E-25	4.07	3.32	1.8E-16
사회에 대한 기여	3.78	3.60	5.1E-02	3.32	3.14	0.037
여덟 가지 방법						
복지	3.90	3.50	4.7E-04	4.27	4.08	0.012
좋은 기분	5.45	5.39	2.0E-01	5.08	4.94	0.038
학습과 성장	5.55	5.66	0.061	5.04	4.98	0.255
금전적 보상	4.91	4.62	1.2E-03	5.14	5.10	0.312
칭찬	4.99	5.24	3.9E-03	5.17	5.09	0.142
일의 안정성	3.88	3.69	0.041	4.65	4.48	0.051
스킬의 획득과 실행	5.05	5.12	0.209	4.86	4.75	0.084
가치있는 일의 기회	5.23	5.22	0.476	4.74	4.67	0.242

파트 II. 다양한 응답에 대한 설명 : 조직-고정 효과

"채널 X나 Y방법의 동기부여 효과는 어느 정도인가요?"라는 질문에 대한 최적의 답은 "상황에 따라서 다릅니다"일 것이다. 그러면 따라 나오는 질문이 "어떤 요인에 따라 달라질까요?"라는 것이 된다. 앞의 내용을 간단하게 요약해보자면, "대부분의 경우 인구학적 특성들 간에 그다지 차이가 없습니다"가 될 것이다(MBA 학생들과 성숙한 관리자들 간에는 다소 차이가 있겠지만).

그렇다면 차이점을 만들어내는 요인은 아예 없는 것일까? 경제학자와 사회심리학자는 아마 조직-기반의 고정 효과(organization-based fixed effect)를 예측할 것이다. 즉, 특정 조직내 구성원들은 유사한 식으로 동기부여될 가능성이 높다는 것이다. 경제학자는 이 주장을 스크리닝 메커니즘(screening mechanism)에 기반하여 설명한다. 조직마다 다양한 동기부여전략을 제공하고 있기 때문에, 입사 희망자들은 자신의 강점과 선호도가 맞는 조직을 선택하게 된다는 것이다. 2장에서 설명했던 RE/MAX의 이론을 생각해보자. RE/MAX는 공격적이고 워커홀릭 기질을 가지고 있는 에이전트를 모집하기 위해 경제적 인센티브 전략을 설계하였다. 그리고 세이프라이트(Safelite)가 설계한 성과급제도(PPP)는 입사하는 테크니션의 유형을 변화시키기도 했다.

사회심리학자는 스크리닝 효과에 동의하면서도 한단계 더 나아간 설명을 해줄 것이다. 동일한 조직에 근무하는 구성원들은 자기지각과 귀인의 프로세스를 거쳐 동료들과 유사한 방식으로 동기부여되는 변화를 겪을 수 있다.

이와 같은 이론들에 따라 설문조사 결과는 몇 가지 방식으로 검증해볼 수 있을 것 같다. 가장 직접적으로 해본다면, 다섯 가지 채널에 대해, “동기부여방법에 있어서, 당신의 부하직원과 동료들은 어느 정도 유사합니까?”라고 물어볼 수 있다. 스탠포드 임원 프로그램 참가자들의 응답은 “그렇게 유사하지 않습니다”였다. 거의 60% 정도는 자신의 부하직원들에 대해 맞춤형 동기부여를 해줘야 한다고 대답했다.

하지만 MBA 학생들은 앞에서 언급한 이론의 예측과 더 유사했다. 동료들에 대한 동기부여방법이 유사하다고 대답한 경우는 20%였고, 50%는 동료들의 특성이 비슷하기 때문에 동일한 동기부여전략을 사용해도 효과적일 거라고 대답했다.

자기자신에 대한 동기부여효과와 “타인”에 대한 동기부여효과에 대한 응답간 상관관계도 살펴볼 수 있을 것이다. 설문조사에서의 타인은 모두 같은 조직에 근무하는 사람들이기 때문이다. 표 A12에서는 스탠포드 임원 프로그램 참가자들에 대한 상관관계를 볼 수 있고, 표 A13에는 MBA 학생들의 자료가 제시되어 있다. 표의 가로축에는 자기자신에 대한 동기부여효과 점수가 있고, 세로축에는 ‘타인’에 대한 동기부여효과 점수를 정리하였다.

표 A12. 스탠포드 임원 프로그램 참가자 : 자기자신에 대한 동기부여효과(가로축) vs. 타인에 대한 동기부여효과(세로축)간의 상관관계

(a) 여덟 가지 동기부여방법								
	복지	좋은 기분	학습과 성장	금전적 보상	칭찬	일의 안정성	스킬 획득	가치있는 일
복지	0.72	0.22	0.14	0.39	0.10	0.31	0.08	0.12
좋은 기분	0.36	0.54	0.19	0.16	0.16	0.13	0.23	0.12
학습과 성장	0.16	0.23	0.41	0.08	0.05	0.19	0.38	0.14
금전적 보상	0.41	0.12	0.03	0.66	0.09	0.30	-0.02	-0.08
칭찬	0.18	0.26	0.13	0.15	0.48	0.18	0.09	-0.04
일의 안정성	0.22	0.07	0.08	0.20	0.12	0.46	0.15	0.11
스킬 획득	0.17	0.22	0.31	0.05	0.05	0.26	0.51	0.27
가치있는 일	0.17	0.14	0.14	-0.12	-0.02	0.17	0.27	0.63

(b) 다섯 가지 채널					
	금전적 보상	칭찬	재미있는 일	조직의 성공	사회적 기여
금전적 보상	0.58	0.03	0.02	-0.07	-0.14
칭찬	0.16	0.30	-0.08	-0.04	0.03
재미있는 일	0.10	0.13	0.48	0.08	0.09
조직의 성공	0.03	0.11	0.09	0.45	0.09
사회적 기여	0.17	0.09	0.03	0.20	0.63

표 A13. MBA 학생 : 자기자신에 대한 동기부여효과(가로축)
vs. 타인에 대한 동기부여효과(세로축)간의 상관관계

(a) 여덟 가지 동기부여방법								
	복지	좋은 기분	학습과 성장	금전적 보상	칭찬	일의 안정성	스킬 획득	가치있는 일
복지	0.75	0.13	0.12	0.30	0.15	0.34	0.11	0.05
좋은 기분	0.17	0.54	0.25	0.01	0.11	0.14	0.13	0.26
학습과 성장	0.19	0.24	0.33	0.14	0.17	0.09	0.27	0.14
금전적 보상	0.30	-0.06	0.13	0.66	0.25	0.32	0.09	-0.16
칭찬	0.08	0.16	0.04	0.25	0.41	0.19	0.13	0.00
일의 안정성	0.25	0.16	0.16	0.25	0.25	0.43	0.21	0.20
스킬 획득	0.06	0.26	0.30	0.04	0.14	0.08	0.35	0.18
가치있는 일	0.13	0.33	0.19	-0.11	0.02	0.17	0.15	0.60

(b) 다섯 가지 채널					
	금전적 보상	칭찬	재미있는 일	조직의 성공	사회적 기여
금전적 보상	0.56	0.19	-0.02	-0.06	-0.18
칭찬	-0.03	0.51	0.11	0.10	0.01
재미있는 일	-0.06	0.00	0.36	-0.07	0.11
조직의 성공	-0.02	0.07	0.12	0.52	0.31
사회적 기여	-0.12	-0.05	0.10	0.39	0.65

이 분석결과에서는 정적 상관관계가 많이 나와서 이론의 예측과 일치했다. 물론 일부 상관관계는 이론에서 예상한 만큼 크지는 않았지만, 모두 정적 상관을 나타냈고, 가장 작은 상관을 보인 경우도 비대각관계에 있는 요소들과의 상관정도보다 크게 나타났다.

표 A14. 타인에게 vs 자기자신에게 "가장 효과적인" 채널의 조건

(a) 스탠포드 임원 프로그램 참가자						
	전체	'금전적 보상'이 자신에게 가장 효과적인 동기 w부여방법일 때	'칭찬'이 자신에게 가장 효과적인 동기 부여방법일 때	'재미있는 일'이 자신에게 가장 효과적인 동기 부여방법일 때	'조직의 성공'이 자신에게 가장 효과적인 동기부여 방법일 때	'사회적 기여'가 자신에게 가장 효과적인 동기 부여방법일 때
타인에게는 '금전적 보상'이 가장 효과적임	17.4%	40.6%	26.1%	7.5%	12.3%	14.3%
타인에게는 '칭찬'이 가장 효과적임	20.2%	18.8%	65.2%	58.5%	21.1%	4.8%
타인에게는 '재미있는 일'이 가장 효과적임	26.6%	25.0%	8.7%	58.5%	21.1%	4.8%
타인에게는 '조직의 성공'이 가장 효과적임	23.7%	6.3%	0.0%	20.8%	49.1%	19.0%
타인에게는 '사회적 기여'가 가장 효과적임	21.1%	9.4%	0.0%	5.7%	1.8%	42.9%
(b) MBA 학생						
타인에게는 '금전적 보상'이 가장 효과적임	28.8%	65.7%	34.8%	18.7%	15.8%	7.7%
타인에게는 '칭찬'이 가장 효과적임	22.1%	17.1%	39.1%	11.0%	31.6%	15.4%
타인에게는 '재미있는 일'이 가장 효과적임	34.2%	17.1%	17.4%	58.2%	36.8%	15.4%
타인에게는 '조직의 성공'이 가장 효과적임	4.6%	0.0%	1.4%	5.5%	15.8%	7.7%
타인에게는 '사회적 기여'가 가장 효과적임	10.4%	0.0%	7.2%	6.6%	0.0%	53.8%

마지막으로, 다섯 가지 동기부여 채널에 대한 설문조사 결과 분석을 해보았다. 표 A14에 분석자료를 정리해놓았다.

다섯 가지 채널에 대해서는, 자기자신에 대한 동기부여전략의 조건에 따라, 타인에 대한 동기부여전략의 점수 분포가 제시되었다. 스탠포드 임원 프로그램 참가자들 중 17.4%는 부하직원이 최적의 성과를 만들어낼 수 있도록 동기부여하려면 실재하는 개인적 보상(예 : 금전적 보상)이 효과적이라고 대답했다. 하지만 자기자신에 대한 동기부여방법으로는 '금전적 보상'이 가장 효과적이라고 대답한 응답자(15.5%) 중 40.6%는 부하직원에 대해 가장 효과적인 방법은 '금전적 보상'이라고 이야기했다. 그리고, '금전적 보상'이 가장 효과적이라고 대답한 응답자(15.5%) 중에서 부하직원에게 '조직의 성공'이 가장 효과적이라고 응답한 사람들은 6.3%밖에 되지 않았다. 하지만 전체 응답자 중 부하직원에게 있어서 가장 효과적인 동기부여방법이 '조직의 성공'이라고 대답한 사람들은 23.7%였다. 하지만 '조직의 성공'이 자기자신에게 가장 효과적인 동기부여방법이라고 응답한 사람들(27.5%) 중에서, 부하직원에게 '조직의 성공'이 효과적인 동기부여방법이라고 이야기한 사람은 49.1%였다.

이 수치들을 보면 이론에서 설명하는 바가 맞다고 생각된다. 한 가지의 분석만 가능한 것이 아니다. 표 A12, A13에서 제시한 정적 상관에 대해, 그리고 A14에서 제시한 조건들에 대한 설명은 다양하게 제공될 수 있다. 사람들이 주위 동료들은 자기자신과 유사하다고 생각하고 있고, 특정 채널이 자기자신의 최고 성과를 만들어내는 데에 가장 효과적인 동기부여방법이라면, 사람들은 부하직원에게도 동일한 채널이 효과적이라고 생각할 것이다. 앞으로 이에 대해서는 추가적인 자료가 더 필요하다고 보여진다(예 : 동일한 조직에 근무하는 관리자들이 응답하는 다양한 대답들을 비교해보기).

설문조사 결과 정리

모든 자료들을 자세히 읽기가 버거운 독자분들을 위해 간단하게 내용 정리를 해보았다.

- 두 가지 설문조사에서 공통적으로 나타난 결과는 다음과 같다. 구성원들에게 재미있고 흥미있는 일을 할 수 있게 해주는 것이 최고 성과를 만들어내도록 동기부여하는 가장 효과적인 방법으로 나타났다. 즉, 대부분의 응답자들의 의견에 따르면, 그야말로 유명한 동기부여 전략상 특효약인 것이다. 물론, 이 특효약이 제대로 기능할 수 있게 하려면, 최소한 구성원이 재미있고 흥미있다고 생각하는 일이 무엇인지를 충분히 이해할 수 있어야 한다. 여덟 가지 동기부여방법들 중 내재적 동기부여요인들을 고려해볼 필요가 있을 것이다. 그리고 재미있거나 흥미있지 않은 일도 분명히 해야 하는 상황이 있기 때문에(마법 특효약도 항상 쓸 수는 없으니까), 이 부분에 대해서는 추가적인 연구가 필요하겠다.

- 결국, 모든 경우에 다 적용할 수 있는 절대진리의 정답은 존재하지 않는다. 재미있고 흥미있는 일 이외에는 모든 사람들이 동의하는 동기부여방법이 발견되지 않았다. 사람들은 다양한 전략에 의해, 다양한 방법으로 동기부여되는 것이 관찰되었다.
- 관리자들은 내재적 동기부여전략의 효과를 과소평가하고, 외재적 동기부여전략의 효과를 과대평가하는 경향이 있다. (이것은 필자가 설문조사 결과를 해석한 것이다. 수치에서 직접적으로 나타난 내용은 아니다.)
- 구성원들은 금전적 보상 외에도 가치를 높이 평가하는 것들이 있다. 당신이 이 설문조사에 참여한 응답자들과 유사하다면, 아마 자기자신에 대한 내재적 동기부여전략의 효과를 높게 평가하고, 타인에 대한 내재적 동기부여전략의 효과를 다소 낮게 평가하는 경향이 있을 수 있다.
- "동기부여 채널 X와 Y 방법의 효과는 어느 정도입니까?"에 대한 올바른 답은 "상황에 따라서 다릅니다"일 것이다. 현실적으로 말해서, 유일한 정답을 찾기보다는 "상황에 따라 다르다면, 어떤 것에 따라 달라집니까?"라는 질문에 대한 답을 이해하는 것이 더 빠를 것이다. 그리고 한 단계 더 나아가서, "이 동기부여 채널과 도구는 당신의 특정한 상황에서 어느 정도 효과적일까요?"에 대한 답을 생각해 보는 것을 권하고 싶다.

- 몇 가지 예외가 있기는 했지만, 이 설문조사에서 분류해 본 인구학적 특성에 따라 결과가 차이가 나지는 않았다. 한 가지 눈에 띄는 점을 보면, **조직의 경영진**(CEO, COO, 의장, 파트너 등)**은 낮은 직급의 구성원들보다, '조직의 성공'에 관련된 행동을 하고자 하는 동기부여수준이 높다는 것이다.** (MBA 학생들은 대부분의 경우, 조직의 성공에 대한 동기부여효과 평가가 매우 낮을 것이다.)

참고문헌

1장. 구성원 동기부여에 대한 이해

1. 2005년 2월 3일, 스탠포드 경영대학원의 아버클상(Arbuckle Award) 축하 오찬에서 나눈 개인적인 대화

2장. 성과급 제도 : 인센티브에 대한 경제학 이론

1. 이 이야기에 대한 참고문헌 목록은 다음과 같다.

   Edward P. Lazear, "Performance Pay and Productivity," *American Economic Review 90* (2000), 1346-61

   Brian J. Hall, Edward Lazear, and Carleen Madigan, "Performance Pay at Safelite Auto Glass (A)", *Harvard Business School Case 800-291,* June 2000 (Revised December 2001)

   Brian J. Hall, Edward Lazear, and Carleen Madigan, "Performance Pay at Safelite Auto Glass (B)", *Harvard Business School Case 800-292,* June 2000 (Revised December 2001)

2. 이론적으로 말했을 때, 구성원들이 어떻게 위험을 회피하려고 하는지를 이해하고, 구성원들이 다음으로 생각하고 있는 취업 기회(그 구성원이 퇴사를 하지 않는 경우, 그 구성원이 필요로 하는 것이 무엇인지를 알 수 있게 됨)가 무엇인지를 파악하며, 노력의 수준과 관찰가능한 성과간의 통계적 관계를 이해하는 고용주는 최적의 인센티브 전략을 수립해서, 최고의 수익을 내고, 핵심인재들을 유지시킬 수 있다. 이 과정에 대해서는 경제학 교과서를 참고할 수 있을 것이다. 기본적인 트레이드 오프에 대한 이해를 하는 데에 고전적인 모델이 도움을 줄 수는 있겠지만, 사실 현장에서의 쓸모는 거의 없기 때문에, 여기에서 다루지는 않도록 하겠다.
3. Lazear, "Performance Pay and Productivity", *op. cit.*
4. 세부적인 내용은 다음의 자료를 찾아보기 바란다.

   Boris Groysberg, Victoria Winston, and Robin Abrahams, "Teena Lerner : Dividing the Pie at Rx Capital (Abridged)," *Harvard Business*

School Case 409- 058, November 2008 (Revised January 2012)

5. 세부적인 이야기는 다음의 자료를 참고하였다. W. Earl Sasser, Jr., and Rachel Shelton, "WrapItUp : Developing a New Compensation Plan," *Harvard Business School Brief Case 114- 362,* November 2011. 실화를 바탕으로 한 사례이지만, 레스토랑 체인의 이름을 직접 사용하는 것은 저자가 허락하지 않았기 때문에, 사례에서는 가명을 사용하였다.
6. 참고자료 : Stephen X. Doyle, "First Federal Savings (A)," *Harvard Business School Case 9-475-072,* September 1975

4장. 고용 관계의 경제학

1. 토요타와 주요 도급업체와의 관계에 대한 이야기는 다음의 자료를 참고하면 좋겠다.

   Paul Milgrom and John Roberts, "Johnson Controls Inc. - Automotive System Group, The Georgetown, Kentucky, Plants," *Standford GSB Case BE- 9,* 1997.
2. Michael E Porter, *Competitive Strategy : Techniques for Analyzing Industries and Competitors* (New York : Free Press, 1980)

5장. 고용 관계의 심리학

1. Margaret Shih, Todd L. Pittinsky, and Nalini Ambady, "Stereotype Susceptibility : Identity Salience and Shifts in Quantitative Performance," *Psychological Science 10* (1999), 80-83
2. Robyn A. LeBoeuf, Eldar Shafir, Julia Belyavsky Bayuk, "The conflicting choices of alternative selves," *Organizational Behavior and Human Decision Processes 111* (2010), 48-61
3. 맨스 웨어하우스(Men's Wearhouse)의 인적자원관리 정책과 프로그램에서는

다양한 흥미로운 방법으로 선물교환을 하는 아이디어를 활용하였다. 다음의 자료를 꼭 읽어보길 권한다. Jeffrey Pfeffer, "The Men's Wearhouse : Success in a Declining Industry," *Standford GSB Case HR-5,* 1997

6장. 동기부여에 대한 심리학 이론들

1. 6장에서는 다음의 자료를 많이 참고하였다. Kreps, "Motivating Consummate Effort", in *Evolving Approaches to the Economics of Public Policy,* ed. Jean Kimmel (Kalamazoo, *MI : W. E. Upjohn Institute for Employment Research,* 2016), 93-143
2. 베스 이스라엘 병원과 전담간호제 이야기에 대한 참고문헌은 다음과 같다.
   Raymond A. Friedman and Catlin Deinard, "Prepare/21 at Beth Israel Hospital (A)," *Harvard Business School Case 9- 491- 045,* 1991
   Mary Koloroutis, ed., *Relationship-Based Card : A Model for Transforming Practice* (Minneapolis : Creative Health Care Management, 2004)
   Ron Zemke with Dick Schaaf, *The Service Edge*(New York : New American Library, 1989)
   뉴욕타임즈에 실린 Joyce Clifford의 부고 (Paul Vitello, "Joyce Clifford, Who Pushed for 'Primary Nursing' Approach, Dies at 76," *New York Times* October 31, 2011, [http://www.nytimes.com/2011/11/01/health/joyce-clifford-who-pushed-for-primary-nursing-approach-dies-at-76.html])
3. Vitello, "Joyce Clifford, Who Pushed for 'Primary Nursing' Approach, Dies at 76."
4. Patricia Cohen, "A Company Copes With Backlash Against the Raise That Roared," *New York Times,* July 31, 2015, [http://www.nytimes.com/2015/08/02/business/a-company-copes-with-backlash-against-the-raise-that-roared.html]

5. Roland G. Fryer, Jr., “Financial Incentives and Student Achievement : Evidence from Randomized Trials,” *Quarterly Journal of Economics* 126(2011), 1755–98
6. 2016년 Roland Fryer와 나누었던 개인적 대화
7. Jody Hoffer Gittell, Julian Wimbush, and Kirstin Shu, “Beth Israel Deaconess Medical Center : Coordinating Patient Care,” *Harvard Business School Case 9-899-213*, 2000

8장. 동기부여와 조직

1. 이 질문 목록을 만들 때는 다음 자료의 5요인 프레임워크를 참고하였다. Baron and Kreps, *Strategic Human Resources : Frameworks for General Managers*, New York : John Wiley & Sons, 1999. 내가 이 책을 쓸 때 사용한 많은 아이디어와 체계들은 짐 바론(Jim Baron)의 연구를 기반으로 하였다는 것을 다시 한번 밝히고 싶다.
2. Garth Saloner, Andrea Shepard, and Joel Podolny. *Strategic Management* (New York : Wiley, 2001)
3. Jeffrey Pfeffer, “SAS Institute (A) : A Different Approach to Incentives and People Management Practices in the Software Industry,” *Standford GSB Case HR6A*, 1998
4. 이 전략을 세울 때 참고한 자료는 다음과 같다. David Jacobs, “Towards a Theory of Mobility and Behavior in Organizations : An Inquiry into the Consequences of Some Relationships Between Individual Performance and Organizational Success,” *American Journal of Sociology*, Vol.87(1981), 684–707
5. Charles Euchner (James N. Baron이 수퍼바이저 역할을 담당함), “Herman Miller : Preserving and Leveraging Culture in a Strategic Shirt,” *Yale School of Management Case 12–019*, 2014

부록. 집단 지성 : 관리자는 어떤 믿음을 가지고 있는가?

1. 설문조사의 기본적인 구조를 만들 때 참고한 자료는 다음과 같다. Chip Heath, "Lay Theories of Motivation Overemphasize Extrinsic Incentives," *Organizational Behavior and Human Decision Processes 78* (1999), 25–62. 하지만 다른 점이 있다. Heath는 참가자들에게 여덟 가지의 방법들을 가장 영향력이 큰 것부터 가장 영향력이 작은 것까지 순서를 매기라고 요청했지만, 필자는 그대신에 각 방법이 가지고 있는 영향력에 대해 평가해달라고 요청하였다.

찾아보기

ㄴ

ㄷ

ㄹ

ㅁ

ㅂ

ㅅ

ㅇ

ㅎ

저자 데이비드 크렙스(David M. Kreps)

데이비드 크렙스는 미국 스탠포드 경영대학원의 경제학과에 근무하고 있는 석학교수(Adams Distinguished Professor)이며, 경제학에서의 역동에 대한 연구업적을 인정받아 존 베이츠 클라크 메달(John Bates Clark Medal)을 수상하였다. 현재 캘리포니아 주 스탠포드에 살고 있다.

역자 박정민

이화여자대학교 대학원 심리학과에서 상담심리학 전공으로 박사 학위를 받았다. 한국청소년상담원(현 한국청소년상담복지개발원) 선임상담원, 이화여자대학교 학생상담센터 상담원, ㈜다산E&E의 EAP 팀장, ㈜피플인싸이트그룹의 EAP 팀장, ㈜리더스인싸이트그룹의 Development 담당 상무를 역임하였고, 현재 COZY SUDA라는 1인 기업 대표로 재직 중이다. 다양한 조직의 임원 및 중간관리자, 구성원을 대상으로 Smart Leadership & Followership 개발을 조력하는 Coach, 역량을 평가하는 Assessor, 건강한 마음관리를 하는 Counselor로 활발히 활동하고 있다.

[Homepage] www.cozysuda.com

[Email] monica@cozysuda.com

저서

일에 대한 모든 수다(지식과 감성, 2019)

코칭여행자를 위한 안내서(지식과감성, 2015)

오해하지 말아주세요(박영스토리, 2014)

남자의 공간(21세기북스, 2013)

멘붕 탈출! 스트레스 관리(학지사, 2013)

역서

평판 : 나를 둘러싼 평판. 평판이란 무엇인가? 왜 중요한가? (박영스토리, 2019)

일터에서 긍정심리학 활용하기(박영스토리, 2019)

일의 심리학 : 옥스포드 심리학 총서(박영스토리, 2018)

밀레니얼 세대가 일터에서 원하는 것(박영스토리, 2017)

나의 일을 의미있게 만드는 방법(박영스토리, 2016)

일터에서 의미찾기(박영스토리, 2015)

역량기반 평가기법(지식과감성, 2015)

스트레스 없는 풍요로운 삶(시그마프레스, 2013)

상사를 관리하라(랜덤하우스, 2011)

Y세대의 코칭 전략(시그마북스, 2010)

중간관리자의 성과코칭전략(이너북스, 2009)

심리치료의 거장(학지사, 2008)

동기부여 도구상자

초판발행 2020년 6월 1일

지은이 David M. Kreps
옮긴이 박정민
펴낸이 노 현

편 집 문선미
기획/마케팅 노 현
디자인 BEN STORY
제 작 우인도·고철민

펴낸곳 (주) 피와이메이트
서울특별시 금천구 가산디지털2로 53 한라시그마밸리 210호(가산동)
등록 2014. 2. 12. 제2018-000080호
전 화 02)733-6771
f a x 02)736-4818
e-mail pys@pybook.co.kr
homepage www.pybook.co.kr
ISBN 979-11-6519-051-4 03180

*잘못된 책은 바꿔드립니다. 본서의 무단복제행위를 금합니다.
*저자와 협의하여 인지첩부를 생략합니다.

정 가 18,000원

박영스토리는 박영사와 함께하는 브랜드입니다.